MEDITACIÓN:
EL ARTE DEL ÉXTASIS

MEDITACIÓN:
EL ARTE
DEL ÉXTASIS

Sobre la meditación
y las técnicas de meditación

OSHO

aia Ediciones

Título original: *Meditation: The Art of Ecstasy*

Traducción: Aquiles Balle

Diseño de cubierta: Rafael Soria

© 1976, 1988, OSHO International Foundation, Suiza,
www.osho.com/copyrights.

Publicado por acuerdo con OSHO International Foundation
Bahnhofstr. 52, 8001 Zurich, Suiza.

Los textos de esta obra son una selección de discursos originales de
Osho, OSHO talks, compilados con el título *Meditation The Art of Ecstasy*,
impartidos ante una audencia en vivo. Todos los discursos de Osho han
sido publicados como libro y también están disponibles en grabaciones
originales de audio. Las grabaciones de audio y los archivos de texto pueden
encontrarse en la librería on-line de Osho, en www.osho.com

OSHO es una marca registrada de Osho International Foundation,
www.osho.com/trademarks

De la presente edición en castellano:
© Gaia Ediciones, 2015
   Alquimia, 6 - 28933 Móstoles (Madrid) - España
   Tels.: 91 614 53 46 - 91 614 58 49
   www.alfaomega.es - E-mail: alfaomega@alfaomega.es

Primera edición: septiembre de 2016

Depósito legal: M. 11.437-2016
I.S.B.N.: 978-84-8445-629-2

Impreso en España por:
Artes Gráficas COFÁS, S.A. - Móstoles (Madrid)

Índice

Nota editorial

Acerca de este libro:

El libro que tienes en tus manos es una obra temprana de Osho que recoge el período en el que comenzó ha desarrollar su «meditación caótica», que más tarde se convertiría en el grupo de meditaciones denominadas hoy «Meditaciones Activas OSHO»

En aquél momento, Osho estaba experimentando con su ahora mundialmente famosa Meditación Dinámica, diseñada para llevarnos del caos al silencio. Esta meditación, creada por Osho para el ser humano contemporáneo, funciona como un proceso de limpieza interna y prepara el terreno para poder tener experiencias de observación y meditación cada vez más profundas.

Este libro nos acerca a un momento muy especial, de inmensa creatividad, en el que Osho estaba desarrollando meditaciones como un medio para adentrarnos en el espacio de la no acción, tales como la Kundalini o la Nadabrahma. En esta primera parte, nos proporciona una explicación detallada de la Meditación Dinámica OSHO así como del proceso y la función de las Meditaciones Activas.

La segunda parte del libro está compuesta por una selección de preguntas y respuestas que cubren un amplio espectro de temas, entre los que se incluyen el alma, el uso del LSD y la similitud de su efecto con el estado meditativo, la kundalini, la energía sexual y la manifestación del prana en los siete cuerpos etéreos.

Por último, la tercera parte incluye una selección las técnicas tradicionales, de los tiempos de Buda, que Osho rescata y adapta a nuestro momento actual.

Para ilustrar mejor el final de este viaje desde los tempranos desarrollos de las meditaciones caóticas, a las actuales Meditaciones Activas OSHO, se ha añadido, a esta edición en español, un apéndice con las instrucciones completas de las cuatro meditaciones más populares de este grupo, comenzando por la Meditación Dinámica OSHO; y la bibliografía de referencia y consulta para el resto de Meditaciones OSHO en las que el lector podrá encontrar el compendio de la Ciencia de la Meditación.

¡Disfruta ahora de este viaje a lo que Osho denomina el «Arte del éxtasis»!

PARTE
I

EL PROCESO
DE LA MEDITACIÓN

Prefacio

Meditación, el arte de la celebración

Educamos a los niños para enfocar su mente, para concentrarla, ya que sin concentración serían incapaces de enfrentarse a la vida. La vida lo exige; la mente debe ser capaz de concentrarse. Pero en el momento en que la mente es capaz de concentrarse se vuelve también menos consciente. Ser consciente significa tener una mente despierta pero no enfocada. La percepción es el conocimiento de todo lo que está sucediendo.

La concentración es una elección. Excluye todo, excepto su propio objetivo de concentración. Es, por tanto, una limitación. Si vas andando por la calle tendrás que enfocar tu consciencia para poder caminar. Ordinariamente no podemos ser conscientes de todo lo que está pasando, ya que si somos conscientes de ello, acabaremos desconcentrados. En consecuencia, la concentración es una necesidad, una necesidad de supervivencia en la existencia diaria. Por ello cada cultura, en sus formas propias, trata de adiestrar la mente del niño.

Los niños, por naturaleza, nunca están enfocados. Su consciencia está abierta hacia todos lados. Todo entra; nada es excluido. El niño está abierto a toda sensación; cada sensación es integrada en su consciencia. ¡Y la está penetrando tanto! Esta es la razón por la cual el niño es tan titubeante, tan inestable. La mente incondicionada del niño es un flujo, un fluir constante de sensaciones; pero sería incapaz de sobrevivir con esta clase de mente. Deberá aprender a focalizar su mente, a concentrarse.

Desde el momento en que enfocas la mente, eres consciente de algo determinado y simultáneamente inconsciente de otras muchas cosas. Cuanto más enfocada está la mente, más éxito obtendrá. Llegarás a ser un especialista, serás un experto; pero el resultado consistirá en conocer cada vez más de una parte y menos del todo. La focalización es una necesidad existencial, y nadie es responsable de ella; se la requiere desde que la vida existe. Pero no es suficiente. Cuando llegas a ser alguien práctico y tu consciencia queda focalizada, niegas a tu mente mucho de lo que es capaz. No estás utilizándola ampliamente; estás usando solo una porción muy pequeña de ella, y el resto —la mayor parte— permanece inconsciente.

De hecho, no hay frontera entre consciente e inconsciente. No existen dos mentes. «Mente consciente» significa esa parte de la mente que ha sido usada en el proceso de focalización. «Mente inconsciente» es esa otra parte de la mente que ha sido desatendida, ignorada, encerrada. Esto crea una división, una rotura. La mayor parte de tu mente llega a ser extraña para ti mismo. Estás separado de ti mismo; eres un extraño ante tu propia totalidad.

Solo una pequeña parte está siendo identificada como tu «yo». y el resto se pierde. Pero la parte inconsciente restante estará siempre allí como una potencialidad sin usar, corno posibilidades sin realizarse y como aventuras no vividas. Esta mente inconsciente, este potencial, esta mente no utilizada, estará siempre en conflicto con la mente consciente, Por esto siempre habrá una lucha interior.

Los seres humanos están en conflicto a causa de esta división entre el inconsciente y el consciente. Pero solo si se permite germinar el potencial, el inconsciente, podrá percibirse la felicidad de la existencia… de otra manera no.

Tu vida será una frustración si la mayor parte de tus potencialidades permanecen ocultas. Por ello, cuanto más práctica es una persona, menos plenitud encuentra, menos feliz es. Cuanto más práctica es la actitud, cuanto más se halla metido uno en la vida de negocios, menos se vive, menos extasiado se está. Ha sido negada aquella parte de la mente que no puede ser de utilidad en el mundo de lo práctico.

La vida práctica es necesaria, pero lo es a un elevado precio: has perdido la dimensión festiva de la vida. Si todas tus potencialidades florecen, entonces la vida es una fiesta, una celebración; la vida es entonces una ceremonia. Por ello digo siempre que la «religión» quiere decir transformar la vida en una celebración. La dimensión de la religión es la dimensión de la fiesta, de lo no práctico. La mente práctica no debe ser considerada como el todo. El resto, lo mayor, la mente total, no debería ser sacrificado por ella. La mente práctica no debe ser el objetivo. Existirá, sí, pero como un medio. La otra mente —la restante, la mayor, la potencial— debe ser la meta. Eso es lo que quiero decir con la expresión «enfoque religioso».

Con un enfoque no-religioso, la mente práctica, la utilitaria, se convierte en la meta. Cuando esta es el objetivo, el inconsciente no tiene posibilidad de realizar su potencial. El inconsciente será negado. Si lo utilitario es la meta, significa que el sirviente está haciendo el papel de amo.

La inteligencia, la focalización de la mente es un medio hacia la supervivencia, pero no hacia la vida. El sobrevivir no es la vida. Sobrevivir es una necesidad, existir en el mundo material es una necesidad, pero la meta es conseguir llevar a la superficie el potencial oculto, todo lo que se entiende con la palabra «tú». Si estás completamente satisfecho, si nada queda como semilla dentro de ti, si todo se realiza, si eres un constante florecer, entonces y solo entonces puedes sentir la felicidad, el éxtasis de la vida.

La parte negada de ti, la parte inconsciente, puede ser activa y creadora solo si le añades una nueva dimensión a tu vida: la dimensión de la fiesta, la dimensión del juego. Así, la meditación no es un trabajo, es un juego. El orar no es un negocio, es un juego. Meditación no es algo a hacer para conseguir un objetivo —paz, felicidad...— sino algo para ser disfrutado como fin en sí mismo.

La dimensión festiva es la que más importa que entendamos... y la hemos perdido totalmente. Con «festivo» quiero decir la capacidad de gozar, momento a momento, de todo cuanto llega a ti. Estamos tan condicionados y nuestras costumbres son tan mecánicas, que incluso nuestras mentes están ocupadas cuando no tenemos nada que hacer. Cuando no necesitas estar focalizado, sigues focalizado. Incluso cuando estás jugando, no juegas. No disfrutas del juego. Por ejemplo, cuando juegas a cartas, no gozas con ello; juegas para conseguir una victoria, y entonces el juego se convierte en trabajo. Lo que se está haciendo no es importante; en ese caso solo cuenta el resultado.

En el negocio el resultado es lo importante. En la fiesta, es el acto mismo lo que cuenta. Si puedes hacer que cualquier acto tenga un significado en sí mismo, entonces estarás de fiesta y podrás celebrarlo. Los límites, los límites que constriñen, se rompen siempre que estás de fiesta. No se necesitan; se desechan. Sales de tu corsé, el corsé de la concentración que limita y oprime la mente. Ahora no estás eligiendo; permites la entrada a todo lo que te llega y en el momento en que aceptas que entre en ti la totalidad de la existencia, eres uno con ella.

A esta comunión, a esta celebración, a este ser consciente sin elección, a esta actitud sin ánimo de sacar provecho, la llamo meditación. La fiesta misma es ese momento, ese acto, y no es la preocupación por los resultados, por conseguir algo. No hay nada que conseguir, de modo que puedes disfrutar de lo que hay aquí y ahora.

Se puede explicar de otra manera. Estoy hablando contigo; si estoy preocupado por el resultado, la conversación se convierte en puro negocio, se convierte en un trabajo. Pero si hablo contigo sin ninguna expectativa, sin ningún deseo sobre el resultado, entonces la conversación es un juego. El acto en sí mismo es el fin. Así pues, no tiene porqué existir la limitación. Puedo jugar con las palabras, con los pensamientos. Puedo jugar con tus preguntas, puedo jugar con mis respuestas. El hecho deja de ser serio; es algo que te alegra el corazón. Y si me estás escuchando sin pensar en obtener algo, podrás permanecer relajado. Entonces permitirás que esté en comunión contigo, y tu consciencia no estará limitada. Estará abierta, jugando, disfrutando.

Cualquier momento puede ser bueno para los negocios, cualquier momento puede ser bueno para la meditación. La diferencia está en la actitud. Si no lo has buscado, si estás jugando con ello, es un acto meditativo.

Hay necesidades sociales y necesidades existenciales que deben ser satisfechas. No digo: «No condicionéis a los niños». Si se les deja totalmente sin condicionar, serán salvajes. No serán capaces de sobrevivir. La supervivencia precisa del condicionamiento, pero sobrevivir no es la meta. En consecuencia debes ser capaz de activar tus condicionamientos o quitártelos de encima a voluntad. Al igual que con la ropa, has de poder ponértelos, salir a la calle y hacer tu trabajo, y después volver a casa y quitártelos. Entonces «eres».

Si no estás identificado con tu ropa, con tu condicionamiento, —si no dices, por ejemplo, «Soy mi mente»— la cosa no es difícil. Podrás cambiar fácilmente. Pero si estás identificado con tus condicionamientos y dices: «Mi condicionamiento soy yo», y niegas todo cuanto no sean condicionamientos, dirás: «Todo lo que no está condicionado no soy «yo»; el inconsciente no soy «yo»; «yo» soy el consciente, la mente enfocada».

Esta identificación es peligrosa, y no debería ser así. Una educación apropiada no es condicionadora, pero está condicionada por «una condición»: este condicionamiento es una necesidad práctica; debes ser capaz de ponértelo y quitártelo. Cuando lo necesites, te lo pones; cuando no lo necesites, te lo quitas. Los seres humanos no serán realmente humanos hasta que no sean educados de manera que no se identifiquen con sus condicionamientos. Mientras no ocurra así serán robots, estarán condicionados, limitados.

Entender esto es llegar a ser consciente de esa parte de la mente, la mayor, a la que se le ha negado la luz. Y percatarse de ello es descubrir que no eres solo mente consciente. La mente consciente es una parte de todo. «Yo» soy ambas mentes, y la parte mayor no está condicionada. Por supuesto, está siempre allí… a la espera.

Mi definición de «meditación» es que es simplemente un esfuerzo para saltar al inconsciente. No puedes saltar si calculas, ya que todo cálculo es del consciente, y la mente consciente no te dejará hacerlo. Advertirá: «Acabarás loco. No lo hagas».

La mente consciente teme siempre al inconsciente, ya que si este emerge, todo lo que está claro y en calma en el consciente será barrido. Todo quedará en tinieblas, como en un espeso bosque. Por ejemplo, has hecho un jardín, un jardín vallado. Limpiaste un pequeño trozo de tierra, plantaste algunas flores y todo parece estar en orden; arreglado, claro. Lo único que ocurre es que el bosque está en los alrededores. Es indomable, incontrolable, y el jardín lo teme constantemente. En cualquier momento el bosque puede avanzar y hacer desaparecer el jardín.

De la misma manera has cultivado una parte de tu mente. Has hecho que todo esté claro. Pero el inconsciente merodeará siempre por allí y la mente consciente temerá siempre su presencia. La mente consciente dice: «No entres en el inconsciente. No mires ahí; no pienses en ello».

El sendero del inconsciente es oscuro y desconocido. Para la razón, resultará irracional; para la lógica, parecerá ilógico. Así, pues, si reflexionas antes de emprender el camino de la meditación, nunca lo emprenderás, puesto que la parte pensante te lo impedirá.

Y he aquí el dilema. No puedes hacer nada sin pensar, y pensando no puedes empezar a meditar. ¿Qué hacer? Incluso si piensas, «No voy a pensar», eso también es pensar. Es la parte pensante de la mente la que te está diciendo: «No voy a permitirte pensar».

No puede empezarse a meditar, pensando en ello. Este es el dilema, el mayor dilema. Toda persona que esté emprendiendo la búsqueda se tropezará con dicho dilema. En cualquier sitio, en cualquier momento, ahí estará el dilema. Aquellos que saben dicen, «¡Salta! ¡No lo pienses!» Pero no puedes hacer nada sin pensar. Para paliar eso se han creado estratagemas innecesarias. Y digo estratagemas innecesarias porque si saltas sin pensar, no se necesitará de ninguna estratagema. Pero no puedes saltar sin pensarlo, de modo que el ardid es necesario.

Puedes pensar en la estratagema, tu mente pensante es tranquilizada con el ardid, pero no respecto a la meditación. La meditación será un salto a lo desconocido. Puedes trabajar con el ardid y el ardid te empujará automáticamente hacia lo desconocido. Se necesita de la estratagema debido solo al condicionamiento de la mente; si no, no es necesario.

Una vez que has saltado dirás: «El ardid no era necesario; no lo necesitaba». Pero esta es una consideración retrospectiva. Solo después sabrás que el recurso no era necesario. Krishnamurti lo dice: «No se necesita ningún ardid; no es necesario ningún método». Los maestros zen lo dicen: «No se necesita ningún esfuerzo: se consigue sin esfuerzo». Pero esto es absurdo para quien no haya atravesado aún la barrera. Y uno piensa prioritariamente en los que no han atravesado la barrera. Por eso digo que un ardid es algo artificial. Solo es un truco para que la mente racional esté relajada, de forma que puedas ser lanzado a lo desconocido.

Mi solución consiste en utilizar métodos potentes. Cuanto más potente sea el método, menos se necesitará a tu mente calculadora. Cuanto más vigoroso llegue a ser, más totales serán los resultados, pues la vitalidad no es solo de la mente; es también del cuerpo, de las emociones. Es de todo tu ser.

Los derviches sufíes han utilizado la danza como una técnica, como un ardid. Si entras en la danza, no puedes mantenerte en un plano intelectual porque la danza es un fenómeno absorbente. Todo tu ser te será necesario aquí. Y llegará un momento en que la danza abandone la mente. Cuanto más vital sea la entrega, cuanto más pongas en ello, cuanto más estés en ello, menos presente estará la razón. La danza fue ideada como una técnica para empujarte, Llegará un momento en el que sientas que no estás bailando, en el que la danza te habrá absorbido, te habrá tomado por completo. Serás arrastrado hacia la fuente desconocida.

Los maestros zen han utilizado los métodos *koans*. Los *koans* son rompecabezas que, en sí mismos, son absurdos; eso es lo que te atrae. No pueden ser resueltos por la razón. No puedes pensar en ellos. A primera vista parece como si uno pudiera pensar sobre *los koans*, de modo que empiezas a hacerlo. Tu mente racional se siente cómoda, se le ha dado algo para ser resuelto… pero lo que se le ha dado no tiene solución. Su misma naturaleza es tal que no puede ser resuelto, puesto que el *koan* es, por propia naturaleza, absurdo.

Hay cientos de *koans*, de rompecabezas. El maestro dirá: «piensa en un sonido sin sonido». Dicho así, de palabra, parece como si uno pudiera pensar en ello. Si lo intentas con ahínco, el «sonido sin sonido» podrá ser encontrado, de alguna manera, en alguna parte. Entonces, en un punto determinado —y ese punto no puede ser previsto, pues en cada uno es distinto— la mente queda paralizada. No está allí; tú estás, pero la mente, con todos sus condicionamientos, ha desaparecido. Eres simplemente como un niño. Los condicionamientos no existen; eres simplemente consciente. La concentración limitadora no está ahí. Ahora sabes que el *ardid* no era necesario. Pero esto es un pensamiento posterior: no se puede saber de antemano.

Ningún método es causal; ningún método es la causa de la meditación. Por eso son posibles muchos métodos. Todo método es solo una estratagema. Pero todas las religiones dicen que su método es el método y que ningún otro método funciona. Piensan en términos de causalidad.

Cuando calentamos agua, esta se evapora. El calor es la causa; sin calor el agua no llegará a evaporarse. Esto es causalidad. El calor es una necesidad que precede a la evaporación. Pero la meditación no es causal; es decir, cualquier método es posible. El método es solamente el ardid; es crear la situación para que «eso» suceda. No es lo que lo causa.

Por ejemplo, más allá de los límites de esta habitación hay un cielo azul. Tú nunca lo has visto. Puedo hablar contigo sobre el cielo azul, sobre la claridad, sobre el mar, sobre todo lo que existe fuera de la habitación, pero tú no has visto nada de ello. No conoces nada sobre ello. Únicamente te ríes. Piensas que estoy inventando todo esto. Dices: «Es fantástico. Eres un soñador». No puedo convencerte de que salgas afuera porque nada de lo que te diga tiene sentido para ti

Entonces digo, «¡La casa está ardiendo!» Esto sí tiene sentido para ti. Esto es algo que tú puedes entender. No necesito ya darte ninguna otra explicación. Simplemente corro. Tú me sigues. La casa no está ardiendo, pero en el momento en que tú estés fuera no tendrás siquiera la necesidad de preguntarme porqué te engañé. El significado está allí. El cielo está allí. Y ahora tú me das las gracias. Cualquier mentira hubiese servido. La mentira era solamente el ardid, la estratagema para sacarte afuera. No fue el ardid el que «causó» que el exterior estuviera allí; ya estaba previamente. Todas las religiones se basan en un falso ardid. Todos los métodos son mentiras; simplemente crean una situación; no son la causa. Pueden crearse nuevos ardides, pueden crearse nuevas religiones. Los viejos ardides van perdiendo fuerza, una vieja mentira pierde fuerza y se necesitan otras nuevas. Muchas veces, se te ha dicho que la casa estaba ardiendo cuando no lo estaba, de ahí que esa mentira deje de servir. Ahora alguien tiene que crear una nueva estratagema.

Si algo es la causa de algo, nunca es en vano. Pero un viejo ardid es siempre inútil. Se necesitarán nuevos ardides. Esta es la causa por la que cada nuevo profeta debe luchar contra los viejos profetas. Está haciendo el mismo trabajo que ellos hicieron, pero tendrá que oponerse a sus enseñanzas porque habrán de ser eliminados los viejos ardides que han perdido fuerza y han quedado obsoletos.

Todos los grandes hombres, Buda, Cristo, Mahavira, tuvieron que crear grandes mentiras —por pura compasión— para empujarte fuera de tu casa. Si puedes ser sacado fuera de tu mente por medio de cualquier ardid, con esto habrá ya suficiente. Tu mente es la prisión, tu mente es tu condena; es la esclavitud.

Como ya he dicho, el dilema antes o después llegará a plantearse. Esta es la naturaleza misma de la vida. Deberás aprender a limitar la mente. La limitación puede ser una ayuda cuando te mueves en el exterior, pero será fatal en tu interior. Puede ser útil con los demás; será el suicidio contigo mismo.

Tú tienes que vivir con los demás y contigo mismo a la vez. Toda vida parcial, es incompleta. Debes vivir entre los demás con una mente condicionada, pero debes vivir contigo mismo con una consciencia totalmente incondicionada. La sociedad crea consciencias limitadas: pero consciencia, en sí misma, significa expansión. Es ilimitada. Ambas son necesarias, y ambas deben ser atendidas.

Llamo sabio a aquel que puede satisfacer ambas necesidades. Cualquier polarización es estúpida; cualquier polarización es perjudicial. Vive por lo tanto en el mundo con tu mente, con tus condicionamientos, pero vive contigo mismo sin mente, sin condicionamientos. Usa tu mente como un medio, no hagas de ella un fin. Sal fuera de ella en el momento en que goces de una oportunidad. En el momento en que estés solo, sal fuera de ella; sácatela. Entonces celebra ese momento; celebra la existencia misma, sé ella misma.

Simplemente «ser» es una gran celebración si sabes sacarte de encima tus condicionamientos Este «quitártelos de encima» podrás aprenderlo a través de la Meditación Dinámica. No será algo «causal»; llegará a ti como algo no causado. La meditación creará la situación por la cual podrás entrar en lo desconocido. Poco a poco serás apartado de tu personalidad robotizada, mecánica, habitual. Ten coraje. Practica vigorosamente la Meditación Dinámica y todo lo demás vendrá por añadidura. No será hecho por ti; te sucederá.

No puedes traer lo divino, pero sí puedes impedir que llegue. No puedes hacer entrar al sol en tu casa, pero sí puedes cerrar la ventana. Negativamente, la mente puede hacer mucho; positivamente, nada. Todo lo positivo es un regalo, todo lo positivo es una bendición, te es dado, mientras que todo lo negativo viene por tu hacer.

La meditación —y todos los ardides meditativos— puede lograr una cosa: sacarte fuera de tus impedimentos negativos. Puede sacarte de la prisión que es la mente. Y cuando hayas salido fuera, te reirás. ¡Era tan fácil salir! Estaba allí mismo. Solo fue necesario un paso… pero caminamos siempre en círculos y el único paso necesario siempre es obviado… el único paso que puede llevarte hasta el centro.

Vas en círculo, por su periferia, repitiendo siempre lo mismo. La continuidad debe ser rota en algún momento. Esto es todo cuanto debe ser hecho por cualquier método de meditación. Si se rompe la continuidad, si te vuelves discontinuo respecto a tu pasado, entonces ¡ese preciso momento es la explosión! En ese preciso momento estás centrado; estás en el centro de tu ser. Y ahí conocerás todo lo que siempre ha sido tuyo, todo lo que desde siempre te ha estado esperando.

Capítulo I

Yoga: El crecimiento de la consciencia

EL propósito de la vida es llegar a ser consciente. No es solo la finalidad del yoga. La verdadera evolución de la vida misma es llegar a ser cada vez más consciente. Pero el yoga significa todavía algo más.

La evolución de la vida es ser cada vez más consciente, pero la consciencia está siempre orientada hacia lo ajeno: eres consciente de algo, de algún objeto. Yoga significa estar evolucionado en la dimensión donde no hay objeto y en donde solo permanece la consciencia. El yoga es el método para evolucionar hacia la consciencia pura; no ser consciente de algo, sino ser la consciencia misma.

Cuando eres consciente de algo, no eres consciente de ser consciente. Tu consciencia se ha enfocado sobre algo; tu atención no está en la fuente de la consciencia misma. El esfuerzo en el yoga es llegar a ser consciente de ambos: del objeto y del origen.

La consciencia tiene dos puntas de lanza. Has de ser consciente del objeto, y simultáneamente del sujeto. La consciencia debe ser un puente con dos vertientes. No ha de perderse el sujeto, no ha de ser olvidado cuando estás focalizado en el objeto.

Este es el primer paso del yoga. El próximo paso es eliminar sujeto y objeto y simplemente ser consciente. El propósito del yoga es ese estado de consciencia pura.

Incluso sin el yoga el hombre crece hacia un ser cada vez más consciente, pero el yoga añade algo, aporta algo a esta evolución de la consciencia. Cambia y transforma muchas cosas. La primera transformación es una consciencia de doble dirección; recordarse a uno mismo en el preciso instante en que hay algo más de lo cual somos conscientes.

Este es el dilema: o eres consciente de algún objeto, o de lo contrario eres inconsciente. Si no hay objetos exteriores, te duermes; necesitas objetos para ser consciente. Cuando estás totalmente desocupado, estás soñoliento; necesitas algún objeto del que ser consciente. Pero cuando tienes demasiados objetos para ser consciente de ellos, puede que sientas cierto estado de ausencia de sueño. Por ello una persona que está demasiado obsesionada con pensamientos no puede dormir. Continúan estando allí los objetos; continúan estando allí los pensamientos. No pueden ser inconscientes; los pensamientos continúan exigiendo su atención. Y así es cómo existimos.

Eres más consciente con nuevos objetos. Por eso existe un desmedido deseo hacia lo nuevo, un ansia por lo nuevo. Lo viejo llega a ser aburrido. En el momento en que ya has vivido con un objeto, te vuelves inconsciente de él. Lo has aceptado; ahora tu atención no es necesaria. Estás aburrido. Por ejemplo, puedes no ser consciente de tu mujer durante años porque la tienes como algo seguro. Ya no ves su cara; no puedes recordar el color de sus ojos. No has estado realmente atento durante años. Solo serás consciente de nuevo de ella cuando muera. Por eso se aburren maridos y esposas. Cualquier objeto que no esté atrayendo continuamente la atención crea aburrimiento.

Del mismo modo, un mantra, una vibración-sonido repetida, es causa de sueño profundo. Cuando ha sido repetido continuamente un mismo mantra te aburres. No hay nada misterioso en ello. Repetir constantemente una misma palabra aburre; ya no puedes vivir más con ella. Empezarás a sentir sueño; caerás en una especie de letargo; te volverás inconsciente. La esencia del método de la hipnosis, de hecho, depende del aburrimiento. Si tu mente se puede aburrir con algo, entonces te duermes; el sueño puede ser inducido.

Nuestra consciencia depende de nuevos objetos. Por ello existe una gran avidez por lo nuevo, por nuevas sensaciones, por un nuevo vestido, una nueva casa, por cualquier cosa que sea una novedad, aunque no suponga una mejora. Con algo diferente sientes un repentino resurgimiento de la consciencia.

Puesto que la vida es una evolución de la consciencia, todo cambio es bueno por lo que respecta a la vida. Si una sociedad anhela nuevas sensaciones, la vida progresa; pero si en cambio permanece con lo viejo, sin pedir lo nuevo, muere; la consciencia no puede evolucionar.

Por ejemplo, en Oriente intentamos contentarnos con las cosas tal como están. Eso crea aburrimiento porque nunca hay nada nuevo. Lucero, durante siglos, todo permanece inalterado. Estás lisa y llanamente aburrido. Naturalmente, puedes dormir mejor —Occidente no puede dormir; ha de haber insomnio cuando estás pidiendo lo nuevo constantemente—, pero no hay evolución. Y estas parecen ser las únicas opciones: o bien toda la sociedad se volverá soñolienta y muerta, como ha sucedido en Oriente, o por el contrario, la sociedad padecerá insomnio, como viene ocurriendo en Occidente.

Ninguna de las dos es buena. Necesitas una mente que pueda estar despierta incluso cuando no hay objetos. En realidad necesitas una consciencia que no esté atada a lo nuevo, que esté desligada de los objetos. Si no está ligada al objeto, permanecerá ligada a lo nuevo. Necesitas una consciencia que no esté atada en absoluto al objeto, que esté más allá del objeto. Entonces tendrás libertad; podrás dormir y estar despierto a tu antojo. No necesitarás ningún objeto para ayudarte. Serás libre, estarás verdaderamente liberado del mundo objetivo.

En el momento en que estás más allá del objeto vas más allá del sujeto también, porque ambos existen conjuntamente. En verdad, subjetividad y objetividad son los dos polos de una misma cosa. Cuando hay objeto, tú devienes sujeto, pero si puedes ser consciente sin el objeto, no hay sujeto, no hay yo.

Esto debe ser entendido en profundidad: cuando se pierde el

objeto y puedes ser consciente sin objetos —¡simplemente consciente!— entonces también se pierde el sujeto. No puede permanecer allí. ¡Es imposible! Ambos desaparecen, y hay simplemente consciencia, consciencia sin límites. Ahora ya no existen límites. Ni el objeto ni el sujeto son los límites.

Buda solía decir que cuando estás meditando no existe un «yo» no hay atman, porque la propia consciencia del propio «yo» te aísla de todo el resto. Si estás todavía allí, los objetos aún permanecen allí. «Yo soy», pero el «yo» no puede existir en total soledad. El «yo» existe en relación con el mundo exterior; el «yo» es una relación. Entonces el «yo», el «yo soy», es solamente algo dentro de ti que existe en relación con algo exterior. Pero si el exterior no está allí, el interior se disuelve. Entonces hay una pura, espontánea, consciencia.

Para eso existe el yoga; eso es lo que yoga significa. Yoga es la ciencia de liberarse uno mismo de los límites del sujeto y del objeto, y a menos que hayas roto estos límites caerás en el desequilibrio de Oriente o en el desequilibrio de Occidente.

Si quieres comodidad, paz mental, silencio, sueño, entonces lo más apropiado es permanecer continuamente con los mismo objetos. Durante siglos y siglos no habrá cambio visible. Estarás cómodo, podrás dormir mejor... pero eso no es nada espiritual; te pierdes mucho. La urgencia misma por crecer desaparece; la necesidad misma de aventuras, desaparece; la urgencia misma de inquirir y encontrar desaparece. Realmente, empiezas a vegetar, te conviertes en algo estancado.

Si cambias esto, te volverás dinámico, pero también intranquilo; te volverás dinámico, pero tenso; dinámico, pero loco. Empezarás a encontrar lo nuevo, a interesarte por lo nuevo, pero estarás en un torbellino. Empiezas a experimentar lo nuevo, pero estás perdido.

Si pierdes tu objetividad serás demasiado subjetivo y soñador, pero si llegas a estar demasiado obsesionado con los objetos, pierdes la subjetividad. Ambas son situaciones desequilibradas. Oriente ha elegido una; Occidente la otra.

Y ahora Oriente se vuelve hacia Occidente y Occidente hacia Oriente. En Oriente, la atracción por la tecnología occidental, la ciencia occidental, el racionalismo occidental —Einstein, Aristóteles y Russell— se ha apoderado de la mente oriental, mientras que en Occidente está sucediendo lo contrario: buda, zen y el yoga tienen ahora mayor importancia. Este es el milagro. Oriente se vuelve comunista, marxista, materialista, y Occidente empieza a pensar en términos de consciencia expansiva, de meditación, de espiritualidad, de éxtasis. La rueda puede girar y podemos intercambiar nuestras cargas. Durante unos momentos habrá luz, pero luego todo el sin sentido empezará de nuevo.

Oriente ha fracasado de una forma y Occidente de otra, ya que ambos han tratado de negar una parte de la mente. Has de trascender ambas partes y no interesarte en una mientras niegas la otra. La mente es una totalidad. Puedes, o bien trascenderla totalmente, o bien no trascenderla. Si continúas negando una parte, la parte negada se vengará. Y realmente la parte negada por Oriente se está vengando en Oriente, y la parte negada por Occidente se está vengando en Occidente.

Nunca puedes ir más allá de lo negado. Está ahí y acumulando más y más fuerza. El mismo momento en que la parte que has aceptado sale victoriosa, es el momento del fracaso. Nada fracasa tanto como el éxito. Con cualquier éxito parcial, con el éxito de una parte de ti, te estás condenando a sumirte en un fracaso mayor. Lo que has ganado se vuelve inconsciente, y lo que has perdido emerge a la luz.

La ausencia se siente con mayor fuerza que la presencia. Si pierdes un diente, tu lengua percibe su ausencia y va allí a donde estaba el diente. Nunca antes se dirigió allí, nunca; pero no puedes impedírselo. Se mueve incontenieblemente hacia el lugar vacío para sentir el diente que ya no está allí.

De igual manera, cuando una parte de la mente obtiene el éxito, te vuelves consciente del fracaso de la otra parte, la parte que podría haber sido y no es. Ahora Oriente ha llegado a tener consciencia de la estupidez de no ser científicos. Esta es la razón por la que somos pobres; es la razón por la que «no somos nadie». Esta ausencia se constata ahora y Oriente ha empezado a volverse hacia Occidente, mientras que Occidente está sintiendo su propia estupidez, su falta de integración.

El yoga equivale a una ciencia total del hombre. No es simplemente una religión. Es la ciencia total del hombre, la trascendencia de todas las partes. Y cuando trasciendes las partes, te vuelves el todo. La totalidad no es únicamente la acumulación de las partes; no es algo mecánico donde todas las partes se alinean y forman un todo. No, es algo más que mecánico; es algo artístico.

Puedes dividir un poema en palabras, pero entonces las palabras aisladas no significan nada. Mas cuando está integrado, el todo resulta más que simples palabras. Tiene su propia identidad. Contiene vacíos, así como palabras. Un poema es poesía solo cuando dice algo que no ha sido verdaderamente expresado, cuando algo de él trasciende todas sus partes. Si lo divides y analizas, extraes solamente partes, y la flor trascendental que era, se habrá perdido.

De igual forma, la consciencia es una totalidad. Negando simplemente una parte pierdes algo, algo que era realmente importante. Y no ganas nada; ganas solo un extremo. Todo extremo llega a convertirse en una enfermedad; todo extremo llega a convertirse en un mal interior. Entonces te vas sumiendo más y más en la confusión, entonces hay una anarquía interior.

El yoga es la ciencia de trascender la anarquía, la ciencia de hacer que tu consciencia sea un todo, y eres un todo solo cuando trasciendes las partes. En consecuencia el yoga, ni es religión, ni es ciencia. El yoga es ambas cosas a la vez, trasciende a las dos. Puedes decir que es una religión científica o una ciencia religiosa. Por eso el yoga puede ser usado por cualquiera, pertenezca a la religión que pertenezca; puede ser usado por cualquiera con independencia de su mentalidad.

En la India, todas las religiones que se han desarrollado tienen entre ellas muy diferentes —algunas incluso antagónicas— filosofías, conceptos, percepciones; tienen poco en común. Entre el hinduismo y el jainismo no hay apenas ninguna afinidad; entre el hinduismo y el budismo no hay nada en común. Solamente hay un denominador común que ninguna de las religiones puede negar: el yoga. Buda dice: «No hay cuerpo, no hay alma», pero no puede decir: «No hay yoga». Mahavira dice: «No hay cuerpo, hay alma», pero no puede decir: «No hay yoga». El hinduismo dice: «Hay cuerpo, hay alma... y hay yoga». El yoga permanece como constante. Incluso el cristianismo no puede negarlo; ni el islamismo tampoco.

De hecho, ni siquiera alguien que sea totalmente ateo tiene porqué negar el yoga, dado que el yoga no impone como condición previa el creer en Dios. El yoga no tiene preconcepciones; es absolutamente experimental. Cuando se menciona el concepto de Dios —y en los más antiguos libros de yoga no se mencionaba en absoluto— se le menciona significándolo solo como un método. Dicho concepto puede ser usado como una hipótesis —si sirve de ayuda puede ser empleado—, pero no es una condición absoluta. Por eso Buda puede ser un yogui sin Dios, sin los Vedas, sin ninguna creencia. Sin tener ninguna fe, sin ninguna mal llamada fe, él puede ser un yogui.

El yoga puede ser un terreno común tanto para aquellos que creen en Dios como para los ateos. Puede ser un puente entre ciencia y religión. Es simultáneamente racional e irracional. Su metodología es totalmente racional, pero a través de la metodología puedes adentrarte profundamente en las entrañas de lo irracional. La totalidad del proceso es tan racional, cada paso es tan racional, tan científico, tan lógico, que solamente tienes que dar un paso y todo lo demás sucederá por sí mismo.

Jung menciona que en el siglo XIX ningún occidental interesado en psicología podía concebir nada más allá de la mente consciente, porque mente significa consciencia. Así pues ¿cómo puede existir una mente inconsciente? Es absurdo, no es científico. Posteriormente, cuando la ciencia poseía más conocimientos acerca del inconsciente, se desarrolló en el siglo XX una teoría sobre la mente inconsciente. Después, cuando profundizaron más tuvieron que aceptar la idea de un inconsciente colectivo, no solo individual. Parecía absurdo; mente significaba algo individual, consecuentemente, ¿cómo podía haber una mente colectiva? Pero lo cierto es que habían aceptado incluso el concepto de la mente colectiva.

Estas son las tres primeras divisiones de la psicología budista, del yoga budista: mente consciente, mente inconsciente e inconsciente colectivo. Luego Buda continúa fraccionándolas en ciento sesenta divisiones más. Jung dice: «Antes negábamos estas tres mentes. Ahora las aceptamos. Puede suceder que existan otras más. Tenemos que avanzar paso a paso; tenemos que adentrarnos cada vez más lejos». La aproximación de Jung es muy racional. Es una aproximación profundamente arraigada en Occidente.

Con el yoga tenemos que proceder racionalmente, pero solo con la finalidad de saltar al plano irracional. El objetivo es con toda certeza irracional. Lo que puedes entender, lo racional, no puede ser la fuente porque es infinito. La fuente debe ser mayor que tú. La fuente de la que has venido, de la que todo ha surgido, de la que proviene la totalidad del universo, y en donde todo desaparece de nuevo, tiene que ser más que esto. Lo que se manifiesta ha de ser menos que su origen. Una mente racional puede sentir y entenderlo manifiesto, pero lo inmanifestado sigue estando detrás.

El yoga no insiste en que uno deba ser racional. Dice: «Es racional concebir lo irracional. Es racional, también, conocer los límites de lo racional». Una auténtica y verdadera mente conocerá siempre las limitaciones de la razón, sabrá siempre que la razón acaba en alguna parte. Quienquiera que sea auténticamente racional tiene que llegar a un punto límite donde se siente lo irracional. Si procedes con la razón hacia lo esencial, sentirás el límite.

Einstein lo sintió; Wittgenstein lo sintió. El Tractatus de Wittgenstein es uno de los libros más racionales que jamás haya sido escrito; su autor es una de las mentes más racionales. Habla de la existencia de una forma muy lógica, de una manera muy racional. Sus expresiones, palabras, conceptos, lenguaje, todo en él es racional, pero al final dice: «Hay algunas cosas de las que nada podemos decir; existe un punto más allá del cual nada puede ser dicho y con relación al cual debemos permanecer mudos». Después escribe: «Aquello que no puede ser dicho no debe ser dicho».

Todo el edificio se desploma: ¡todo el edificio! Wittgenstein intentaba ser racional con el fenómeno de la vida y de la existencia, y repentinamente llega a un infranqueable punto y dice: «Ahora no se puede decir nada más allá de este punto». Esto expresa algo, algo muy significativo. Algo hay allí ahora mismo y nada puede decirse acerca de él. Se trata de un punto que no puede definirse, donde simplemente se derrumban todas las definiciones.

Siempre que ha habido una mente lógica y racional llega a este punto infranqueable. Einstein murió como un místico... y más místico que los supuestos místicos occidentales, porque si se es un místico sin haber jamás intentado seguir el camino de la razón, nunca podrá profundizarse en el misticismo. No se habrán conocido realmente los límites. He visto místicos que continuamente hablan de Dios como un concepto lógico, ¡como un argumento! Ha habido místicos cristianos que han intentado «comprobar» a Dios, la existencia de Dios. ¡Qué tontería! Aun en el caso de que Dios pueda ser comprobado, no demuestras nada y el origen es lo que queda sin demostrar.

Quien haya tenido alguna experiencia de lo divino no intentará comprobarlo, porque el mismo deseo de comprobarlo demuestra que uno no ha estado nunca en contacto con la fuente original de la vida, la cual no es comprobable; no se pueden obtener pruebas. La totalidad no puede ser demostrada a través de la parte. Por ejemplo, mi mano no puede probar mi existencia. Mi mano no puede significar más que yo; no puede abarcarme. Es una estupidez intentarlo. Pero si la mano puede abarcarse a sí misma por completo, es más que suficiente. En el momento en que la mano se conozca a sí misma sabrá también que está implantada en algo más, que es en todo momento «una» con algo más. Está allí porque ese «algo más» también está allí.

Si muero, mi mano también morirá. Existía únicamente porque yo existía. La totalidad permanece sin ser comprobada; solo son conocidas las partes. No podemos demostrar la totalidad, pero sí que podemos sentirla. La mano no puede demostrar mi totalidad, pero la mano puede sentirme. Puede entrar profundamente en sí misma y cuando alcanza las profundidades, es «yo».

Los mal llamados místicos a quienes la razón molesta, no son verdaderos místicos. A un verdadero místico nunca le incomoda la razón. Juega con ella. Y puede jugar con la razón porque sabe que la razón no puede destruir el misterio de la vida. Los falsos místicos y la gente religiosa a quienes asusta la razón, la lógica, la argumentación, tienen miedo de sí mismos. Cualquier argumento dirigido contra ellos puede crearles dudas interiores; puede ayudar a que emerjan sus dudas internas. Se temen a sí mismos. Tertuliano, místico cristiano, dice: «Creo en Dios porque no puedo probarlo; creo en Dios porque es algo imposible de creer. Así sentirá un místico verdadero: «Es imposible; por eso creo». Si es posible no hay ninguna necesidad de creer. Será solamente un concepto, un concepto ordinario.

Esto es lo que siempre los verdaderos místicos han entendido por «fe», por «creencia». No es algo intelectual; no es un concepto. Es el salto hacia lo imposible. Pero solamente puedes saltar a lo misterioso desde el límite de la razón, nunca antes. ¿Cómo podrías si no, hacerlo? Puedes saltar solo cuando has tirado de los extremos lógicos de la razón hasta casi romperla.

Has llegado a un punto donde la razón no puede ir más allá y el «más allá» sigue allí. Sabes que la razón no puede dar un solo paso más y pese a ello el «más allá» te aguarda. Incluso si decides permanecer sujeto a la razón, se creará un límite. Eres consciente de que la existencia sigue más allá del limite de la razón, de modo que incluso aunque no vayas más allá de este límite, te conviertes en un místico, Aunque no des el salto, eres un místico, porque algo has experimentado, has tropezado con algo que no era en absoluto racional.

Conociste todo lo que la razón es capaz de conocer. De repente te encuentras con algo que la razón no puede conocer. Si das el salto tienes que dejar atrás la razón; no puedes dar el salto con la misma razón. Esto que te impulsa a saltar es la fe. La fe no se opone a la razón; está más allá de ella. No es antirracional; es irracional. El yoga es el método que te lleva al límite extremo de la razón, y no es solo eso, sino también un método para dar el salto.

¿Cómo dar el salto? Einstein, por ejemplo, habría florecido como un Buda sí hubiera sabido algo de los métodos de meditación. Estuvo al borde mismo; en su vida llegó muchas veces al punto óptimo desde el que era posible dar el salto. Pero perdió su oportunidad una y mil veces. Se enredó una y mil veces con la razón. Y al final fracasó a causa de su vida desbordante de razón.

Lo mismo le podría haber ocurrido a Buda. También él era dueño de una mente muy racional, pero había algo que para él era posible, existía un método que podía utilizar. No solo la razón posee sus métodos; lo irracional también los tiene. La razón tiene sus propios métodos; lo irracional tiene sus propios métodos.

En último término, el yoga se ocupa más de los métodos irracionales. Solamente pueden usarse métodos racionales al principio. Tienen su razón de ser solo para persuadirte, impulsarte; para persuadir a tu razón de que se mueva hacia el límite. Y una vez has llegado al límite, tú darás el último salto.

Gurdjieff trabajó con cierto grupo utilizando algunos métodos profundamente irracionales. Estuvo trabajando con un grupo de buscadores y utilizando un método especialmente irracional. Solía llamarlo Ejercicio de Stop. Por ejemplo, podías estar con él y de repente te decía: «¡Stop!» Entonces todos tenían que detenerse, tal como estuvieran. Si estaban los ojos abiertos, tenían que quedarse abiertos; si era la boca la que estaba abierta —podías estar a punto de decir algo— la boca tenía que permanecer tal como estaba. Sin el menor movimiento.

Este método se inicia en el cuerpo. Si no hay ningún movimiento en el cuerpo, simultáneamente cesa toda actividad en la mente. Cuerpo y mente van íntimamente asociados; no puedes mover tu cuerpo sin que antes el movimiento interior de la mente haya cesado. El cuerpo y la mente no son entes distintos; son una misma energía. La energía es más densa en el cuerpo que en la mente; la densidad difiere, la frecuencia de la longitud de onda también difiere, pero sigue siendo la misma onda, el mismo flujo de energía para los dos.

Los buscadores estuvieron practicando este Ejercicio de Stop constantemente durante un mes. Un día Gurdjieff se hallaba en su tienda y vio a tres de los buscadores del grupo paseando por un viejo canal seco. Era un canal por el que no discurría nada de agua. De repente, desde su tienda, Gurdjieff gritó, «¡Stop!» Todos los que estaban a la orilla del canal se quedaron quietos como estatuas. También lo hicieron los tres que estaban dentro del canal. Estaba seco, así que no había ningún peligro.

Entonces, de repente, surgió una oleada de agua. Alguien había abierto el suministro de agua y esta se precipitaba cauce abajo por el canal. Cuando el agua hubo llegado a la altura de la nuca de los tres, uno de ellos saltó fuera del canal pensando: «Gurdjieff no sabe lo que está pasando. Está en su tienda e ignora que el agua ha entrado en el canal. Tengo que salir. Es absolutamente irracional quedarse aquí. Y saltó fuera».

Los otros dos permanecieron en el canal mientras el agua seguía subiendo. Finalmente, al llegarles el agua a la altura de la nariz, el segundo hombre pensó: «¡Este es el límite!» No he venido aquí a morir. He venido aquí a conocer la vida eterna, no a perder la mía», y saltó fuera del canal.

El tercero se quedó. Se enfrentaba igualmente con el mismo problema, pero decidió permanecer porque Gurdjieff había dicho que este era un ejercicio irracional y que si actuaba con la razón se vendría abajo todo cuanto uno se proponía hacer. Pensó: «Muy bien, acepto la muerte... porque no puedo dejar este ejercicio» y se quedó allí.

Ahora el agua cubría casi por entero su cabeza. Gurdjieff salió de su tienda, se arrojó al canal y le sacó fuera. Estuvo al borde de la muerte, pero cuando revivió fue un hombre transformado. No era ya el mismo que momentos antes realizaba el ejercicio; estaba completamente transformado. Había conocido algo; ¡había dado el salto! ¿Dónde está el límite? Si continúas con la razón puedes perdértelo sin llegar a conocerlo jamás. A veces uno ha de dar un repentino paso que le hace trascender. Ese paso se convierte en la transformación; trasciendes todas las divisiones. Tanto si la división es entre consciente e inconsciente, entre razón y sinrazón, entre ciencia y religión, o entre Oriente y Occidente, se ha de trascender la división. Esto es lo que es el yoga: trascender. Entonces, cuando de nuevo regresas a la razón, vuelves transformado. Podrás razonar si quieres, pero estarás más allá de la razón.

Capitulo II

El no-hacer mediante el hacer

La meditación es siempre pasiva; su misma esencia es pasiva. No puede ser activa porque su propia naturaleza es la del no-hacer. Si estás haciendo algo, tu misma acción lo alterará todo; tu hacer, tu misma actividad crea la alteración.

No-hacer es meditación, pero cuando digo: «No-hacer es meditación», no quiero decir que no necesites hacer nada. Incluso para este no-hacer, uno ha de hacer mucho. Pero este hacer no es meditación. Es solo un paso más, un trampolín. Todo hacer es solamente un trampolín; no es meditación.

Estás justo en la puerta, en los escalones... la puerta es el no hacer; pero para llegar a este estado mental de no-hacer es mucho lo que previamente deberemos haber hecho. Uno jamás debe confundir este hacer con la meditación.

La energía de la vida trabaja contradictoriamente. La vida es una continua dialéctica, no es un simple movimiento. No fluye como un río; es dialéctica. Con cada movimiento, la vida crea su propio opuesto y en su lucha con el opuesto se desplaza cada vez más allá. Con cada nuevo movimiento la tesis crea la antítesis. Y así constantemente: la tesis crea la antítesis, se fusiona con ella y se convierte en la síntesis, la cual vuelve a plantear una nueva tesis; y otra vez la antítesis,...

Por movimiento dialéctico, quiero expresar un movimiento que no es simplemente en línea recta; es un movimiento dividido en sí mismo, dividiéndose a sí mismo, creando su propio opuesto, y encontrándose con su opuesto otra vez. Entonces, de nuevo, vuelve a dividirse en su opuesto. La misma dinámica aplicaremos para la meditación, porque es lo más profundo de la vida.

Si te digo: «Relájate», te será imposible porque no sabrás que hacer. Así es como muchos pseudomaestros de la relajación siguen diciendo, «Simplemente relájate. No hagas nada; solo relájate». ¿Qué has de hacer entonces? Puedes seguir simplemente tendido, pero esto no será relajación. La agitación interior seguirá manteniéndose... y además ahora un nuevo conflicto vendrá a añadírsele: cómo relajarse. Habremos añadido un problema más. Todo el sin sentido estará allí, toda la agitación estará allí, con algo añadido: cómo relajarse. Una nueva tensión ha sido ahora añadida a todas las viejas tensiones ya existentes.

De modo que la persona que trata de vivir una vida relajada es paradójicamente la persona más tensa que pueda haber. Ha de ser así porque no ha comprendido el fluir dialéctico de la vida. Cree que la vida es un flujo en línea recta, que puedes decirte a ti mismo, «¡Relájate!» y que inmediatamente te relajarás.

Es imposible relajarse así. Por eso, si vienes a mí, nunca te diré, «¡Relájate!». Te diré, «Primero ponte tenso, tan tenso como te sea posible». ¡Ténsate completamente! Primero permite a tu organismo estar completamente tenso, permítele llegar al punto máximo de tensión. Y entonces, espontáneamente, llegarás a sentir en ti la relajación. Tú hiciste todo cuanto pudiste; ahora la energía de la vida se ocupará de crear el opuesto.

Has acumulado tensión hasta el máximo. Ya no hay nada más allá de ella; no puedes seguir acumulándola. Toda tu energía ha sido canalizada hacia la tensión. Pero no podrás continuar con esta tensión indefinidamente. Ha de disolverse. Pronto empezará a disolverse; sé entonces testigo de ello.

A través de la tensión llegaste al límite, al punto idóneo para dar el salto. A partir de ahí no puedes continuar. Si vas más allá puedes explotar, morir. El punto óptimo ha sido alcanzado. Ahora la energía de la vida se relajará por sí misma. Es ella la que se relaja. Ahora sé consciente y observa la relajación descendiendo sobre ti. Cada extremidad de tu cuerpo, cada músculo, cada nervio, se irá relajando fácilmente sin que tú hagas nada de tu parte. No estás haciendo nada para relajarte; simplemente te dejas relajar. Sentirás cómo muchas partes del organismo están relajándose. El organismo entero será una multitud de puntos relajándose. Solamente sé consciente.

Este ser consciente es meditación. Pero es un «no-hacer». Tú no estás haciendo nada porque estar despierto no es una acción. No es en absoluto una acción; es tu naturaleza, una muy intrínseca cualidad de tu ser. Eres consciente. Lo que tú habías alcanzado era no ser consciente y lo habías conseguido a costa de mucho esfuerzo.

A mi modo de ver, la meditación tiene dos fases: primero, la fase activa —que no es en absoluto meditación— y la segunda fase que es la completa inactividad, el ser consciente pasivamente, que es lo que realmente es meditación. El ser consciente es siempre pasivo, y en el momento en que empiezas la actividad perderás tu capacidad de ser consciente. Es posible estar activo y a la vez ser consciente solo cuando el ser consciente ha llegado a tal extremo que no hay ya necesidad de recurrir a la meditación para lograrlo, conocerlo o sentirlo.

Cuando la meditación se convierte en innecesaria, simplemente dejas de meditar. Ahora eres consciente. Solo entonces podrás estar activo y ser consciente a la vez; no de otra forma. Mientras la meditación siga siendo una necesidad para ti, seguirá siendo nula tu capacidad de ser consciente durante la actividad. Pero incluso la meditación puede no ser necesaria… Si tú mismo has llegado a ser meditación, no necesitarás más de ella. Entonces podrás ser activo, pero pese a tu actividad seguirás siendo un observador pasivo. Ahora nunca serás el actor; siempre serás una consciencia observadora.

Ser consciente es sinónimo de pasividad y la meditación ha de ser pasiva pues simplemente es la puerta a la consciencia, a la consciencia perfecta. Por eso, cuando la gente habla de meditación «activa», se equivoca. La meditación es pasividad. Probablemente precises de alguna actividad, de algún quehacer, para llegar a ella —es en cierto modo comprensible— pero no será porque la meditación en sí misma sea activa. Mas bien, es porque tú has sido activo a través de muchas vidas y la actividad ha llegado a impregnar de tal modo una parcela determinada de tu mente que incluso ahora necesitas actividad para conseguir la no actividad, la quietud. Has estado tan inmerso en la actividad que no puedes ya prescindir de ella. Así personas como Krishnamurti continúan diciendo, «Simplemente abandónala», pero tú se guiarás preguntándote cómo abandonarla. Krishnamurti te responderá «No preguntes cómo. Te estoy diciendo simplemente ¡abandónala! No hay un cómo para ello. No hay necesidad de ningún «cómo».

Y en cierto modo tiene razón. La meditación pasiva o el ser consciente pasivamente no tienen un «cómo». No pueden tenerlo, porque si existiese algún «cómo,» dejarían de ser pasivos. Pero Krishnamurti se equivoca también, porque no está arrastrando a quien le escucha a la comprensión. Está hablando sobre sí mismo.

La meditación existe sin ningún «cómo», sin metodología alguna, sin ninguna técnica. En efecto, Krishnamurti está en la línea de lo correcto, pero el que le escucha no puede comprenderlo. El que escucha no tiene más que actividad dentro de él; para él nada se puede hacer sin actividad. Por esto cuando dices, «La meditación es pasiva, no-activa, no-selectiva; tú solamente puedes sumirte en ella. No hay necesidad de ningún esfuerzo; no necesita de esfuerzos», estás hablando un lenguaje que el que te escucha no es capaz de entender. Entiende la parte lingüística del mensaje, y esto es lo que lo hace tan difícil. El que ha escuchado dice, intelectualmente he comprendido todo. Todo lo que dices, lo comprendo». Pero, sin embargo, es incapaz de comprender el significado.

Nada hay de misterioso en las enseñanzas de Krishnamurti. Es uno de los maestros menos místicos. No hay nada de misterioso; todo es tan obviamente claro, exacto, analítico, lógico, racional, que cualquiera es capaz de entenderle. Y esto es lo que se ha convertido en el obstáculo mayor, porque el que escucha cree estar entendiendo. Es probable que entienda la parte lingüística, pero no el lenguaje de la pasividad.

Entiende qué es lo que se le está diciendo, las palabras. Las escucha, las entiende; conoce el significado de estas palabras. El relaciona; un cuadro completo de interrelaciones se presenta ante su mente. Lo que se dice le es comprensible; se producirá allí una comunicación intelectual. Pero no ha captado el lenguaje de la pasividad. Y no puede entenderlo. Desde el plano en que está es incapaz de entender. Podrá aprender solo el lenguaje de la acción, de la actividad.

Por eso he de hablarte de actividad. Y tengo que conducirte, mediante la actividad, al punto en el que puedas saltar a la no actividad. La actividad ha de llegar a un punto extremo, a un límite, en el que sea imposible para ti ser activo; porque si la actividad es aún posible, continuarás.

Tu actividad debe ser agotada. Has de hacer cualquier cosa que quieras hacer. Cualquier cosa que creas que te queda por hacer, hazla, hasta que llegues al punto en que te veas forzado a gritar: «Ya no puedo más. Todo ha sido hecho. Ahora no queda nada por hacer, ningún esfuerzo por hacer. Estoy exhausto».

En ese momento, yo te gritaré: «¡Ahora, abandónate!» Y ese momento puede serte comunicado. Estás al límite, dispuesto a abandonar; ahora puedes comprender el lenguaje de la pasividad. Antes te era imposible entenderlo porque estabas demasiado lleno de actividad.

Jamás habías llegado al punto límite de tu actividad. Las cosas pueden ser abandonadas únicamente desde sus extremos, nunca desde su centro. No puedes hacerlo. Podrás abandonar el sexo si te has sumergido completamente en él; en caso contrario, no. Cualquier cosa que hayas llevado a su situación límite, en la que donde ya no es posible ir más lejos ni existe razón para retroceder, podrá ser abandonada fácilmente Podrás abandonarla por completo porque la habrás conocido por completo.

Cuando has conocido algo totalmente, empieza a aburrirte. Cabría la posibilidad de querer conocerlo más profundamente e ir más allá de él, pero si este más allá no existe, te quedarás en un punto muerto, paralizado. No puedes retroceder ni ir hacia adelante. Estás justo en el punto donde toda actividad acaba. Y en ese extremo de tu actividad solo te cabe ser pasivo; puedes ser pasivo. Y en el momento en que te vuelves pasivo, la meditación sucede, florece, viene a ti. Es un abandonarse totalmente a la pasividad.

Para mí, es el esfuerzo el que conduce al «no-esfuerzo»; es la acción que conduce a la «no-acción»; es la mente la que conduce a la meditación; es el mismo mundo material que conduce a la Iluminación. La vida es un proceso dialéctico; su opuesto es la muerte. Es para ser usada, no puedes simplemente abandonarla.

Úsala y serás lanzado hacia el otro extremo. Y sé consciente; cuando seas arrojado a las olas, sé consciente. Es fácil. Cuando desciendes desde un intenso clímax al punto de la relajación es muy fácil ser consciente, es muy fácil. No es difícil ahora ya que para ello solo necesitarás ser pasivo, solo mantenerte como testigo.

Incluso deja de haber el esfuerzo que comúnmente se requiere para observar; no es necesario. Te encontrarás tan exhausto por la actividad que sentirás, «¡Al infierno con todo. Ya basta!». Ahí es cuando la meditación es, y tú dejas de ser. Y una vez que lo hayas experimentado, nunca más lo perderás. Te acompañará para siempre, vayas donde vayas.

Y al permanecer constantemente junto a ti, esta sensación penetrará también en todas tus actividades, sean cuales sean. Habrá actividad, y allí, en el centro mismo de tu ser, habrá también un pasivo silencio. En la circunferencia, el mundo entero. En el centro, el *Brahman*. En la circunferencia, todas las actividades; en el centro, solo silencio, Pero un silencio fecundo; no un silencio muerto, porque todo está surgiendo de ese silencio; incluso la actividad. De este silencio surge toda la creatividad; es muy fértil. Así que cuando digo «silencio», no me refiero al silencio del cementerio, ni al silencio de una casa deshabitada. ¡Nada de eso! Mi silencio es el mismo que el de la semilla; el del vientre materno, el de las raíces bajo tierra. Hay mucho potencial escondido que pronto surgirá.

La actividad estará allí, pero el actor habrá desaparecido, el que «hace» habrá desaparecido. Esta es la búsqueda, esta es la indagación

Hay dos tradiciones antagónicas: el yoga y el samkya. El yoga dice que nada puede ser conseguido sin esfuerzo. Todo el yoga, el yoga de Patanjali, el Raja yoga, no es más que esfuerzo. Y está ha sido la idea dominante, porque el esfuerzo puede ser comprendido por muchos, la actividad puede ser comprendida, de modo que el yoga se ha convertido en la tendencia dominante. Pero, de cuando en cuando, aparece algún extraño personaje ser que proclama, «No hay nada que hacer». Un Nagarjuna, un Krishnamurti, un Huang Po —todos ellos extraños personajes— dicen, «Nada hay que hacer. No hagas nada. No preguntes sobre el método». Así se expresa el samkya.

Solamente existen dos religiones en el mundo: yoga y samkya. Pero el samkya, desde siempre, solamente ha atraído la atención de un número muy reducido de personas aquí y allí, y por lo tanto no se conoce mucho. Es por esta razón que se considera a Krishnamurti relativamente novel y original. No lo es, pero puede aparentarlo porque el samkya es desconocido.

Solo el yoga es conocido. Existen ashrams, centros de entrenamiento y yoguis esparcidos por todo el mundo. El yoga es conocido; la tradición del esfuerzo. Y el samkya es completamente desconocido. Krishnamurti no ha pronunciado una sola palabra que sea nueva, pero, debido a que no estamos familiarizados con la tradición del samkya, aparentan serlo. Debido exclusivamente a nuestra bendita ignorancia, existen los revolucionarios.

Samkya quiere decir conocimiento, saber. El samkya dice: «Es suficiente solo conocer; basta simplemente con ser consciente».

Pero estas dos tradiciones forman parte de un mismo proceso dialéctico. Para mí no son opuestas, son complementarias y perfectamente sintetizables en una sola. A esta síntesis la llamo, samkya a través del yoga, o yoga a través del samkya; no-hacer a través del hacer. Hoy en día ninguna de estas dos tradiciones opuestas y dialécticas pueden, por separado, servirte de ayuda. Puedes utilizar el yoga para alcanzar el samkya,. ¡y tendrás que emplear el yoga para alcanzar el samkya!

Si eres capaz de entender la dialéctica hegeliana, la cosa te resultará más clara. El concepto de «movimiento dialéctico» no ha sido usado por nadie desde Marx, pese a que este lo aplica de un modo nada hegeliano. Su utilización queda limitada a un plano exclusivamente material, para la sociedad, para las clases, para demostrar el progreso de las sociedades mediante la dialéctica, la lucha, de clases. Marx dice: «Hegel estaba cabeza abajo y yo le he puesto de nuevo sobre sus pies».

En realidad ocurrió lo contrario. Hegel estaba de pie, y Marx le puso cabeza abajo. Y debido a Marx, el límpido concepto de dialéctica se vio empañado por el comunismo. De todos modos el concepto sigue siendo igualmente hermoso y significativo; es muy profundo. Hegel afirma: «El progreso de una idea, el progreso de la consciencia, es dialéctico. La consciencia progresa dialécticamente».

Yo voy más allá y digo que cualquier fuerza de la vida progresa dialécticamente, y la meditación es el fenómeno existencial más profundo que pueda ocurrir. Es la explosión de la fuerza de la vida. Es todavía más intensa que la explosión atómica, pues en una explosión atómica explotan solamente átomos de materia, mientras que en la meditación, es una célula viva, una entidad viviente, un ser que vive, el que estalla.

Esta explosión procede dialécticamente. Utiliza la acción sin olvidarse de la no-acción. Mucho tendrás que esforzarte, pero recuerda que todo este esfuerzo es solamente para alcanzar el estado donde nada hay que hacer.

El samkya y el yoga, parecen simples. Krishnamurti no es nada complicado; como tampoco lo es Vivekananda. Ambos son fáciles de entender porque han elegido un aspecto restringido y parcial de la dialéctica. Parecen muy consistentes. Krishnamurti es muy consistente, absolutamente consistente. En cuarenta años de charlas, Krishnamurti no ha dicho ni una sola frase inconsistente porque ha elegido solo una parte de todo el proceso; la opuesta a la por él rechazada. Vivekananda es igualmente consistente: ha elegido la otra parte. Comparado con ellos, puedo parecer muy inconsistente. O, en todo caso, consistente dentro de mi inconsistencia.

Mi proceso dialéctico es el siguiente: relajamiento a través de la tensión; meditación a través de la acción.

Por esto, hablo del ayuno. Es una acción, una acción muy profunda. El comer no requiere tanta actividad como el dejar de hacerlo. Ingieres la comida y enseguida te olvidas de ella; y no hay más actividad. En cambio, si dejas de tomar alimentos, es una gran acción; no puedes olvidarlo. El cuerpo entero lo recuerda; cada una de tus células está reclamando comida. Todo el cuerpo se encuentra agitado. Está muy activo, activo hasta su mismo centro. No es pasivo.

La danza tampoco es nada pasiva; es muy activa. Al final, acabas por convertirte en puro movimiento. Te olvidas del cuerpo, solo queda el movimiento. Realmente, danzar es la cosa menos terrenal, el arte menos terrenal, pues es puro ritmo en movimiento. Es absolutamente inmaterial, de modo que no lo puedes aprehender. Puedes atrapar al bailarín, pero nunca a la danza. Se esfuma en el cosmos; está allí, y súbitamente deja de estar. No estaba aquí y de repente aparece. Surge de la nada y luego, de nuevo, vuelve a ella.

Un bailarín está ahí sentado; en él no hay danza alguna. Sin embargo, un poeta puede estar sentado aquí y la poesía puede estar presente: la poesía puede existir en el poeta. Un pintor está aquí: de una forma muy sutil, su pintura sigue con él. Antes de pintar cualquier cosa, eso ya existía en su mente. Pero con el bailarín nada está presente, y si está presente es que antes que bailarín es un simple técnico y no un bailarín. El movimiento es un fenómeno que nace dentro de uno. El que danza es solo el vehículo a través del cual se expresa la danza. El movimiento toma el mando.

Uno de los más grandes bailarines de este siglo fue Nijinsky. Terminó loco. Puede que haya sido el más gran bailarín de todos los tiempos, pero el movimiento le absorbía hasta tal punto que el bailarín se perdía en él. En su último año de vida era ya incapaz de controlarlo. En cualquier lugar y en cualquier momento podía empezar a bailar, y cuando danzaba, nadie podía saber cuándo acabaría. Igual podría pasarse bailando una noche entera. Cuando sus amigos le preguntaban, «¿Qué pasa contigo? Empiezas a bailar y eres incapaz de dejarlo», Nijinsky les respondía invariablemente lo mismo: «Soy como una extremidad de un Todo que me impulsa a bailar, y cuando esa fuerza ocupa mi lugar, yo dejo de ser yo... desconozco quién es el que danza en mi lugar». Se volvió loco y lo ingresaron en un manicomio, en donde murió.

Desarrolla una actividad y llévala hasta el límite donde solo haya dos opciones: o la locura, o la meditación. No existen términos medios.

Capítulo III

La meditación caótica

Es una coincidencia interesante que tu técnica de meditación de liberación a través de una intensa respiración caótica evolucionara al mismo tiempo que ciertas técnicas caóticas de terapia occidentales, como la teoría del Dr R.D. Laing de que la esquizofrenia, no es algo contra lo que se haya de luchar, sino que es algo que se ha de experimentar voluntariamente. Laing ha dicho que no puedes estar cuerdo a menos que hayas estado loco o no-cuerdo. Luego está el uso de la energía sexual, según Wilhelm Reich, para liberar los bloqueos del cuerpo que coinciden con las neurosis. Esta técnica fue la inspiradora de la terapia denominada Bio-energética y de la terapia del Grito Primal. ¿Es de alguna importancia esa coincidencia?

El hombre, tal como es, es un ser neurótico. No solamente unos pocos son los neuróticos; la humanidad en pleno padece esa neurosis. No es un problema de curar a unos cuantos; el problema es curar a toda la humanidad. La neurosis es la condición normal en el hombre. Tal como naces, naces neurótico. Existen para ello unas causas. Has de comprender esas causas que hacen del hombre un ser «normalmente neurótico».

La neurosis es innata. La primera causa es que el hombre es el único animal que nace sin haberse desarrollado por completo en el útero. Todo ser humano nace inmaduro. Excepto el hombre, todos los animales nacen ya maduros; la madre no es muy necesaria.

El niño está totalmente indefenso. Sin una madre, sin una familia, sin unos padres, no es capaz de sobrevivir; nace inmaduro. Los científicos sostienen que los nueve meses son solamente la mitad del período que sería necesario. El niño necesitaría estar en el vientre dieciocho meses. Pero se presentan problemas. Las mujeres no pueden llevar a un niño durante dieciocho meses. Por eso, todo nacimiento es un aborto. Esto sucede porque el hombre es el único animal que se mantiene erecto sobre dos pies. El vientre, el cuerpo humano, no fue diseñado para una postura erecta. Esta postura erecta crea problemas y el niño ha de nacer antes de que haya madurado totalmente y esté dispuesto a ser alumbrado. Eso le proporciona un comienzo neurótico; un niño sin evolucionar.

En segundo lugar, incluso si la situación pudiera ser cambiada, seguiría habiendo problemas. Y algún día seremos capaces de cambiarla. Cuando seamos capaces de proporcionar a la futura humanidad un vientre creado científicamente, solamente entonces podremos cambiarla. Pero incluso entonces seguirá habiendo problemas. El segundo problema, que incluso es más profundo que el fisiológica, es psicológico. Ningún animal tiene una cultura, pero el hombre sí tiene una cultura. Ha de pasar por un cierto aprendizaje, por un cierto condicionamiento. No se le permite ser lo que tiene que ser; ha de ser moldeado según ciertas pautas. Esas pautas originan la neurosis.

No se te permite ser tú mismo. La sociedad moldea al individuo conforme a un particular patrón establecido. Eso significa represión. La parte restante de tu ser es reprimida. Solamente un pequeño fragmento puede ser expresado. Esto crea una división, una esquizofrenia. A una parte de tu mente se le permite expresarse a expensas de la totalidad. A la mayor parte no se le permite que se exprese. No se le permite ni siquiera que viva. Debe esconderse en los rincones más oscuros de tu ser.

Pero permanece ahí y existe un conflicto constante. La parte que la sociedad tolera y la parte aún mayor que la sociedad no tolera, están en tensión, en conflicto; en un constante conflicto interno. De modo que tú estás en contra de ti mismo. Esa es la neurosis. Ningún hombre está a favor de sí mismo; todo hombre está en contra de sí mismo. El hombre está en contra de sí mismo. De esta forma es cómo la sociedad te culturiza, te cultiva, te condiciona. Esta represión tiene muchas implicaciones. Nunca podrás estar en paz porque a tu parte principal no se la deja existir; ni siquiera se le permite ser consciente. La mayor parte de ti mismo está en la esclavitud. Y recuerda que una parte no puede nunca ser libre. ¿Puedes liberar una rama de un árbol mientras que todo el árbol es esclavo? La parte es fundamentalmente, parte del todo, de modo que la parte goza solamente de una libertad completamente ilusoria. Y la parte que ha sido reprimida continúa luchando para poderse expresar.

La vida necesita expresarse; la vida es expresión. Si no dejas que lo haga, estás creando, acumulando, fuerzas explosivas. Explotarán y te harán pedazos. En ti, esta división es la esquizofrenia. Todo hombre es un esquizofrénico, está dividido; dividido contra él mismo. Jamás podrá encontrar la tranquilidad, no podrá estar en silencio, no podrá ser dichoso. En su interior lleva al mismo infierno, y no podrá librarse de él a menos que se convierta en un todo.

Así que, si me has comprendido, el hombre tal y como es, es esquizofrénico, neurótico. Algo tendrá que hacerse para liberar tantas neurosis, para que las partes divididas sean reagrupadas. La parte no expresada deberá ser expresada y deberá ser eliminada toda represión de tu mente, del consciente sobre el inconsciente.

Las técnicas tradicionales de meditación parecen haberlo pasado por alto. Por eso han fracasado. Las técnicas de meditación existen desde tiempos lejanos, han sido conocidas a través de toda la historia, pero un Buda, un Jesús, un Mahavira, han sido todos fracasados. No quiero decir que no se realizaran a sí mismos. Se realizaron, pero fueron excepciones, y las excepciones demuestran la regla. Buda se iluminó, pero no pudo ayudar a que el resto de la humanidad se Iluminara. Fue solamente una excepción.

¿Por qué las religiones no han sido de gran ayuda? La causa principal es la siguiente: tomaron al hombre como hombre y enseñaron, al hombre tal como es, técnicas de meditación. Pero todas esas técnicas pueden ser de ayuda en un cierto nivel, y solo superficialmente. Las divisiones internas permanecen; nada has hecho para modificarlas.

Por ejemplo, existen las técnicas zen, la meditación trascendental de Mahesh Yogui... y otras. A determinados niveles pueden resultar eficaces. Pueden calmarte, tu exterior se volverá más tranquilo, pero nada le ocurrirá a tu ser interior. ¡Nada puede ocurrirle! Y esa calma superficial y aparente es peligrosa porque cualquier día explotará. Básicamente nada ha sucedido. Simplemente has entrenado a tu mente consciente para que se mantenga en un estado de mayor tranquilidad.

Podrás aquietar tu mente con la ayuda de mantras, con constantes cánticos, y por muchos otros sistemas. Cualquier sistema capaz de crear un profundo tedio interior, te ayudará a calmarte. Por ejemplo, la monótona repetición de «Ram-Ram-Ram», llegará a producirte cierta somnolencia, aburrimiento, y tu mente empezará a adormecerse. La somnolencia que lentamente te invadirá se presta fácilmente a ser confundida con el estado de serenidad, de calma, de quietud, pero se trata en realidad de simple amodorramiento. Así podrás tolerar algo más tu vida; al menos superficialmente estarás satisfecho. Pero las fuerzas neuróticas seguirán hirviendo en tu interior y en cualquier momento podrán irrumpir y tú caerás fulminado.

A muy pocas personas podrán serles útiles estos métodos, dado que son métodos únicamente conciliatorios. Y aquellos a los que les pueden ser útiles, pueden ser ayudados sin ayuda de ninguna técnica. Esos casos son excepciones; individuos afortunados libres de toda neurosis. Hay muchos factores implicados, pero como regla, la mayor parte de la humanidad carece de esa suerte.

De modo que mí énfasis estriba primero en disolver tu división interna y hacer de ti uno. Porque a menos que llegues a ser uno, nada podrá hacerse. Lo primero es cómo disolver tu neurosis. Mi técnica de Meditación Dinámica acepta plenamente tu neurosis y tratará de liberarla. Mi técnica empieza con catarsis. Cualquier cosa oculta debe ser liberada, no intentes reprimirla; más bien, elige expresarla. No te condenes a ti mismo. Acéptate tal cual eres, ya que tu auto condena solo creará división. Condenando no destruyes nada. Si dices que el sexo es malo, lo condenas, pero no lo destruyes. Con solo condenarlo, no lo destruyes. Al contrario, se va convirtiendo cada vez más y más en una fuerza peligrosa, porque cuando es reprimido, lucha por expresarse. Y si continúas luchando con él, sin tolerarlo, se convertirá en perversión. La represión te hará más sexual y la energía sexual luchará y tratará por todos los medios de expresarse, de cualquier forma.

Todas las perversiones, en todo el mundo,... la homosexualidad o las perversiones sadomasoquistas son subproductos de las mal llamadas religiones, particularmente del cristianismo, porque cuanto más reprimen, más trata la energía de encontrar sus propios caminos. El sexo natural es hermoso: el sexo pervertido es repugnante. El sexo natural puede ser venerado y considerado sagrado, pero el sexo pervertido no puede ser considerado sagrado porque, por dos veces, ha sido apartado de su fuente original.

El sexo está ahí, no lo condenes. Acéptalo. No crees divisiones en tu ser, entre las partes de tu ser. La ira está ahí; acéptala. No quiero decir que hayas de ser codicioso; más bien al contrario. En el instante en que lo aceptas, lo trasciendes, porque la aceptación crea una unidad y cuando estás interiormente unido, posees la energía para trascender.

Cuando estás dividido interiormente, tu energía lucha consigo misma. No puede ser empleada para transformación alguna. Deja pues que exista una aceptación de eso que eres, sin condenas. Todo lo que has estado haciendo hasta ahora, sea lo que sea, es solo represión. Todo eso ha de ser liberado. Si te vuelves conscientemente neurótico, un día llegarás a un punto en el que dejarás de ser neurótico.

Puede parecer paradójico, pero quienes se esfuerzan por reprimir sus neurosis se vuelven aún más neuróticos, en tanto que los que las expresan conscientemente, las expulsan. Por consiguiente, a menos que te conviertas en un individuo «conscientemente loco», te será imposible estar cuerdo. R. D. Laing acierta cuando dice: «Concédete a tí mismo el estar loco». Se trata, sin duda, de uno de los hombres más sensibles de Occidente. Tú estás loco, de manera que algo habrá que hacer. ¿Qué dicen las viejas tradiciones? Te aconsejan: «Reprime tu locura. No la permitas expresarse; si no, te volverás loco». Yo te digo que la dejes expresarse. Ese es el único camino hacia la cordura. ¡Libérala! Dentro de ti se volverá venenosa. Échala fuera, expúlsala por completo de tu ser. Eso es catarsis. Una catarsis que deberá ser abordada muy sistemática y metódicamente, ya que te estás volviendo loco con un método... «conscientemente loco».

Solamente tienes que hacer dos cosas: permanecer consciente de lo que estás haciendo y no reprimir nada. En nuestras mentes consciencia es represión. Ese es el problema. Cuando empiezas a conocer ciertas cosas de ti mismo, las empiezas a reprimir. Esa es la disciplina y eso es lo que has de aprender: a ser consciente y no represivo; por el contrario, has de ser consciente y expresivo.

Te sientes un desgraciado; ¿qué has de hacer? O bien tratas de escapar para poder olvidar o pruebas con algo que pueda sacarte de tu sufrimiento, con algo que pueda calmarte. Hagas lo que hagas será una sutil represión y el sufrimiento se irá acumulando y seguirá en tu sistema. Cuanto más esté allí, más venenoso se volverá; cuanto más tiempo, más venenoso. No está tan solo en tu mente. Está en todo tu cuerpo, en tu sangre, en tus huesos, en tu fisiología. Crea muchas enfermedades.

Al menos el cincuenta por ciento de las enfermedades son mentales y tienen su origen en la mente. Y esos datos que te estoy proporcionando son unos datos muy moderados; el cincuenta por ciento. Aquellos que trabajan con la mente y con el cuerpo saben que el noventa por ciento de las enfermedades son creadas por la mente. Por eso, cuanto más reprimas tus energías, más enfermo te irás volviendo mental y corporalmente. Has de penetrar en tus profundidades con un método poderosamente transformador.

Mi método de Meditación Dinámica se inicia con la respiración, ya que la respiración enraíza profundamente en el ser. Puede que no hayas observado que la respiración es muy especial de diferentes maneras. Tu cuerpo tiene dos clases de sistemas. Uno es el voluntario; el otro es el involuntario. Puedo mover mi mano voluntariamente, pero no puedo alterar mi circulación sanguínea. Eso es involuntario. Tu cuerpo está compuesto por estos dos sistemas: el voluntario y el involuntario. Pero puedes hacer algo con ello; puedes respirar profundamente, puedes respirar lentamente. Puedes variar el ritmo, incluso puedes dejar de respirar durante algunos minutos o segundos. Pero siempre es algo a medias. Nunca puedes hacerlo indefinidamente. Es un eslabón entre los sistemas voluntario e involuntario de tu cuerpo.

Si consigues variar el ritmo de tu respiración podrás cambiar muchas otras cosas. Si te fijas detalladamente tu respiración, observarás que cuando estás enojado, tu respiración adquiere un ritmo determinado. Cuando es amor lo que sientes, un ritmo totalmente distinto viene a ti. Cuando estás relajado, respiras de modo diferente; cuando estás tenso respiras de modo diferente. No puedes respirar como lo haces cuando estás relajado y estar al mismo tiempo enfadado. Es imposible.

Durante la excitación sexual hay un cambio de respiración. Ahora bien, si evitas que este cambio se produzca, tu excitación remitirá instantáneamente. Es un ejemplo claro del sincronismo que hay entre respiración y estado mental. Al igual que puedes modificar el estado de tu mente por medio de la respiración, podrás variar la respiración una vez hayas modificado el estado de tu mente.

Por eso empiezo con la respiración y en la primera fase de la técnica de meditación sugiero trabajar con la respiración caótica durante al menos diez minutos. Entiendo por respiración caótica una respiración honda, firme y enérgica, sin ritmo preconcebido. Se trata, simplemente, de inspirar profundamente y expulsar el aire hacia afuera tan enérgicamente como sea posible.

Esta respiración caótica ayuda a provocar el caos en el interior de tu sistema reprimido. Todo lo que eres, en parte lo eres a causa del tipo de respiración que empleas. Un niño respira de un modo muy peculiar y cuando el niño se vuelve sexualmente consciente o es hecho consciente de ello por sus padres o por la sociedad, empieza a respirar de diferente forma. Si estás sexualmente asustado, no podrás respirar profundamente porque cada aliento golpeará tu centro sexual. De modo que si estás asustado no podrás hacer respiraciones profundas. Y hacemos que el niño esté sexualmente asustado. Si un niño juega o se toca sus genitales, se lo impedimos. Cuando se lo impedimos, su respiración se vuelve superficial. No puede respirar profundamente; se ha asustado. Cuando tienes miedo, no puedes respirar profundamente. El miedo origina una respiración poco profunda

Esta respiración caótica es para destruir tus viejos cánones del pasado. Todo lo que hayas hecho de ti, será destruido. Esto creará un caos en ti, porque a menos que no se produzca un caos en tu interior, te seguirá siendo imposible descargar tus emociones reprimidas. Y esas emociones reprimidas se desplazarán hacia el cuerpo.

Tú no eres un cuerpo y una mente por separado; eres una entidad cuerpo-mente, psico-soma; una unidad de ambas partes. Así es como todo cuanto tu cuerpo haga, repercutirá en tu mente, y viceversa. Cuerpo y mente son dos componentes de una misma entidad.

Diez minutos de respiración caótica producen resultados maravillosos, pero a condición de que sea una respiración verdaderamente caótica. No es una clase de pranayama, de respiración yóguica; es simplemente crear el caos a través de la respiración. Y eso crea el caos por muchas razones.

Una profunda y enérgica respiración dotará a tu cuerpo de mayor cantidad de oxígeno. Y cuanto más oxigeno distribuyas por tu cuerpo, más vital y despierto te encontrarás; serás más como un animal. Los animales están vivos y el hombre está medio muerto, medio vivo. Has de volver a ser de nuevo un animal; solamente entonces podrá desarrollarse en ti algo superior. Eres falso y si solamente estás medio vivo; no puede hacerse nada contigo.

De modo que esta respiración caótica hará de ti un animal; vivo, vibrante, vital, con más oxígeno en tu sangre y más energía en tus células. La oxigenación ayudará a aumentar la electricidad de tu cuerpo —tu bio-energía— y tus células estarán más vivas. Cuando hay electricidad en el cuerpo, puedes ahondar más en ti, ir más allá de ti, porque esta electricidad operará en tu interior. Tal y como ahora eres, estás simplemente muerto, o medio muerto... Porque incluso estar totalmente muerto es algo bueno. Siempre que algo es completo, es bueno; pero todo lo que es a medias, es malo.

El cuerpo posee sus propias fuentes de electricidad. Si las golpeas, con una mayor respiración y más oxígeno, empezarán a fluir. Y si te vuelves realmente vivo, entonces dejarás de ser un cuerpo. Cuando estás vivo te sientes a ti «sino como energía; no como materia. Te percibes como un cuerpo porque estás medio muerto. Por eso te sientes tan pesado. Ese estar medio muerto te da esa pesadez y la sensación de que eres atraído hacia abajo por la fuerza de la gravedad. En cierta manera, sientes que te has de arrastrar a ti mismo. Eres pesado. Esta pesadez se debe a que estás medio muerto. Cuanto más vivo estés, más energía fluirá en tu sistema y menos te percibirás físicamente. Te sentirás más como energía y menos como materia.

Y siempre que te encuentres más vivo, dejas de centrarte en el cuerpo. Si el sexo tiene tanto atractivo, una de las razones es que, al estar inmerso plenamente en el acto, totalmente vivo, totalmente en él, dejas de ser un cuerpo; eres simplemente energía. Sentir esa energía es totalmente necesario si pretendes avanzar e ir más lejos.

La segunda fase de mi método de Meditación Dinámica empieza en la catarsis. Anteriormente he hablado de estar «conscientemente loco» y de que, cualquier cosa que se te ocurra, cualquiera, la dejes expresarse y cooperes con ella. Sin resistencias; solamente un flujo de emociones...

Si sientes la necesidad de gritar, entonces grita cuanto quieras. Coopera con ello. Lanza un potente grito, un grito total capaz de envolver en él a todo tu ser. Es algo muy benéfico, de resultados notoriamente terapéuticos. Muchas neurosis, muchos otros males, pueden ser liberados simplemente con el grito. Si el grito es total, todo tu ser estallará en él. Exprésate llorando, bailando, gritando, gimiendo, saltando, riendo, como un loco. El segundo paso también dura diez minutos y en unos días serás capaz de reconocer en qué consiste. Al empezar, todo debe ser hecho con esfuerzo, incluso fingiéndolo si fuera necesario. Somos tan falsos hasta que no somos capaces de hacer nada auténtico. No hemos reído, ni llorado, ni gritado, con autenticidad. Todo es simplemente una máscara, pura fachada. Por eso, al principio, cuando comiences a hacerlo, puede que solo sea algo forzado. Puede que requiera esfuerzo, puede que tengas que simular, pero no te preocupes; continúa. Pronto, entrarás en contacto con las fuentes donde tienes reprimidas muchas cosas, y una vez fluyan libremente te sentirás aliviado. Una nueva vida te envolverá, un nuevo nacimiento se producirá en ti. Esta descarga es inevitable... sin ella no puede haber meditación para el hombre tal y como es. No hablo de las excepciones; son irrelevantes.

En esta segunda etapa. una vez el veneno interior ha sido expulsado mediante la descarga, se produce una sensación de vacío interior. Y esto es lo que quiere decirse con «vacío»: desprenderse de todas las represiones. Ahí, en ese vacío, algo puede hacerse.

En la tercera fase yo suelo emplear el sonido «*ju*». Muchos sonidos se han empleado en el pasado, y cada uno de ellos tenía una finalidad específica. Por ejemplo, los hindúes emplean el sonido «*aum*». Puede que te sea familiar, pero no aconsejo su uso, Nunca va más allá del corazón. Golpea el centro del corazón y regresa.

Los sufis han venido usando desde siempre el *ju* y si pronuncias el *ju* en voz alta, su sonido golpea el centro sexual. Por eso puede ser usado como un martilleo interior. Si está vacío y hueco interiormente, solamente entonces podrá este sonido moverse en tu interior. Solamente podrá moverse el sonido en tu interior si estás vacío. Si persisten tus represiones no hay nada que hacer. Es más, podría resultar incluso peligroso el uso de los *mantras* o sonidos si hay represiones, porque cada represión modificará el curso descendente del sonido, de forma que el resultado final puede ser algo que nunca hubieras imaginado, ni esperado, ni deseado. Los *mantras* y sonidos son para ser usados únicamente con mentes vacías.

Los *mantras* no deben ser tomados a la ligera. Yo jamás he sugerido que los emplee alguien que no haya pasado aún por la catarsis. Existían ciertos mantras en la antigua India qué exclusivamente eran utilizados por *sanyasins*, nunca por personas corrientes. Nunca se permitía que fueran utilizados por gente corriente porque esa gente posee un sistema interior distinto. Ese sonido *ju* hubiera podido alterarlos. Por eso solamente a un *sanyasin* le era permitido emplear ciertos sonidos.

En los tiempos antiguos, particularmente en el Tibet, siempre que se le daba un *mantra* a un *sanyasin*, este debía tocar una flor, una flor viva, en una rama. Y si la flor se marchitaba, abrumada por su toque, solamente entonces se le daba el mantra porque ese mantra iba entonces a crear una sutil muerte en su interior. No debía ser utilizado por un hombre corriente porque si no, la muerte empezaría a rondarle.

Por esto el *mantra ju* no debe hacerse sin haber sido completadas las dos anteriores fases. Nunca debe hacerse sin ellas. Si estás neurótico y la neurosis no ha sido liberada, entonces si haces el *ju*, te volverás más neurótico. De modo que solamente en la tercera fase, durante diez minutos, se ha emplear el *ju*; tan fuerte como te sea posible. Vuelca sobre él toda tu energía. Como un martilleo. Y cuando estás vacío, después de la catarsis de la segunda fase, el *ju* desciende y golpea el centro sexual.

El centro sexual puede ser golpeado de distintas formas. Una de ellas es la que procede de un modo natural. Cuando alguien se ve atraído hacia un miembro del sexo contrario, su centro sexual se ve afectado desde el exterior. Y, en realidad, ese impacto es también una sutil vibración.

¿Es un hombre atraído por una mujer o es una mujer atraída por un hombre? ¿Por qué se produce la atracción entre ambos sexos? ¿Qué es lo que hay en un hombre o en una mujer para que esto ocurra? Se trata de una electricidad —positiva o negativa— que les golpea interiormente; una vibración muy sutil, que no es más que un sonido. Por ejemplo, habrás observado que los pájaros emplean el sonido en el reclamo sexual. Todo su canto deviene sexual. Con él se golpean incesantemente los centros sexuales de sus respectivos congéneres.

Sutiles vibraciones de electricidad están golpeándote desde el exterior. Al ser golpeada desde afuera, tu energía comienza a fluir en dirección opuesta: hacia afuera, hacia el polo sexual correspondiente. En tal instante habrá reproducción, un nacimiento de un nuevo ser fuera de ti.

Este *ju* está golpeando exactamente el mismo centro, pero desde el interior. Y cuando el centro sexual es golpeado desde el interior, la energía empieza a fluir por dentro. Este flujo interior de energía te cambia completamente. Eres transformado; te alumbras a ti mismo.

La transformación se produce justo en el instante en que la energía cambia de sentido. Es decir, si antes era un flujo descendente y ahora asciende, es cuando verdaderamente ocurre la transformación. A este tipo de energía ascendente se la conoce como *kundalini*. La identificarás enseguida cuando la sientas recorriéndote realmente, fluyendo por la columna vertebral. Y cuanto más alto ascienda, más ascenderás tú con ella. Y cuando la energía ascendente alcance el *brahma randra*, el último centro, el séptimo, el centro de la cabeza, tú te conviertes en un ser plenamente realizado, en ese hombre al que Gurdjieff llama «el hombre número siete».

Eras «el hombre número uno» cuando tu energía actuaba sobre el centro sexual. Cuando alcanzaste el centro del corazón fuiste el hombre número dos». Al llegar la energía al intelecto, pasas a ser «el hombre número tres», el hombre intelectual. Todos ellos son hombres corrientes, cargados de neurosis. El primero es corporalmente neurótico. El segundo, emocionalmente neurótico. Y el tercero, intelectualmente neurótico. Por eso se trata de hombres corrientes.

El «hombre número cuatro», es el que se esfuerza en mover sus energías interiores; es el hombre meditativo el que hace lo posible por disipar sus neurosis, eliminar sus divisiones, sanar su esquizofrenia. Este es el «hombre número cuatro». Y tan pronto como sea capaz de movilizar sus energías en sentido descendente y ascendente habrá alumbrado a un ser superior. Ese hombre superior será menos neurótico, menos esquizofrénico, más cuerdo.

Entonces llegará el momento en que tu energía podrá ser liberada desde tu séptimo centro al cosmos. Habrás trascendido tu condición humana, te habrás convertido en un súper hombre; dejarás de ser un hombre. Y cuando ese instante llegue, cuando dejes de ser un hombre, entonces dejarás de estar loco.

El hombre está condenado a la locura de una u otra forma debido a su incapacidad por ser realmente un «ser»; más bien es una fachada. No es algo acabado; es más bien un proceso, algo a medio camino entre sus orígenes y su meta. Ha dejado de ser un animal y aún no es aquello que ha de ser. Es algo a medio camino, una etapa entre el Animal y el Dios. Eso le crea la neurosis.

Dejaste de ser animal, pero el animal sigue alojándose en tu interior y tú ya no eres un animal. El animal está ahí, pero tú no eres ya un animal. El animal sigue tirando de ti. No hay nada de malo en ello; el animal no puede hacer otra cosa. Tira de ti hacia abajo, hacia tu centro sexual, y tú lo rondas continuamente. Pero ése es tu primer centro; no es tu posibilidad suprema. Tu suprema posibilidad es el súper hombre; trascender la humanidad, trascender el hombre. Esto continúa tirando de ti hacia arriba.

Esas dos fuerzas de atracción opuestas te vuelven esquizofrénico. Tan pronto te sientes atraído hacia lo más elevado y te crees un dios, como te ves bruscamente arrastrado a lo más bajo y te comportas como un animal. Tu mente se encuentra confundida. No puedes aceptar al animal dentro de ti, porque la semilla de lo Superior está allí, arriba, desafiándote con su presencia. De modo que no puedes sentirte bien con el animal, pero tampoco puedes desembarazarte del animal. Está ahí, es tu herencia. Así que te divides a ti mismo en dos. Ocultas en el inconsciente a tu parte animal no aceptada, en tanto que te identificas conscientemente con tu posibilidad superior, con lo que tú no eres.

Esta posibilidad superiores el ideal, la meta. Conscientemente te identificas con el objetivo, pero inconscientemente vives en el principio. El permanente conflicto entre deseo y realidad abren brecha en ti, escondiéndote en dos. Así, pues, a no ser que trasciendas al hombre, no podrás trascender la locura. El hombre es la locura.

En la tercera etapa uso el *ju* como medio para hacer ascender tu energía. Las tres primeras fases son catárticas. Todavía no son meditación, pero sí la preparan. Son una preparación para el salto; no son el salto mismo.

La cuarta etapa es la del salto. En un momento dado de ella yo te diré: ¡Stop! Y cuando lo diga, tú deberás detenerte de inmediato. Nada hagas, mantente quieto, porque a la menor cosa que hagas podrías distraerte y perderías toda opción. Un simple estornudo perturbaría tu atención, y en un segundo de distracción la corriente ascendente cesaría y la *kundalini* se detendría bruscamente.

No hagas nada; no por ello te irás a morir. No temas. Aunque reprimas el estornudo que sientes cosquillear, durante diez minutos, no por eso morirás. Si es una irritación de garganta la que te incita a toser y te contienes, tampoco vas a morirte. Permite a tu cuerpo quedarse muerto y la energía se moverá por sí misma en un flujo ascendente.

Paralelamente a ese flujo de energía ascendente, tú te irás quedando más y más silencioso. El silencio es el residuo de la energía ascendente, y la tensión lo es de la energía descendente. En un momento determinado tu cuerpo quedará sumido en un silencio tan profundo que apenas lo sentirás, como si el cuerpo no existiera.

En tu silencio careces de cuerpo. Y cuando permaneces silencioso, incluso la existencia entera queda en silencio, pues la existencia no es más que un espejo que te refleja.

En la cuarta etapa te digo: Sé solo testigo de tu silencio, su vigía permanente; no hagas nada; estate solo contigo. No has de hacer ningún movimiento, no has de tener ningún deseo, ningún pensamiento, nada que sea perturbador; solo mantenerte ahí, observando en silencio todo cuanto está ocurriendo...

La facultad de permanecer contigo mismo, en el centro de tu bipolaridad dios-animal, es debida solamente a las tres primeras etapas. A menos que las atravieses, no, podrás quedarte contigo mismo. Podrás seguir hablando de ello, pensando en ello, soñando en ello, pero no sucederá porque no estarás preparado. Las tres primeras etapas te prepararán para permanecer en el instante. Te harán consciente. Eso es la meditación y en ella algo pasa que trasciende las palabras. Y si te sucede realmente, no volverás jamás a ser el mismo de antes; es imposible. Se trata de un crecimiento; no es una simple experiencia. Es un crecimiento. Ahí es donde se distinguen las verdaderas técnicas de las falsas. Con las falsas, puedes tener una experiencia; recuérdalo, pero volverás hacia atrás de nuevo. Fue solo un vislumbre, no un crecimiento. Es algo parecido a la experiencia con el LSD. Tendrás un vislumbre, tendrás una experiencia, pero volverás a caer porque no será producto de un crecimiento. La experiencia te habrá sobrevenido; tú no habrás sobrevenido a la experiencia. No habrás crecido con ella. Cuando tú creces, no puedes volver atrás.

Si un niño sueña que es ya joven, puede que tenga una visión fugaz de ello. Pero será siempre un sueño y cuando este se desvanezca, el joven volverá a ser niño. No fue un crecimiento real. En cambio si has crecido y eres ya joven, jamás podrás retroceder y convertirte en niño. En este caso el desarrollo es real. De modo que este es el criterio para juzgar si un método, una técnica es auténtica o falsa.

Existen falsas técnicas muy simples y fáciles. Nunca te llevan a parte alguna. Pero si lo que anhelas son solo experiencias, fácilmente caerás en sus garras. Una verdadera técnica no se interesa en la experiencia como tal; se centra básicamente en el crecimiento. Las experiencias, pese a todo, llegarán por sí solas; eso es irrelevante. Mi interés se centra en el crecimiento, no en la experiencia. Las experiencias llegarán, como una parte del crecimiento, pero para mi no tiene importancia...

Tú deberás crecer para llegar a ser uno, para convertirte en un todo, para volverte cuerdo. Esta cordura no te puede ser impuesta. La sociedad intenta imponértela, de modo que tú sigues estando loco en tu interior y la cordura es solo fachada.

Yo no quiero imponerte ningún tipo de cordura. Más bien voy a extraerte tu locura. Cuando te sea extirpada y esparcida al viento, la cordura te llegará por sí misma. Crecerás.

Y tú preguntas el porqué de esta coincidencia, pues en Occidente también se están desarrollando muchas técnicas similares a lo que te estoy diciendo. Pero solamente se parecen; no son lo mismo. Existen muchas diferencias. Pero ahora esto se ha convertido en una situación de emergencia. El mundo entero está en las garras de una locura durante largo tiempo aplazada. La hemos estado posponiendo y posponiendo y ahora, hemos alcanzado el punto final, el punto de la evaporación.

Solamente quedan dos posibilidades. Una es que la humanidad cometa un suicidio colectivo, porque no puede acumularse tanta locura. Las religiones han ayudado, los moralistas han ayudado, los maestros han ayudado, los mal llamados grandes hombres han ayudado, a volver al hombre más loco. Y ahora hemos llegado al punto final en el que podemos suicidarnos mediante las bombas de hidrógeno o cualquier otra cosa.

El ser humano tal como es, no puede ser ya tolerado en la Tierra. Se ha convertido en algo intolerable. Y con él, está matando a toda la Tierra. No solamente es un suicida; se ha convertido en un asesino, lo está matando todo. El ser humano está acabando con todo sobre la Tierra. Ahora no hay nada vivo que le atraiga; solamente le atraen las cosas muertas. Y cuanto más muertas estén, mejor, porque entonces puedes manipularlas, poseerlas.

De modo que está acabando con la naturaleza y con todo lo que existe sobre la Tierra. No se le puede tolerar más y su misma locura le está llevando al punto de evaporación. Debido a esto, se va acercando más y más a su hora. Y en todo el mundo aquellos que piensan, aquellos que sienten, y aquellos que saben, están buscando métodos, inventando métodos, para ayudar a la humanidad a trascender su locura. Ese es el único camino. O bien el ser humano se suicidará o bien dará un salto a las dimensiones superiores del ser. Si esta transformación no llega, entonces todo estará perdido; el hombre cometerá suicidio. Por eso en todo el mundo, las energías espirituales se están acumulando, las fuerzas espirituales se están uniendo, muchos grupos esotéricos están trabajando. Y a veces puede que no parezca tan obvio, excepto en las profundidades de la mente humana. Los lenguajes difieren, los caminos difieren, los enfoques difieren, pero en todas partes surge una búsqueda a tientas en pos de algo que pueda convertirse en una alquirnia para cambiar a la humanidad.

Y tú preguntas sobre el método de Wilhelm Reich que utiliza la energía sexual para liberar los bloqueos corporales que coinciden con neurosis. Estoy plenamente de acuerdo con el enfoque Wilhelm Reich. En realidad, el sexo es el problema; todos los demás problemas son derivados. Y a menos que el hombre llegue a una profunda comprensión de la energía sexual, es imposible ayudarle.

Es muy difícil porque se ha empleado un mecanismo muy claro para hacer del hombre un esclavo. No puedes hacer del hombre un esclavo a menos que les hagas sentir culpable. La culpa es la treta para esclavizar a cualquiera. Primero hazlo sentir culpable. Solamente puedes hacer sentir culpable a alguien por algo, si ese algo es tan natural para él que sea incapaz de trascenderlo fácilmente. Y el sexo es la cosa más natural porque es la fuente de la vida.

Has nacido del sexo. Cada célula de tu cuerpo es una célula sexual, todas tu energía es energía sexual. Por eso si las religiones te enseñan que el sexo es malo, que el sexo es pecado, te han condenado totalmente. Y no solamente te han condenado, sino que ahora te condenarás a ti mismo. Ahora no eres capaz de trascenderlo y tampoco puedes abandonarlo y ahora es un pecado. Estás dividido; empiezas a luchar contigo mismo. Y cuanto más puedan crear en ti esta culpa —la idea de que el sexo es algo impuro— más neurótico te volverás.

Pero cuando eres un neurótico, puedes ser poseído. Los sacerdotes pueden poseerte, los reyes pueden poseerte. Pero si no estuvieras neurótico, no acudirías a los sacerdotes. No tendrías necesidad. Vas porque temes una determinada energía que está ahí y los sacerdotes dicen que conocen cómo pueden ayudarte. De modo que, en primer lugar, ellos crean la culpa y luego dicen que van a ayudarte. Entonces pueden explotarte. Una sociedad que es sexualmente libre y que se siente cómoda con el sexo no acudirá a los templos, a las mezquitas, a las iglesias. ¡No! ¡Es imposible! Si te sientes en paz con tu sexo entonces esta mal llamada religión no puede continuar con su negocio. Entonces no te sientes culpable de modo que, ¿qué necesidad hay de ir a ninguna parte?

Y el sexo puede proporcionarte una profunda satisfacción. Eso también puede convertirse en un problema. Si te sientes satisfecho entonces no suspirarás por un cielo o por algo más allá de la vida. Entonces estarás aquí y ahora; satisfecho. Entonces no necesitas preguntar a nadie sobre la vida y lo que hay después de la muerte. Entonces la vida está aquí.

De modo que el sexo fue utilizado como una herramienta explotadora. Y los reyes pueden emplearla solamente si tú reprimes tu sexualidad porque la sexualidad reprimida se convierte en violencia. No puedes generar soldados, no puedes fabricar militares, no puedes crear guerras, si no reprimes el sexo. Y un hombre reprimido siempre está a punto para luchar. Esa es la única forma para liberar su sexualidad.

De ahí que los reyes, los emperadores, no dejen que sus soldados tengan una vida sexual. Y si los soldados americanos resultan siempre ineficaces, la razón es solamente esta. No pueden ganar nunca cuando se enfrentan con gente hambrienta de sexo. Los americanos nunca podrán ganar, porque los soldados hambrientos de sexo están locos; no puedes luchar contra ellos. Siempre que una sociedad alcanza el bienestar, la tranquilidad, es fácilmente derrotada.

Cualquiera puede derrotarla. Una civilización superior siempre es derrotada por una civilización inferior. La India fue continuamente derrotada debido a su superior civilización. La gente estaba más tranquila, sin ganas de luchar, disfrutaban de la vida. Aquellos que no disfrutan de la vida están prestos para luchar. Si la vida es hermosa bendices a todo el mundo. Si tu vida atraviesa dificultades, si es agitada, puedes matar, puedes ser destructivo. Así, los hippies están en lo cierto cuando dicen, «Haz el amor, no la guerra». Son muy consistentes. Si haces el amor, las guerras serán algo imposible. Si no puedes hacer el amor, entonces la energía se dirigirá hacia otra parte. Ha de moverse. Entonces se moverá hacia las guerras.

De modo que Wilhelm Reich acertó, acertó plenamente, cuando dijo que el sexo es el problema y que todos los demás problemas son solamente subproductos suyos, ramificaciones suyas. Y que si tú continúas podando ramas, no sucederá nada. Nada sucederá a menos que cortes las raíces. Así lo entiendo yo también; no solo yo, sino todo el tantra.

Pero el tantra siempre fue reprimido. Nunca se le dejó existir visiblemente. El tantra tuvo que esconderse, pues cuando un maestro del tantra aparecía y decía esas cosas, era asesinado, porque toda la sociedad estaba basada en algo que él estaba destruyendo.

Por eso Wilhelm Reich fue atacado de todas las formas posibles. Fue obligado a declarar que estaba loco. Lo encarcelaron y murió como un desconocido. Y este siglo no ha alumbrado a ningún genio con el que se le pueda comparar. El fue un tántrico moderno y existía un grupo esotérico que le estaba ayudando. Pero era difícil. Es muy difícil revelar verdades a la humanidad, porque la humanidad se basa en las mentiras.

La humanidad está neurótica. Sufre debido a sus mentiras, pero todo el mundo cree que ésas son verdades. En el instante en que dices que sufres debido a una determinada mentira, la sociedad te mata porque entonces le estás arrebatando su misma base. La sociedad no quiere que nadie sufra y también que sus mentiras no sean confrontadas. Pero eso no es posible, por lo tanto no puedes ser ayudado.

Esta es mi experiencia: cada día me encuentro con gente que viene a mí y me dice que busca a Dios. Cuanto más los analizó, más me encuentro con que el sexo es su problema. Pero si les digo que el sexo es el problema, les estoy insultando, aplastando su ego. Y el sexo es el problema. A menos que se resuelva, no es posible ninguna búsqueda de Dios.

Esta es mi actitud: a menos que no estés en paz en la Tierra, no podrás entrar en el cielo. Siéntete a gusto con la Tierra, siéntete a gusto con tu cuerpo, siéntete a gusto con tus energías. Solo entonces puedes convertirte en el amo. Solamente entonces puedes persuadir tus energías. No puedes luchar contra ellas, solamente puedes convencerlas. No puedes obligarlas. Un maestro es aquél que puede convencer a sus energías terrenas de que se eleven.

De modo que yo considero al sexo como el problema fundamental. Y si tu problema sexual es resuelto, serás una clase distinta de hombre o de mujer, porque entonces todas las perversiones desaparecerán. Las habrás solucionado en su origen. Y cuando el sexo es resuelto y deja de ser un problema para ti, si deja de ser una pelea, cuando lo has aceptado profundamente y le has dicho un sí total, entonces puedes transformarlo porque esa es la energía que vive en ti. Cuando estás muerto, esa energía continuará, más y más. Eres simplemente una ola en un océano de sexo; el océano continúa y las olas continúan, mueren y desaparecen. El océano continúa. El sexo es el *brahman*. *Si* profundizas en el sexo, entonces se convierte en la vida misma. Si te olvidas de él, entonces permanece en la superficie. Entonces es algo repugnante. Si no luchas contra él, ni te hundes en él, si no que te disuelves en él, te fundes en él, te abandonas a él, cuando dejas que el sexo se convierta en vida, entonces repentinamente es transformado en amor. Así es cómo funciona automáticamente el mecanismo. Si luchas contra él, el sexo se convierte en odio. De modo que los que están llenos de odio son aquellos que luchan contra su propio sexo.

Si no luchas contra él, si lo aceptas y te fundes en él, se convierte en amor. De modo que el amor y el odio son las dos caras del sexo. Si se pervierte, se convierte en odio. Si se acepta totalmente, se convierte en amor. Y puedes crear amor a partir de tus energías sexuales. Si esas energías se transforman en amor, entonces estás en paz con el mundo, sientes la Tierra como tu casa. Ese sentirse en casa es fundamental.

Y esta es la belleza: si aceptas el sexo, no rechazas nada. Por esto hay tanto énfasis en él. Si rechazas el sexo, habrás de rechazar muchas cosas. El sexo es el rechazo fundamental. Si rechazas el sexo rechazarás muchas cosas. Rechazarás la comida, rechazarás las ropas, lo rechazarás todo. Es una larga secuencia y en esa secuencia continuarás rechazando y rechazan porque toda la vida es sexual. Si rechazas el sexo y continúas rechazando, en último término rechazarás la vida. Entonces el suicidio será lo único válido que te quede por hacer porque incluso respirar es sexual. Llega a tus células sexuales y les da vida. Estar vivo es ser sexual. Si estás en contra del sexo, entonces estás en contra de todo. Y una persona que está en contra de todo es un neurótico, está loco, y no puedes ayudarle.

Estoy, en favor de todo y todo puede ser venerado, puede ser santificado. Debes saber la técnica, debes conocer el tantra, debes conocer cómo convertirlo todo en sagrado. Todo veneno puede convertirse en un elixir; depende de ti. Y todo mi enfoque es para ayudarte, para proporcionarte un método mediante el cual puedas cambiar tus energías vitales. Es un enfoque profundamente científico.

También me gustaría preguntar cómo funciona la gente que te sigue, los sanyasins, en este mundo neurótico ahora que están practicando algo que se supone les sacará de su neurosis interna.

Si estás cuerdo, entonces no hay problema. Puedes estar en

este mundo neurótico muy fácilmente, si estás cuerdo. Si estás loco, entonces surge el problema.

Por lo general puede parecer que es muy difícil ser un no neurótico en un mundo neurótico. Es difícil en cierta forma. Si eres demasiado serio, es muy difícil. Si empiezas a luchar contra los locos y empiezas a luchar con todo lo que ellos han creado, será difícil. Pero solamente puedes luchar si todavía estás loco. Si no, te reirás; no hay necesidad de luchar. ¡No hay necesidad de luchar! ¡Te reirás!

Entonces representarás. Un sabio es un actor. No es serio porque no necesita ser serio. Sabes que a tu alrededor todos están locos, de forma que no necesitas tomarlos en serio. Puedes simular y solamente si actúas así puedes ayudarles.

R.D. Laing propuso que los doctores no deberían actuar en los psiquiátricos como doctores, sino como locos. Eso significa que deberían simularlo. Entonces ayudarían más porque existiría una mayor afinidad. Como doctores, están en contra de los locos.

Deberían continuar en el manicomio como locos. Nadie debería saber que fueran doctores; entonces podrían ayudar más. Vale la pena probar esta propuesta. ¡Así estoy yo trabajando!

Has de simular y uno ha de ser listo. Cuando digo «listo», quiero decir esto: has de simular. Gurdjieff solía decir que un sabio ha de ser astuto. Ha de simular; si no, no puede ser de ayuda. No deber ser demasiado serio como Krishnamurti. Esa seriedad te proporciona una innecesaria tristeza. Y entonces surge la ira, porque una persona seria se enfada contra todo el mundo. No hay porqué. Si ya sabes que alguien está loco, no hay porqué. Ayúdale. Puedes hacerlo, pero sé un loco entre los locos. No luches con ellos. Este es el método del sabio.

Hay muchos maestros que proclaman que son maestros y a lo mejor muchos de ellos son falsos maestros. ¿Cómo puede un auténtico buscador distinguir al verdadero maestro de aquél que está inmerso en el poder de su propio ego?

Es difícil, muy difícil; en cierto modo imposible. Pero no hay porque intentarlo. No necesitas tratar de distinguirlos ¡No necesitas hacerlo! Incluso un falso maestro te ayudará a conocer la falsedad. No te preocupes demasiado por cómo distinguirlo. Si estás con un falso maestro, quédate con él de todo corazón, tanto como te sea posible. Llegarás a saber y cuando sepas habrás crecido y entonces ningún otro falso maestro podrá atraparte. Y la vida solamente se conoce mediante la experiencia. No puedo darte ningún criterio sobre cómo juzgar si alguien es un falso maestro o si alguien es uno auténtico, porque todos los criterios pueden ser empleados también por esos falsos maestros. Los han empleado todos. Y a veces sucede —más bien, casi siempre sucede— que encontrarás difícil juzgar a un verdadero maestro porque un verdadero maestro no se preocupara por tu opinión. Pero un falso maestro siempre actuará de acuerdo con el criterio.

Sí la sociedad dice que un verdadero maestro ha de ser un ascético, entonces cualquiera puede ser un ascético; no es difícil. Así, cualquier cosa puede ser manipulada. Y si un buscador no es ni consciente de él mismo, ¿cómo podrá evaluarlo? Pero no hay necesidad de hacerlo. Si esto se convierte en un requisito fundamental —primero juzgar si un maestro es auténtico o no— entonces nunca harás nada porque esta primera condición no podrá ser cumplida. Seguirás siendo como eres. Por eso te digo que te muevas. Si ocurre que estás con un falso maestro, está bien; ve con él, vive con él. Te enseñe lo que te enseñe, pruébalo. A través de tu propia experiencia sabrás que ese hombre era falso. Pero no vayas contra él. No hay necesidad. El te ha adiestrado en una determinada faceta. Has conocido algo que es bueno que conozcas: lo que es la falsedad. Ahora serás más consciente. ¡Continúa pues moviéndote, sigue moviéndote!

Todo en la vida es un aprendizaje. Haz de todo un aprendizaje y no trates de ser sabio antes de experimentar. No puedes serlo. La experiencia te mostrará más. Y la verdadera búsqueda no es en pos de un auténtico maestro; la verdadera búsqueda es en pos de un verdadero buscador. De modo que te convertirás en un verdadero buscador mediante tu búsqueda. Y, falsos o verdaderos, todos los maestros te ayudarán.

Todo el mundo te ayuda si estás dispuesto a aceptar la ayuda. No pienses pues en el otro, en sí es un verdadero maestro o no lo es. Tu búsqueda ha de ser real y auténtica; eso es todo. Si la tuya es una búsqueda real, auténtica, ningún falso maestro podrá engañarte. Y si no es así, no hay otra forma. Permanece pues siendo auténtico respecto a tu búsqueda. Esos maestros caerán por sí mismos.

Entre tus seguidores hay muchos occidentales. En relación a lo que dices sobre el sexo, tengo la impresión de que aquí en la India hay mucha represión sexual. ¿No será que tú atraes a tantos occidentales debido a tu visión sobre la liberación de las represiones? ¿No será por eso que te encuentras con que la mentalidad hindú no es capaz de responder a lo que estás diciendo con tanta facilidad como los occidentales?

La humanidad, en lo profundo, no está tan dividida. Oriente y Occidente son solo distinciones superficiales. Y en cierta forma, parece claramente que todo lo que estoy diciendo es más atractivo para la mente occidental que para la mente oriental. Pero en lo profundo, no es así.

La mente oriental está obviamente más reprimida. Ha sufrido una muy profunda represión. Pero la mente occidental hoy en día se ha desplazado al polo opuesto. Yo estoy en algún lugar equidistante y la distancia es la misma.

Para el occidental que viene a mí, la distancia es la misma que para el oriental que viene a mí, porque no soy ni oriental ni occidental; estoy más allá de ambos. De modo que tal y como yo lo veo, si un buscador occidental viene a mí, al principio, solamente al principio, se siente a gusto conmigo. Todo lo que digo le atrae, porque la tendencia actual en Occidente, la tendencia moderna, es anti-represiva.

Pero así opera la mente, siempre se mueve hacia el polo opuesto, hacia el extremo opuesto. La tendencia moderna está en contra de la tradición, pero tú puedes convertir en tradición el estar en contra de la tradición y ellos lo han hecho así. Es una actitud inconformista, pero el inconformismo puede convertirse en una actitud conformista.

Por ejemplo, un hippy es un inconformista respecto a lo establecido, pero ahora los *hippies* tienen sus propias normas y si no llevas su estilo de pelo, no podrás ser aceptado. ¿Qué hacer pues? La anti-tradición se ha convertido en tradición. La rebeldía puede convertirse en ortodoxia y así ha sido. Se han desplazado al polo opuesto. Por eso cuando, al principio, acuden a mí, mis ideas les atraen. Pero yo no soy anti-tradicionalista. Ni soy anti ni estoy a favor. Por eso cuando empiezan a acompañarme, surgen los problemas. El buscador occidental, al comienzo, es fácilmente atraído hacia mí. Pero cuanto más trabajo con él y sobre él, más lucha. Con el oriental es muy difícil que sea atraído hacia mí al principio, pero una vez es atraído entonces deja de haber problemas. ¿Me entiendes? Es difícil para la mente oriental el que yo le atraiga, porque todo lo que digo le conmociona. Pero una vez se acostumbra a la conmoción, entonces las cosas se desarrollan más fácilmente. Y hay razones para ello.

La mente oriental vive con la tradición, aceptándola totalmente. Sufre mucho por ella, pero una profunda aceptación está ahí. Cuando digo algo, queda conmocionada y se aleja de mí, pero si acude a mí, esa profunda aceptación de la tradición cambia y se enfoca sobre mí. Me acepta y entonces el trabajo se vuelven muy fácil. Cuando el occidental viene a mí, es atraído por mis ideas. Pero cuando yo trabajo con él, no puede aceptarme, no puede seguir ninguna disciplina. No puede hacer nada de modo consistente, sistemático. De ahí surgen problemas. Es muy fácil atraer a los occidentales con mis opiniones, pero es difícil trabajar con ellos. Es difícil atraer a los orientales, pero es fácil trabajar con ellos una vez han sido atraídos. De modo que en conjunto, es lo mismo. En conjunto no existe mucha diferencia.

Capitulo IV

¿Meditación activa o meditación silenciosa?

*L*a Meditación Dinámica es muy activa, muy agotadora, pero ¿sería acaso posible entrar en meditación manteniéndonos únicamente sentados en silencio?

Podrías entrar en meditación, efectivamente, estando sentado, pero solamente si permaneces sentado en silencio sin hacer otra cosa. Si eres capaz de estar sentado —en el sentido estricto de estar simplemente sentado, sin más— entonces eso se convierte en meditación. Mantente totalmente centrado en estar sentado. El no-movimiento deberá ser tu único movimiento. De hecho la misma palabra «zen» es lo suficiente explícita al respecto. Deriva de la palabra «zazen» que significa «simplemente sentado... sin hacer nada». Si puedes estar simplemente sentado sin hacer nada ni con tu cuerpo ni con tu mente, eso se convierte en meditación. Pero es difícil.

Es fácil permanecer sentado cuando estas haciendo algo, pero en el momento en que tratas de estar simplemente sentado, sin hacer nada, comienzan las dificultades. Cada fibra de tu cuerpo, cada nervio, cada músculo, empezarán a moverse incontroladamente y tu cuerpo entero acabará vibrando sutilmente en una especie de temblor. Te volverás consciente de muchas partes de tu cuerpo que hasta ahora no habías sentido. Cuando más trates de mantenerte simplemente sentado, menos lo conseguirás; más actividad sentirás dentro de ti. Por eso el sentarse puede ser empleado solamente si antes has hecho otras cosas.

Puedes simplemente andar; eso es fácil. Puedes simplemente danzar; eso es aún más fácil. Y una vez hayas practicado esas cosas más fáciles, entonces podrás intentar sentarte; solo entonces. La última cosa que deberías hacer sería sentarte en posición búdica. Jamás se debería hacer al principio. Solo tras haberse identificado uno con el movimiento. Puedes empezar a identificarte con el no-movimiento.

Por eso nunca aconsejo a nadie que empiece con el sentarse. Hay que empezar por lo que más cómodo te resulta o de lo contrario te verás afectado por cosas que nada tienen que ver con lo que estás haciendo, por cosas que no existen.

Tan pronto como estés sentado, surgirán muchas interferencias en tu interior. Y cuanto más procures estar simplemente sentado, mayores serán las dificultades. Tu misma impotencia por atajarlas te causará depresión y te sentirás frustrado, incapaz de estar en paz contigo mismo. Cobrarás consciencia de tus frustraciones, y empezarás incluso a pensar que estás loco. Y, a veces, realmente puedes volverte loco.

Si haces un sincero esfuerzo por «sentarte», puede que verdaderamente te vuelvas loco. Es precisamente a causa de la falta de sinceridad que suele presidir las relaciones entre los hombres, que el número de personas que se vuelven locas no es aún mayor. Estando sentado empiezas a percibir tal locura en tu interior que, si eres sincero y continuas, puede que verdaderamente te vuelvas loco. Ha sucedido antes, muchas veces, demasiadas, de modo que yo, por mí parte, nunca te sugeriré nada capaz de provocarte frustración, depresión, tristeza, nada que te vaya a hacer consciente de tu locura. Puede que aún no estés preparado para ser consciente de toda la locura que contienes; se te ha de dejar ver las cosas de forma gradual. El conocimiento no siempre es bueno; debe ir aumentando paralelamente a tu capacidad de asimilarlo.

Empiezo con tu locura, no con la posición de sentado. Permito tu locura. Si eres capaz de danzar desenfrenadamente durante largo tiempo, verás cómo lo contrario a ese alocado movimiento surge dentro de ti. Con una danza loca empiezas a ser consciente de un punto silencioso en tu interior. Cuando estás sentado en silencio, empiezas a ser consciente de tu locura. Lo opuesto es siempre el foco de consciencia.

Con tu loca, caótica, danza, con tus gritos, con la respiración caótica, liberas tu locura. Entonces empiezas a ser consciente de un sutil punto, un profundo punto dentro de ti que está en silencio y quieto en contraste con la locura de la periferia. Permítela expresarse para que fluya netamente. Te sentirás dichoso; en tu centro habrá un silencio interno. En cambio, si estás simplemente sentado te centrarás interiormente en tu propia locura. Tu exterior estará en silencio, pero interiormente estarás loco.

Es mejor empezar con algo activo, positivo, vivo, lleno de movimiento. Poco a poco irás percibiendo una quietud interior que va creciendo. Y cuanto más crezca, más te será posible utilizar la postura de sentado o tumbado; se hará posible la meditación más silenciosa. Y para entonces, las cosas habrán cambiado ostensiblemente.

Una técnica de meditación cuyos primeros pasos se inician con el movimiento y la acción te ayuda a encontrar el silencio y la quietud. Se convierte en una catarsis. Cuando estás simplemente sentado, estás frustrado; tu mente quiere moverse y tú estás sentado. Cada músculo y cada nervio se niegan a ser gobernados; tanto más cuando mayor sea el empeño. Y al estar forzándote hacia algo que no te es natural, lo único que consigues es dividirte en dos partes opuestas: la parte que fuerza y la que se resiste a ser forzada. Y la parte reprimida y forzada es la parte más auténtica y mayor de tu mente; es mayor que la parte represora. A largo plazo, se impondrá.

Eso que estás reprimiendo debería ser expulsado, no reprimido. Lo has ido acumulando a medida que lo has estado reprimiendo continuamente. Nuestra sociedad, su educación, el sistema educativo, todo es represivo. Has estado reprimiendo lo que podía haber sido fácilmente expulsado con una educación diferente, con una educación más consciente, con una paternidad más consciente. Con una mayor consciencia del mecanismo interno de la mente, la cultura te habría permitido expulsar muchas cosas.

Por ejemplo, cuando vemos aun niño enfadado y le ordenamos «¡No has de enfadarte!», el niño empieza a reprimir su enfado. Lentamente, lo que hubiera sido algo solo momentáneo, pasajero, se irá convirtiendo en permanente. Ahora el niño no actuará con ira, pero el enfado subsistirá en su interior. Hemos ido acumulando demasiada ira en esas situaciones pasajeras. Nadie puede mantenerse permanentemente sin mostrar jamás el menor indicio de enfado, a no ser que la ira haya sido reprimida. La ira es una situación de violencia que viene y se va; una vez expresada desaparece. De modo que yo trataré siempre de que el niño pueda enfadarse más auténticamente. Enójate, pero hazlo totalmente; no lo reprimas.

Por supuesto que surgirán problemas. Si decimos, «Enfádate», te enfadarás con el primero que encuentres. Sin embargo el niño puede ser moldeado. Se le puede facilitar una almohada y decirle, «Enfádate con la almohada. Ensáñate con ella». Desde un principio un niño puede ser educado de forma que la ira sea desviada dándole algún objeto sobre el que él pueda volcar su ira hasta que esta desaparezca. En unos segundos o en unos minutos habrá disipado todo su enfado y no lo acumulará.

Has estado acumulando rabia, sexo, violencia, codicia, de todo. Ahora, en tu interior se han convertido en locura. Está ahí, dentro de ti. Si empiezas con cualquier tipo de meditación represiva —por ejemplo, sentándote—, estarás reprimiendo todo esto; no dejarás que sea liberado. Empieza pues con una catarsis. Deja primero que toda represión sea expulsada al exterior, y cuando seas capaz de hacerlo, te habrás vuelto maduro.

Si no soy capaz de sentir amor estando solo, si únicamente lo siento en compañía de aquél a quien amo, entonces no soy aún lo suficientemente maduro. Dependo de alguien, incluso para amar; solo si alguien está contigo soy capaz de amar. Entonces ese amor es solamente superficial; no es mi naturaleza. Si esto solo en la habitación, no siento amor; por lo tanto la cualidad de amar no ha profundizado, no se ha convertido en parte de mi ser.

Te vuelves más y más maduro a medida que eres menos dependiente. Si puedes enfadarte hallándote solo, demuestras más madurez. No necesitas de ningún objeto para enfadarte. Por eso, al principio, hago de la catarsis un deber. Has de lanzarlo todo al exterior, al espacio abierto, sin ser consciente de ningún objeto. Enfádate con quien desees estar enfadado. Llora sin motivo; ríe, simplemente ríe, sin nada de lo que reírte. Entonces podrás desprenderte de todo lo acumulado; podrás expulsarlo. Y una vez sepas cómo, te habrás descargado de todo tu pasado.

En unos instantes te descargarás de la totalidad de tu vida; incluso de otras. Si estás dispuesto a expulsarlo todo, si puedes dejar que tu locura salga, al cabo de unos momentos habrá una profunda limpieza. Ahora has sido limpiado. Fresco, inocente, de nuevo eres un niño. Ahora, en tu inocencia, la meditación de sentado puede ser realizada. Simplemente sentándote o estando tumbado o de cualquier forma, porque ahora dentro no está el loco para alterar la sentada.

La limpieza, una catarsis, debe ser lo primero; si no, con los ejercicios respiratorios, solo sentándote, con la práctica de *asanas*, de posturas yóguicas, simplemente estás reprimiendo algo. Y sucede algo muy extraño. Cuando has dejado que todo sea expulsado, el sentarte sucederá por sí mismo, las *asanas* sucederán por sí mismas; será algo espontáneo.

Puede que no sepas nada de las *asanas* del yoga, pero empezarás a hacerlas. Entonces esas posturas serán auténticas, reales. Suponen una gran transformación en tu cuerpo porque ahora el cuerpo mismo es el que las está haciendo; no las estás forzando. Por ejemplo, cuando alguien ha expulsado muchas cosas, puede que empiece a ponerse cabeza abajo. Puede que nunca haya aprendido a hacer el *shirshasan,* el estar cabeza abajo, pero ahora todo su cuerpo trata de hacerlo. Esto es ahora algo muy interior; surge de su propia sabiduría corporal interior, no de su mente intelectual, de una información cerebral. Si su cuerpo insiste, «Ve y ponte cabeza abajo», y él lo hace, se sentirá regenerado, muy cambiado.

Puedes intentar cualquier postura, pero yo solamente las permito cuando surgen por sí solas. Todo el mundo puede sentarse y estar en silencio en *sidhasana* o en cualquier otra postura, pero el *sidhasana* al que me refiero es algo muy distinto. Difiere principalmente en calidad. El trata de estar en silencio al sentarse, pero esto ha de suceder por sí mismo, sin represión, sin esfuerzo. Es simplemente lo que el cuerpo quiere. Todo tu ser quiere sentarse. Y sentándote así no hay una mente dividida, no hay represión. Este estar sentado se convierte en un florecimiento.

Habrás visto en más de una ocasión estatuas de Buda sentado sobre una flor, una flor de loto. El loto es solo simbólico. Simboliza lo que está sucediendo en el interior de Buda. Cuando el «sentarse» ocurre desde dentro, su acción es similar a la de la flor abriéndose. Nada está siendo reprimido desde el exterior; al contrario, es un crecimiento; la flor dentro de uno se abre y florece. Podrás imitar la postura de Buda, pero nunca lograrás imitar la flor. Podrás sentarte como Buda, incluso de una forma más búdica que el propio Buda, pero el florecimiento interior no estará allí. Jamás podrá ser imitado.

Puedes usar toda suerte de artimañas. Puedes utilizar ritmos respiratorios que te fuercen a permanecer quieto, a reprimir tu mente. La respiración también puede ser utilizada de forma represora pues con cada ritmo de respiración aparece un determinado estado mental. No es que los demás desaparezcan; solo se esconden.

Puedes forzar cualquier estado que desees. Si quieres estar furioso, simplemente respira con el ritmo que acompaña a la ira. Los actores suelen hacerlo así; cuando quieren expresar enojo varían el ritmo de su respiración. El ritmo debe ser el mismo que cuando estás enfadado. Acelerando el ritmo comienzan a sentir la ira. La parte de la mente que contiene la ira, aparece.

De ese modo puede ser usado el ritmo de respiración para reprimir la mente, para reprimir cualquier cosa en ella. Pero esto no es bueno; nada más alejado del verdadero florecer. El camino opuesto es más eficaz. Tu mente cambia y entonces, como consecuencia de ello, cambia tu ritmo de respiración. El cambio parte primero de la mente. De modo que yo empleo el ritmo de la respiración como un indicio, un signo exterior de algo mucho más profundo. Aquella persona que viva constantemente centrada en sí misma, sostendrá un ritmo de respiración regular e inalterable; un ritmo que la propia mente jamás podrá variar. Cambiará en función del cuerpo —si corres, cambiará—, pero nunca lo hará debido a la mente. El tantra ha venido usando sus múltiples ritmos de respiración como llaves secretas. Incluso permite el acto sexual como meditación, siempre y cuando el ritmo respiratorio consiga mantenerse invariable durante todo el acto. En caso contrario no. Si la mente está implicada, entonces el ritmo de respiración no puede mantenerse constante; y si la cadencia rítmica de la respiración se mantiene estable, la mente deja de estar implicada. Y cuando la mente es capaz de no alterarse por algo tan profundamente biológico como es la unión sexual, entonces esa misma mente no se implicará en ninguna otra situación.

Pero puedes forzarlo. Puedes sentarte y forzar un particular ritmo en tu cuerpo, puedes crear una falsa postura búdica, pero ¡simplemente estarás muerto! Te convertirás en alguien amodorrado, estúpido. Les ha sucedido a muchos monjes, a muchos *sadhus*. ¡Se vuelven realmente estúpidos! Sus ojos no expresan el más mínimo destello de inteligencia; sus rostros aparecen inexpresivos, sin luz interior, sin ninguna llama de vida. Debido a que ellos temen cualquier movimiento interior, lo han reprimido todo, incluida la inteligencia. La inteligencia es uno de los movimientos más sutiles de que disponemos los hombres, de forma que si todo movimiento interior es reprimido, la inteligencia se verá seriamente afectada.

Ser consciente no es algo estático. Ser consciente es también movimiento, un flujo dinámico. Por consiguiente, si empiezas desde lo exterior, si te fuerzas a ti mismo a sentarte inmóvil como una estatua, estarás eliminando muchas cosas. Ante todo vuélcate en la catarsis, en limpiar tu mente, en expulsarlo todo, de forma que te quedes vacío y limpio; simplemente un conducto a través del cual algo del más allá te penetre. Entonces, y no antes, sentarte te será verdaderamente útil; el silencio te servirá.

El silencio por sí solo, para mí, carece de importancia. Puedes crear un silencio muerto. El silencio debe ser algo vivo, dinámico. Si «creas» el silencio, te convertirás en un ser mucho más estúpido, más amodorrado, más muerto. Pero eso es lo más fácil y mucha gente lo hace. Toda la cultura es tan represiva que lo más fácil es reprimirte aún más. En esas condiciones no has de asumir ningún riesgo; no has de dar el salto.

Las personas se acercan a mí y me dicen: «Danos una técnica de meditación que podamos practicar en silencio» ¿Por qué tanto miedo? Todos tienen en su interior un manicomio y aun así dicen, «Danos una técnica que podamos practicar en silencio». Con una técnica silenciosa solamente conseguirás volverte cada vez más loco. Eso es todo.

¡Las puertas de tu manicomio, deben ser abiertas de par en par! No temas lo que los demás vayan a decir. Una persona que se preocupa de la opinión de los demás nunca podrá ir hacia adentro. Estará demasiado preocupado por lo que los demás piensan y murmuran.

Cuando permaneces sentado, simplemente en silencio, con los ojos cerrados, todo en ti está en su sitio. Tu mujer o marido dirán que te has convertido en una buena persona. Todo el mundo quiere que estés muerto; incluso las madres desearían que sus hijos estuvieran muertos; obedientes, silenciosos. La sociedad entera te quiere muerto. Las mal llamados «buenas personas», no son más que hombres muertos.

No te preocupes pues por lo que los demás piensen de ti, no te preocupes por la imagen que los demás puedan tener de ti. Empieza con la catarsis y algo prodigioso florecerá en ti. Algo cualitativamente distinto, de una belleza distinta, totalmente diferente; todo será auténtico.

Cuando sientas al silencio aproximarse a ti, cuando descienda

sobre ti, no se tratará de nada falso. No lo habrás estado culti-
vando; vendrá a ti; te sucederá. Empezarás a sentirlo crecer dentro
de ti de la misma forma que la madre empieza a sentir al niño
crecer. En ti estará creciendo un profundo silencio; te quedarás
preñado de él. Solamente entonces habrá una transformación; en
caso contrario, será un auto engaño. Y uno puede estar engañán-
dose a sí mismo durante vidas y vidas. La capacidad para hacerlo
es infinita.

*Pero, tanta actividad como aconseja tu método de meditación, ¿aca-
so no se contradice con la finalidad misma de toda meditación, que
significa* akarma, *no-actividad?*

No, porque el cuarto estado, la cuarta etapa, de la Meditación
Dinámilca es exclusivamente *tikarma*, no-actividad. Solo las tres
primeras etapas son activas. La primera, la segunda y la tercera
etapas son de una intensa actividad. Así, en la primera etapa tu
cuerpo vital, tu *prana-sharira*, tu respiración está en la máxima
actividad, moviéndose al máximo. Al estar extremadamente activo tu cuerpo vital, por tu respiración, se hace posible el segundo
paso: te vuelves intensamente activo en tu cuerpo físico. Y en la
tercera etapa, después de estar totalmente activo fisiológicamente,
se hace posible estar plenamente activo en el cuerpo mental. De
modo que en los tres cuerpos —el vital, el físico y el mental—
creas un clímax de actividad, de máxima tensión. Te vuelves más y
más tenso. Todo tu ser convierte en un torbellino. Cuanta más intenso sea este, mayores posibilidades tendrás de relajarte en la cuarta
etapa.

Esta cuarta etapa es de absoluta relajación. No se trata de una
relajación obtenida a través de una práctica continuada; en realidad nadie puede practicar la relajación. La relajación sobreviene
únicamente como un subproducto, como una sombra de la intensa actividad. El practicar la relación supone la mayor contra-

dicción. Toda práctica relajadora se convierte en una práctica de tensión. «Relajación» significa «no-hacer» y tú no puedes practicar el «no-hacer». Solamente puedes llegar a él, acercarte a él. Únicamente mediante una intensa actividad interior se crea una situación que te permite «dejarte ir».

En este estado de inacción, en este estado a-kármico, lo cósmico y lo individual se aproximan, intiman, pierden sus identidades, se superponen entre sí. Algo, desde lo cósmico, penetra en ti, y algo de ti penetra en lo cósmico. Los límites se flexibilizan y licúan. A veces deja de existir el límite y sientes una ausencia de consciencia; no existen límites, ni principio ni final. Y a veces, los límites cristalizan a tu alrededor.

Esta situación aparece y desaparece. A veces existen límites y a veces no. Pero cuanto más relajado estés, más se perderán los límites. Entonces llegará un momento —que nunca puede ser predicho—, llega un momento, un momento incausado, incondicionado, en el que se produce el salto. Finalmente llega un instante en que pierdes todos los límites y nunca los recuperas. Allí empieza a existir un ser humano sin limitaciones, una mente sin fronteras, una consciencia sin límites. Eso es lo cósmico, eso es lo divino, eso es la totalidad.

Capítulo V

Entrando profundamente en lo conocido

No creo en métodos establecidos. Solamente los uso para empujarte hacia una conciencia realmente caótica, pues la primera cosa que hay que hacer con uno mismo, tal como eres, es alterar toda la pauta. Te has vuelto sólido, rígido. Es preciso que te vuelvas más fluido y líquido. Y a menos que te vuelvas fluido, como un río, no podrás conocer lo divino, puesto que no es una cosa; es un acontecimiento.

No puedes buscar lo divino, no puedes ir tras ello, pues solo puedes buscar aquello que ya conoces. Buscar significa desear, y es imposible buscar algo que se desconoce. ¿Cómo vas a buscar algo que no has conocido en absoluto? La verdadera urgencia por buscar viene solamente después de que has saboreado algo, después de que has conocido algo, aunque sea solo un destello. Así, pues, lo divino no se puede buscar. Pero cuando digo que lo divino no puede ser buscado, no me refiero a que no puede ser encontrado. No se puede buscar, pero se puede encontrar.

Cuanto más se busca, menor es la posibilidad de encontrarlo. Busca y no lo encontrarás nunca, pues la auténtica búsqueda, la búsqueda en sí, se convierte en la barrera. Así que no busques algo que no conozcas. Más bien profundiza en lo que ya conoces. No anheles lo desconocido; profundiza en lo conocido. Y si así lo haces, te darás de bruces con las puertas de lo desconocido, puesto que lo conocido es realmente la puerta de lo desconocido. Así que profundiza.

Por ejemplo, no se puede buscar lo divino, pero si uno ha amado, entonces conoce el amor. Así que profundiza en el amor. Y a medida que profundices, en algún lugar, el amante y el amado desaparecerán y lo divino aparecerá.

Así, más que buscar lo divino, es mejor ir hacia lo que es presente para uno, hacia lo que es conocido, lo que está cerca. No hay que ir lejos. Hay que empezar desde cerca. Estamos tan ansiosos por ir lejos que nunca damos el primer paso, que solo se puede dar en lo inmediato. Primero queremos dar el último paso, pero es imposible darlo al principio. Antes hay que dar el primero. El primero está aquí y ahora, pero siempre estamos implicados con allí y luego.

«Buscar» significa buscar en el tiempo. Buscar es posponer, un profundo posponer, porque el buscar está siempre en el futuro; nunca puede estar en el presente. ¿Cómo puedes buscar en el aquí y ahora? No hay espacio. Ruedes estar aquí y ahora, pero no puedes buscar. Así que la misma mente buscadora crea el tiempo, puesto que necesitas del tiempo; solo entonces puedes buscar.

Esta es la razón por la que aquellos que están buscando la liberación, el *moksha*, han tenido que crear el concepto de transmigración. Se necesita más tiempo. Una vida no es suficiente; se necesitan varias vidas. Solo entonces, en esta expansión del tiempo, en este espacio que el tiempo crea, puedes moverte. Si quieres encontrar al Absoluto, un momento no es suficiente. Y por supuesto una vida tampoco es suficiente.

El tiempo es en realidad un derivado del deseo. Cuanto más desees, más tiempo necesitarás. Puedes considerar esto de dos formas diferentes: una es concebir vida tras vida sin que el tiempo se acabe en absoluto. Esta es una manera, la de Oriente, de crear más espacio para el deseo. La otra manera es la de Occidente: ser más consciente del tiempo y hacer muchas cosas en el período de tiempo adjudicado. Hay solo una vida; no hay posibilidad para más; esta vida lo es todo, de modo que hay que hacer muchas cosas, muchas, muchas cosas. Tienes que dar cabida a diversos deseos en el período que te ha sido concedido. Y esta es la razón por la que Occidente se ha vuelto tan consciente del tiempo. En realidad, ser consciente del tiempo es una de las características más comunes de la mente occidental.

Pero de todos modos, siempre que deseas, creas tiempo. El tiempo es la cuarta dimensión del espacio; es una clase de espacio. Sin tiempo tus deseos no pueden cambiar, de modo que cualquier deseo crea tiempo y futuro. Y entonces puedes posponer el momento actual, el cual no es en realidad tiempo sino existencia.

Así que es mejor profundizar en lo que conoces, en lo que es la vida para ti. Profundiza. Sea lo que sea, no permanezcas en la superficie; profundiza hasta sus mismas entrañas. Y en el momento en que empieces a profundizar, a caer en lo profundo, llegarás a una nueva dimensión. No es un ir hacia el futuro. Es profundizar en el presente, en este mismo momento.

Por ejemplo, ahora me estás escuchando. Puedes hacerlo muy superficialmente. Entonces solamente tus oídos están implicados. Esta es la primera fase de la escucha. Puedes decir,: «Por supuesto, estoy escuchando», pero solamente los oídos lo hacen, solamente el mecanismo corporal; tu mente puede estar en cualquier otro lugar. Pero si puedes profundizar, puedes escuchar muy intensamente y la mente también estará implicada. Entonces estarás profundizando en este mismo momento. Pero incluso aunque tu mente esté implicada, tu ser puede no estarlo. Si piensas en lo que digo, la mente está implicada, pero todavía existen mayores profundidades. Tu ser puede no estar aquí en absoluto; puede haber corrientes inconscientes por las que dejamos de estar presentes. Incluso puedes profundizar más. Esto significa que el ser está implicado. Entonces estás simplemente hueco, incluso sin pensar en ello. Tu mecanismo está aquí, tu mente está aquí, tu ser está aquí; totalmente concentrado. Entonces profundizas.

Así que sea lo que sea que hagas en este momento, profundiza. Cuanto más profundices, más cerca estarás de lo desconocido. Y lo desconocido no es algo opuesto a lo conocido. Es algo que está oculto en lo conocido. Lo conocido es solo una pantalla.

De modo que no te desplaces hacia el futuro. No busques. Solamente está aquí... Y sé. Buscando te diseminas a ti mismo, pero «siendo» eres intenso y esta intensidad, esta total intensidad total en el presente, te lleva a una cierta cristalización. En este momento total e intenso tú eres. Este «ser», este aparición del «ser» se convierte en la puerta. Y la has encontrado sin buscar; puedes obtenerla incluso sin buscarla.

De modo que digo: no busques y encontrarás.

Todos los recursos y todos lo métodos que uso son simplemente para hacerte vivir más intensamente el aquí y ahora, para ayudarte a olvidar el pasado y el futuro. Cualquier movimiento de tu cuerpo o mente se puede usar como un trampolín para el salto. El énfasis está en que saltes al aquí y ahora.

Incluso danzando se puede usar, pero entonces has de ser solamente la danza, no el bailarín. En el momento en que el bailarín aparece, se destruye la danza. El buscador ha entrado, la orientación temporal ha llegado. Ahora el movimiento está dividido. Bailar se ha vuelto algo superficial, y tú te has alejado.

Cuando estés bailando, sé la danza, no el bailarín. Y llegará el momento en que simplemente serás movimiento, cuando no hay división. Esta consciencia indivisa es meditación.

Y puedes usar cualquier cosa. Puedes convertir el comer en meditación; si no hay sujeto. Si caminas, el andar puede convertirse en meditación, si el que anda no existe. Si amas, el amor puede volverse una profunda meditación; si no hay amante, si el amante desaparece. El amor, con un amante se vuelve venenoso, pero sin él, se vuelve divino, y algo de lo desconocido se abre súbitamente.

Estamos divididos y entonces actuamos. El actor está allí: este es el problema. ¿Por qué está el actor allí? Está por el deseo, las expectativas, los recuerdos del pasado, los anhelos futuros. El actor está allí; él es todo el pasado acumulado y todo el futuro proyectado. El actor desperdicia solamente una cosa: el momento, el presente y todo lo que está ahí en ese momento... todo lo del pasado, todo lo del futuro. Este momento es simplemente desperdiciado, y este mismo momento es la vida. Todo lo demás es solamente una acción del pasado o un sueño del futuro; no son nada más que sueños.

Has acumulado mucho, pero todo eso está muerto. El actor es el punto muerto en ti. Es rico con muchos ornamentos del pasado, muchos anhelos hacia el futuro; parece rico pero está muerto. Y el momento presente es solamente algo atómico, desnudo, muy pobre; pobre en el sentido de que no hay acumulación del pasado ni proyectos hacia el futuro. Es simplemente un instante existencial, desnudo. Parece pobre, pero esa es la única vida posible. ¡Está vivo!

Y estar vivo y pobre es la única riqueza, mientras que estar muerto y rico es la única pobreza. Esta es la razón por la que un mendigo como Buda o un Cristo eran la mejor posibilidad, pero un Midas es lo más pobre del mundo.

En la meditación solo lo que sucede por sí mismo puede ayudar; no los falsos métodos. Esa es la razón por la que se ha puesto tanta insistencia en la presencia de un profesor vivo. Los libros son falsos, no pueden cambiarte, no pueden estar en contacto contigo, no te pueden hacer mover. Las doctrinas no pueden estar vivas; están muertas. Por esto Oriente ha insistido siempre en el fenómeno de un alguien que enseñe, de un profesor, de un maestro. Y en realidad, insisten por eso: solamente un maestro puede fluir, puede cambiar cualquier cosa. Con él, incluso los métodos pueden no ser métodos, mientras que con las escrituras, con las tradiciones, incluso lo que no son métodos se convierten en métodos, pues en el momento en que se escribe algo, muere.

En cuanto se expresa algo; ya está muerto. Se precisa un maestro para rebatir continuamente las propias afirmaciones anteriores de modo que la rigidez no aparezca nunca. El fenómeno de la fluidez debe estar ahí. Solo entonces pueden suceder cosas.

De modo que para mí, un grupo que está trabajando en meditación es un grupo que está haciendo algo en el momento actual, no buscando algo. Y esa acción puede ser algo trivial. Un espectador, un extraño, es posible que ni siquiera se dé cuenta de lo que se está haciendo. ¡Incluso puede pensar que los meditadores se han vuelto locos! Pueden estar saltando y gritando, llorando y riendo; pueden estar haciendo cualquier cosa. Pueden estar simplemente sentados en silencio, o produciendo ruidos. Pero sea lo que sea que hagan, lo están haciendo sin que esté presente el que lo hace. En realidad, están permitiendo que suceda; no están haciéndolo. Están abiertos a ello.

Al principio es difícil. Tú no quieres que suceda nada sin que estés tú, porque quieres ser el maestro. ¡No debe suceder nada de lo cual no seas el maestro y el amo! De modo que al principio es difícil. Pero a medida que transcurre el tiempo y sientes la libertad que viene con la muerte de la propia mente controladora, la frescura que llega en el momento en que uno relaja el control, más te ríes. Y entonces en este momento, se empieza a sentir que la mente es lo que hay de destructivo en ti; que el que posee, el poseedor, el controlador, es lo que te hace esclavo.

No es posible que te des cuenta de eso observando a otra persona, sino solamente sintiéndolo, poco a poco. Entonces, en una súbita explosión, uno ya no está ahí: el actor ha desaparecido, y únicamente la acción permanece. Con eso llega la libertad; con eso llega la consciencia con eso te vuelves totalmente consciente. Más bien, ahora solo eres consciencia.

Eso es a lo que me refiero con «meditación»; no es buscar, no es la búsqueda de algo, sino solamente es profundizar en el presente. Y cualquier cosa puede usarse para ello. Cualquier cosa es tan buena como cualquier otra. Si uno lo entiende, se puede usar cualquier cosa como un objeto de meditación o como meditación.

Esa es la razón por la que te digo que practiques la Meditación Dinámica y estés en profundo silencio, en lo que sucede.

En el Hata yoga existe un ejercicio donde uno tensa cada músculo del cuerpo y luego va aflojando la tensión y termina por relajarse. ¿Es esto similar a lo que pasa en la Meditación Dinámica?

La relajación es básicamente existencial. No puedes relajarte si, existencialmente, tu actitud frente a la vida es tensa. Entonces, por mucho que intentes relajarte, es imposible. De hecho, tratar de relajarse es algo absurdo, de forma que el mismo esfuerzo impide la relajación. No puedes relajarte; solo puedes estar relajado.

Tu misma presencia es la inhibidora de la relajación. «Relajación» significa que tú estás ausente, y esforzándote nunca podrás estar ausente. Cada esfuerzo fortalecerá tu presencia; eso es lo que sucederá. Cualquier cosa que hagas será un acto tuyo, te estarás fortaleciendo a través de ello, te irás condensando a través de ello, te irás cristalizando.

En este sentido, no puedes relajarte. La relajación puede llevarte solo cuando tú no eres. Tu hacer se convertirá en parte de tu ego, tu mismo esfuerzo será una continuidad de ti mismo.

Tú estás relajado en el momento que dejas de ser. Tu mismo ser es la tensión. No puedes existir sin tensión; tú eres la tensión.

La tensión empieza con un deseo de algo que no existe. Es una tensión entre el pasado y el futuro. Eres como un puente entre dos cosas y siempre que dos cosas estén conectadas, la tensión existirá. El hombre es un puente, un puente de deseos, pero es un puente hecho con el arco iris, no un puente de acero. Se puede evaporar.

Cuando digo que la relajación es existencial quiero decir: hay que entender o comprender la tensión; no hay que hacer nada con ella, tan solo comprenderla.

Uno puede comprender la tensión, pero no puede entender la

relajación. Esto es imposible. Solo puedes comprender la tensión; qué es, cómo es, de dónde viene, cómo existe y cómo se manifiesta. Entiende totalmente la tensión. En el momento que la entiendas, la tensión desaparecerá. Entonces no solo el cuerpo estará relajado, sino todo el ser.

Relajar el cuerpo no es en realidad muy difícil, pero se está volviendo más difícil con el avance de la civilización, ya que el contacto con nuestro cuerpo se está perdiendo. No existimos en el cuerpo. Nuestra existencia se ha convertido básicamente en algo cerebral, mental.

Ni siquiera amas con el cuerpo; amas con tu mente. El cuerpo la sigue como un peso muerto. Cuando tocas a alguien, no tocas el cuerpo; la sensibilidad no está allí. La mente toca, pero como las mentes no pueden realmente tocarse, son los dos cuerpos los que se encuentran, pero no hay comunión. Los cuerpos están muertos, de modo que puedes dar un abrazo, pero serán solamente dos cuerpos muertos que se abrazan. Se acercan, pero en realidad no están cerca. La proximidad solo puede existir si tú existes en el cuerpo, si estás dentro del cuerpo.

Estamos fuera de nuestros cuerpos, como fantasmas. Siempre alrededor, pero nunca en el interior. Cuanto más civilizado es el hombre, menos contacto tiene con su propio cuerpo. El contacto se ha perdido; por eso el cuerpo está tenso.

El cuerpo tiene su propio mecanismo automático para relajarse. El cuerpo está cansado, está en la cama, pero como tú no estás en él, no puede relajarse. Tú debes estar con él; de lo contrario el mecanismo automático es inefectivo. No puede trabajar sin tu presencia, te necesita. No puede ir a dormir por sí solo. El dormir se ha perdido, la relajación se ha perdido, porque el contacto con el cuerpo se ha perdido.

No estás en tu cuerpo, por eso tu cuerpo no puede funcionar adecuadamente. No puede funcionar con su propia sabiduría. Tiene una sabiduría innata y genérica adquirida a través del tiempo, pero debido a que no estás en él, hay tensión. De lo contrario, el cuerpo físico es básicamente automático, funciona automáticamente; solo tienes que estar allí. Tu presencia es necesaria; luego empieza a funcionar.

Nuestras mentes también están llenas de tensión. No necesitan estarlo. La mente está tensa porque siempre estás creando confusión. Por ejemplo, una persona que está pensando en el sexo, está creando confusión, porque el sexo no es algo para ser pensado. El centro mental no está hecho para eso. El sexo tiene su propio centro. Pero tú estás haciendo este trabajo del centro sexual a través de la mente. Incluso cuando estás enamorado piensas en ello; no lo sientes. El centro del sentimiento no está trabajando.

Cuanto más civilizado es el hombre, más sobrecargado está su centro intelectual. Los demás centros no están funcionando, no están operativos. Esto también crea tensión ya que un centro que tendría que trabajar, y que tiene una particular energía con la que trabajar, es dejado sin nada que hacer. Entonces él crea sus propias tensiones. Y se siente sobrecargado por su propia energía inutilizada.

El centro mental está sobrecargado por el trabajo. Uno quiere sentir a través de él, cosa que no puede hacer. La mente no puede sentir; la mente solo puede pensar. Las categorías o formas de pensamiento son muy diferentes de los grados del sentimiento; y no solo diferentes, sino diametralmente opuestos. La lógica del corazón no es la lógica de la mente.

El amor tiene su propia manera de pensar, pero no es una forma mental. Así vemos cómo la mente tiene que hacer cosas que no están en su cometido. Se sobrecarga y hay tensión. La situación es como esta: el padre está haciendo el trabajo del niño y, el niño está haciendo el trabajo del padre. Este es el tipo de confusión que se crea a través de una existencia mental. Si cada centro hace su propio trabajo, hay relajación.

La mente no es el único centro. Al hacerlo funcionar como si lo fuera, hemos destruido todo el silencio, toda actitud relajada, toda relación de la humanidad con el universo. La mente tiene que trabajar; tiene una función, pero muy limitada. Está sobrecargada; toda tu educación va dirigida a un solo centro. Estás siendo educado corno si solo tuvieras un centro: la mente, lo matemático, lo racional.

La vida no es solamente algo racional. Por el contrario, la mayor parte de la vida es irracional. La razón es como una pequeña isla iluminada en el vasto y misterioso océano de la irracionalidad. Y esta isla está asentada en el gran océano del misterio. Esta parte iluminada es tan solo una parte, no es el todo, y no debe ser tomado como el todo, de lo contrarío la tensión será el resultado. Lo misterioso se vengará; lo irracional se vengará.

Puedes ver los resultados de esto en Occidente. Occidente tiene sobrecargado, abrumado, un centro: el racional. Y ahora lo irracional se está vengando. La venganza está allí; está perturbando todo el orden. Lo anárquico, lo indisciplinado, la rebeldía, lo ilógico, está irrumpiendo por todas partes. Podemos verlo en la música, la pintura o en cualquier cosa. Lo irracional se está vengando y el orden establecido está cuestionándose.

La razón no lo es todo. Cuando se quiere que sea así, la cultura al completo se vuelve tensa. Las mismas leyes hechas para el individuo son aplicadas a toda la cultura, a toda la sociedad. Estas leyes deben ser comprendidas. Y su comprensión empezará a provocar un cambio en ti; su comprensión misma se convertirá en una transformación.

El cuerpo está tenso porque no estás en él y la mente está tensa porque la has sobrecargado. Pero tu ser espiritual no está nunca tenso. Yo te divido en cuerpo, mente y espíritu, tan solo como un método. Tú no estás dividido; estos límites, de hecho, no existen, pero la división será útil para ayudarte a entender las cosas.

El reino espiritual no está nunca tenso, pero no estás en contacto con él. Una persona que no esté en contacto con su cuerpo tampoco puede estar en contacto con su espíritu, ya que es un reino más profundo. Si no estás en contacto con tus límites externos no puedes estar en contacto con tus centros internos.

El tercer reino, el espiritual, está relajado. Incluso en este momento está relajado. De hecho, sería mejor decir que el reino del espíritu es el reino de la relajación. Allí no hay tensión porque las causas que producen la tensión no pueden existir en el tercer reino. No puedes existir sin ese tercer reino. Puedes tenerlo olvidado, pero no puedes existir sin él porque eres él. Es tu ser. Es pura existencia.

No estás despierto a lo espiritual porque tienes una gran tensión en el cuerpo y en la mente. Pero sí no tuvieras tensión en los reinos físico y mental, automáticamente conocerías la bienaventuranza, la relajación de lo espiritual. Viene a ti; te ha estado esperando. Toda tu atención está tan absorta por lo físico y lo mental que no queda atención para enfocarla a lo espiritual. Solo si el cuerpo y la mente dejan de estar tensos podrás introducirte en el espíritu, y conocer su gozo. Lo espiritual nunca está tenso; no puede estarlo. No existe una tensión espiritual; solo tensión corporal y tensión mental.

La tensión corporal ha sido creada por aquellos que en nombre de la religión han estado predicando actitudes contra el cuerpo. En Occidente, el cristianismo ha sido un antagonista del cuerpo. Una falsa división se ha ido creando entre tú y tu cuerpo. Entonces, toda tu actitud llega a ser una creadora de tensión. No puedes comer relajadamente, no puedes dormir con tranquilidad; cada acto corporal se convierte en tensión. El cuerpo es el enemigo, pero no puedes existir sin él. Debes permanecer con él, debes vivir con tu enemigo; entonces hay una tensión constante. No puedes relajarte nunca.

El cuerpo no es tu enemigo, no está en absoluto enemistado ni es indiferente a ti. La verdadera existencia del cuerpo es bienaventuranza. Y en el momento en que tú tomas el cuerpo como un regalo, como un regalo divino, volverás al cuerpo, lo amarás, lo sentirás. ¡Y qué sutiles son las formas de sentirlo!

No puedes sentir otro cuerpo si no has sentido el tuyo propio; no puedes amar otro cuerpo si no amas el tuyo propio. Es imposible. No podrás cuidar otro cuerpo si no cuidas el tuyo propio... ¡Y nadie lo hace! Puede que digas que lo haces, pero insisto: ¡nadie lo cuida! Incluso si a ti te parece que lo haces, no lo estás realmente haciendo. Lo estás cuidando por algunas otras razones: por la opinión de los demás, por las miradas de otros ojos. Tú nunca te preocupas de tu cuerpo, de ti mismo; no amas tu cuerpo. Y si no puedes amarlo, no puedes estar en él.

Ama tu cuerpo y sentirás una relajación como nunca antes la has sentido. Amor es relajación; cuando hay amor hay relajación. Si amas a alguien, si entre tú y él, o tú y ella, hay amor; entonces con el amor viene la música de la relajación. Entonces la relajación está allí.

El estar relajado con alguien es el único signo del amor. Si tú no puedes estar relajado con alguien, no estás amando; el otro, el enemigo, está siempre allí. Es por esto que Sartre dijo: «El otro es el infierno». El infierno está allí para Sartre; seguro que lo estará.

Cuando no hay amor fluyendo entre ambos, el otro es el infierno. Pero si el amor está allí fluyendo entre los dos, el otro es el cielo. Así pues, que el otro sea cielo o infierno depende del amor que fluya entre los dos.

Siempre que amas aparece el silencio. Las palabras se pierden, dejan de tener sentido. Tienes mucho y nada que decir al mismo tiempo. El silencio te envolverá, y en ese silencio el amor florece. Estás relajado. En el amor no hay futuro ni pasado. Solamente cuando el amor ha muerto, está allí el pasado. Solamente recuerdas el amor que murió; el amor vivo no es nunca recordado. Está vivo, no hay razón para recordarlo. El amor existe en el presente. Allí no hay futuro ni pasado.

Si amas a alguien no tienes que fingir. Entonces puedes ser como eres. Puedes quitarte tu máscara y estar relajado. Cuando no hay amor tienes que llevar una máscara. Estás tenso en cada momento porque el otro está allí. Tienes que estar en guardia. Tienes que estar o bien agresivo o bien defensivo. Es una lucha, una batalla. No puedes estar relajado.

El gozo del amor es, más o menos, el gozo de la relajación. Te sientes relajado; puedes ser lo que eres, puedes desnudarte en cierto sentido, tal como eres. No necesitas estar preocupado sobre ti mismo, no necesitas fingir. Puedes estar abierto, vulnerable, y en este estar abierto estás relajado.

El mismo fenómeno ocurre si amas tu cuerpo. Te relajas, te cuidas de él. No es un error, no es narcisismo, estar enamorado de tu propio cuerpo. De hecho este es el primer paso hacia la espiritualidad.

He aquí por qué la Meditación Dinámica empieza con el cuerpo. A través de una respiración vigorosa, la mente se expande, la consciencia se expande. Todo el cuerpo se convierte en una existencia viva, vibrante. Ahora el salto será fácil. Ahora puedes saltar; el pensar dejará de ser una barrera. Te has vuelto un niño otra vez: saltando, vibrando, vivo. El condicionamiento, el condicionamiento mental no está allí.

Tu cuerpo no está tan condicionado como tu mente. Recuerda esto: tu mente está condicionada, pero tu cuerpo es todavía parte de la naturaleza. Todas las religiones y todos los pensadores religiosos —los cuales han sido básicamente cerebrales— están contra el cuerpo, porque con el cuerpo, con los sentidos, la mente y sus condicionamientos están perdidos. Por esto todos ellos han temido al sexo. Con el sexo la mente condicionada se pierde. Otra vez vuelves a formar parte de la gran esfera biológica, la biosfera; te vuelves uno con ella.

La mente está siempre contra el sexo, porque el sexo es la única cosa en la vida ordinaria que puede rebelarse contra la mente. Lo has controlado todo, solamente una cosa se mantiene incontrolada. Así que la mente está totalmente en contra del sexo porque él es el único eslabón que queda entre el cuerpo y tú. Si él puede ser negado completamente, entonces tú puedes llegar a ser totalmente cerebral. Y tú no eres el cuerpo solamente.

El miedo al sexo es básicamente el miedo al cuerpo, porque con el sexo todo el cuerpo vibra, se vuelve vital, vivo. En el momento en que el sexo toma posesión del cuerpo, la mente toda es arrinconada. Deja de estar allí. La respiración toma el mando; se vuelve vigorosa, vital.

Por esto yo empiezo mi meditación con la respiración. Con la
respiración, tú empiezas a sentir todo tu cuerpo, cada rincón de
él. El cuerpo es inundado; llegas a ser uno con él. Ahora es posible
para ti dar el salto. El salto que se da en el sexo es un salto muy pequeño. El salto
que es dado en la meditación es un gran salto. En el sexo tú «saltas» dentro de alguien. Antes de este salto, necesitas ser uno con tu
cuerpo, y en el salto necesitas expandirte aún más: en otro cuerpo.
Tu consciencia se expande más allá de tu cuerpo. En la meditación saltas desde tu cuerpo hacia el cuerpo total del universo; te
vuelves uno con él.

El segundo paso en la Meditación Dinámica es catártico. No
solamente llegarás a ser uno con tu cuerpo, sino que todas las
tensiones acumuladas en tu cuerpo serán sacadas fuera. El cuerpo
debe llegar a ser ligero, debe llegar a estar descargado, por lo que
los movimientos deben ser vigorosos, lo más vigorosos posibles.
Entonces, lo mismo que es posible a través de la danza derviche,
en la danza sufi, se hace aquí posible. Si tus movimientos son
vitales y vigorosos llegará un momento en que tú perderás el control. Y ese instante es necesario. No debes tener el control porque
tu control es la barrera. Tu facultad controladora, la mente, es la
barrera.

Continúa moviéndote. Desde luego, tú tendrás que empezarlo,
pero llegará un momento en el que serás arrastrado, en el que
sentirás que has perdido el control. Estás en la frontera, ahora
puedes dar el salto. Ahora te has convertido otra vez en un niño.
Has vuelto atrás: todos los condicionamientos han sido expulsa-
dos. No te preocupas por nada; no te preocupas por lo que otros
piensan. Ahora todo aquello que la sociedad ha puesto en ti ha
sido expulsado. Te has convertido simplemente en una partícula
que danza en el universo.

Cuando has sacado fuera todo en la segunda fase de Meditación Dinámica, solo entonces es posible la tercera. Tu identidad
se perderá, tu imagen quedará rota, porque cualquier cosa que

conoces sobre ti mismo no es sobre ti mismo, sino solamente una etiqueta. Se te ha estado diciendo que tú eres »esto» o «aquello», y has llegado a estar identificado con ello. Pero con el movimiento vigoroso, con la danza cósmica, toda identificación se perderá. Por primera vez serás como debías ser cuando naciste. Y con este nuevo nacimiento serás una nueva persona.

Capítulo VI

Kundalini: El despertar de la fuerza de la vida

Ningún conocimiento teórico ayuda y ninguna visualización anatómica de la *kundalini* es realmente necesaria para la meditación. Cuando digo esto, no quiero decir que no exista algo como la *kundalini* o los *chakras*. La *kundalini* está allí, los *chakras* están allí, pero de ninguna forma ayudará el conocimiento teórico. Es más, puede estorbar. Puede llegar a ser una barrera por muchas razones.

Una razón es que cualquier conocimiento sobre la *kundalini* o sobre vías esotéricas de la bio-energía, sobre los caminos interiores del élan vital, es generalizar. Y varía entre distintos individuos; la raiz será la misma. Con «A» será diferente; con «B» será diferente; con «C» será diferente. Tu propia vida interior tiene una individualidad, de modo que adquirir algo a través del conocimiento teórico no te va a ser de ayuda; puede que sea un obstáculo, porque ese conocimiento no es sobre ti. No puede ser sobre ti. Llegarás a conocer sobre ti mismo solamente cuando tú profundices en ti.

Existen los *chakras*, pero el número difere con cada individuo. Uno quizá tenga siete; otro quizás nueve; otro es posible que más, otro menos. Esta es la razón por la cual se han desarrollado tantas diferentes tradiciones. El budismo habla de nueve *chakras*, los hindúes hablan de siete, los tibetanos de cuatro. ¡Y están todos en lo cierto!

La raíz de la *kundalini*, el paso a través del cual circula la *kundalini* es también diferente con cada individuo. Y cuanto más te sumerges en ello, más individual serás tú mismo. Por ejemplo, de tu cuerpo, tu cara es la parte más individual, y en la cara los ojos son todavía más individuales. La cara tiene más vida que cualquier otra parte del cuerpo; es por esto que sintetiza al individuo. Es posible que no te hayas dado cuenta que a partir de una edad determinada —especialmente al llegar a la madurez sexual— la cara asume unas características determinadas que continuarán, más o menos, durante toda la vida. Antes de la madurez sexual la cara cambia mucho, pero ya en la madurez sexual tu individualidad se fija según un patrón determinado y ahora la cara será más o menos la misma.

Los ojos tienen todavía más vida que la cara y son tan individuales que cambian a cada momento. A menos que uno haya conseguido la Iluminación, los ojos no estarán nunca fijos. La Iluminación es otro género de madurez. Con la madurez sexual la cara llega a fijarse, pero es otra clase de madurez la que nos encontramos cuando los ojos llegan a poder permanecer fijos. No podrás ver ningún cambio en los ojos de Buda; su cuerpo envejecerá, morirá, pero sus ojos continuarán siendo los mismos. Está es una de las indicaciones. Cuando alguien alcanza el *Nirvana*, los ojos son la única puerta que permitirá saber a los de fuera si el hombre lo ha alcanzado realmente. Ahora los ojos no cambian nunca. Todo cambia, pero los ojos se mantienen igual. Los ojos son expresión del mundo profundo.

Pero la *kundalini* es todavía más profunda.

Ningún conocimiento teórico puede ser de ayuda. Cuando dispones de este conocimiento empiezas a imponerlo sobre ti mismo. Empiezas a ver las cosas desde la perspectiva que nos han enseñado, pero es posible que no correspondan a tu situación individual. Entonces se crea más confusión.

Uno debe sentir los *chakras*, no saber «sobre» ellos. Debes sentirlos; debes encontrar sensaciones dentro de ti. Solamente sentir tus *chakras* —y tu *kundalini* como su camino— te servirá de ayuda. Si no, no te será de ayuda. De hecho, el conocimiento ha sido muy destructivo por lo que respecta al mundo interior.

Cuanto más conocimiento adquirimos, menores la posibilidad de sentir lo real, lo auténtico. Empiezas a imponerlo que ya sabes sobre ti mismo. Si alguien dice: «Aquí está el *chakra*, aquí está el centro», entonces empiezas a visualizar los *chakras* en estos puntos. ¡Y puede que no estén allí en absoluto! Entonces crearás *chakras* imaginarios. Puedes crearlos; la mente tiene la capacidad de hacerlo. Puedes crear *chakras* imaginarios, y entonces, debido a tu imaginación, aparecerá un flujo que no será la *kundalini* sino una simple imaginación tuya, una ensoñación completamente ilusoria.

Una vez que puedes visualizar centros y crear una k*undalini* imaginaria, entonces podrás crear cualquier cosa. Entonces vendrán experiencias imaginarias y tú desarrollarás un mundo completamente falso dentro de ti. El mundo exterior es ilusorio, pero no tan ilusorio como el que tú puedes crear dentro de ti.

Todo lo interior no es necesariamente real o verdadero, pues la imaginación es también interior, los sueños son también internos. La mente tiene la facultad —tina muy poderosa facultad— de soñar, de crear ficciones, de proyectar. Por eso es bueno proceder en meditación sin prestar atención a la *kundalini* o a los *chakras*. Si te los encuentras, está bien. Puede que empieces a sentir cosas; solamente entonces, pregunta. Puede que empieces a sentir un *chakra* trabajando, pero deja a la sensación física del cuerpo llegar antes. Puede que sientas ascender la energía, pero deja que primero te llegue la sensación. No imagines, no pienses en ello. No hagas ningún esfuerzo intelectual para entenderlo antes. Ningún conocimiento previo es necesario. No es solamente innecesario, sino que puede dañar la totalidad del proceso.

Y otra cosa: la *kundalini* y los *chakras* no pertenecen a tu anatomía o a tu fisiología. Los *chakras* y la *kundalini* pertenecen a tu cuerpo sutil, a tu *sukshma sharira o* cuerpo etérico, no a este cuerpo, al cuerpo denso. Desde luego que encontraremos puntos que se corresponden. Los *chakras* son parte de tu *sukshma sharira,* pero tu fisiología, tu anatomía, tienen puntos que se corresponden con él. Si tú sientes un *chakra* interiormente, solamente entonces podrás sentir el punto correspondiente. De otra forma, podrás diseccionar todo tu cuerpo, pero no encontrarás nada que puedan ser los *chakras*.

Todas las habladurías, las mal llamadas evidencias y todos las declaraciones científicas de que tu cuerpo tiene algo como la *kundalini* y los *chakras* son tonterías, un absoluto disparate. Existen puntos que se corresponden, pero esos puntos solamente podrás sentirlos cuando sientas el *chakra* real. Diseccionando tu cuerpo físico no podrás encontrar nada. No hay nada, porque la cuestión no es anatómica.

Una cosa más: no es necesario atravesar los chakras. ¡No es necesario! Uno puede realmente sortearlos. Tampoco es necesario que tú llegues a sentir la *kundalini* antes de tu Iluminación. El fenómeno es muy diferente de lo que tú puedas pensar. No sentimos la *kundalini* porque no puede sentirse su ascenso. Sentirás la *kundalini* únicamente si tu camino no está muy despejado. Si el camino está completamente despejado, entonces la energía fluye; pero no la sentirás. De modo que la persona que siente más la *kundalini* tiene bloqueos, hay muchos bloqueos en su camino y la *kundalini* no puede fluir.

La sientes cuando hay algo que opone resistencia al flujo de energía. No puedes sentir la energía directamente, a menos que haya una resistencia. Si muevo mi mano y no hay ninguna resistencia, el movimiento no se sentirá. El movimiento es sentido gracias a la resistencia del aire, pero no será sentido tanto como cuando es una piedra la que se opone. Entonces sentiré más el movimiento. Y en el vacío no sentiré ningún movimiento en absoluto. Es así de relativo.

Buda nunca habló sobre *kundalini*. No es que no la hubiera en su cuerpo, pero los conductos eran tan limpios que no había ninguna resistencia. De modo que él nunca la sintió. Mahavira nunca habló sobre *kundalini*. Debido a ello, se creó una falsa noción, y entonces los jainos, los seguidores de Mahavira, pensaron que la *kundalini* era una completa estupidez, que no existía. Así, al no sentir Mahavira la *kundalini*, veinticinco siglos de tradición jaina han continuado negándola, proclamando que no existe. Pero la razón de Mahavira para no hablar sobre ella, era completamente diferente. Como no había bloqueos en su cuerpo, nunca la sintió. De modo que no es necesario para ti sentir la *kundalini*. Puede que no la sientas en absoluto. Y si no sientes la *kundalini*, entonces sortearás los *chakras*, porque el trabajo de los *chakras* se necesita únicamente para romper los bloqueos. Si no, no es necesario.

Cuando hay un bloqueo, y la kundalini es bloqueada, entonces el *chakra* empieza a moverse debido al bloqueo de la *kundalini*. Se vuelve dinámico. El *chakra* empieza a moverse debido a la *kundalini* bloqueada y se mueve tan rápido que debido al movimiento, se crea una determlinada energía. Y esta rompe el bloqueo.

Si el pasaje está despejado, el *chakra* no será necesario y tú no sertirás nunca nada. Realmente la existencia de los *chakras* es solamente para ayudarte. Si la *kundalini* es bloqueada, entonces la ayuda será necesaria. Algún *chakra* absorberá la energía que está siendo bloqueada. Si la energía no puede moverse más allá, volverá para atrás. Antes de que vuelva atrás, el *chakra* absorberá la energía completamente y la *kundalini* se moverá en el *chakra*. A través del movimiento, la energía se hará más vital, más viva, y cuando vuelva otra vez al bloqueo podrá romperlo. De modo que es simplemente un mecanismo, una ayuda.

Si la *kundalini* se mueve y no encuentra ningún bloqueo, entonces tú nunca sentirás ningún chakra. Es por ello que alguien puede sentir nueve *chakras*, algún otro diez y quizás otro sienta solamente tres o cuatro, uno o ninguno. Depende. De hecho, hay infinitos *chakras* y con cada movimiento, con cada paso de *kundalini*, un *chakra* estará allí para ayudar. Si la ayuda es necesaria, se te podrá dar.

Por ello insisto en que la teoría no es de ninguna ayuda. Y la meditación, tal cual, no se ocupa realmente de la *kundalini*.

Si la *kundalini* llega, eso es otra cosa; pero la meditación no tiene nada que ver con ella. La meditación puede ser explicada sin tan siquiera mencionar la *kundalini*. No hay ninguna necesidad. Y la mención de la *kundalini* solo creará todavía más dificultades para explicarlo todo. La meditación puede ser explicada directamente; no necesitas preocuparte de los *chakras*. Empieza con la meditación. Si el camino está bloqueado, puede que llegues a sentir la *kundalini*, y los *chakras* estarán allí, pero esto es completamente involuntario. Debes recordar que es involuntario; tu voluntad no es necesaria en absoluto.

Cuanto más profundo sea el camino, tanto más involuntario será. Puedo mover mi mano —esto es algo voluntario— pero no puedo mover la sangre, aunque puedo intentarlo. Años y años de entrenamiento pueden hacer a una persona capaz de conseguir actuar sobre la circulación de la sangre voluntariamente. El *Hatha* yoga puede hacerlo; se ha hecho, no es imposible. Pero es algo fútil. Treinta años de entrenamiento solo para controlar el movimiento de la sangre es una estupidez, una tontería, pues con el control no ganas nada. La circulación de la sangre es involuntaria, tu voluntad no es necesaria. La maquinaria del cuerpo, el mecanismo del cuerpo, se preocupa de eso haciendo cualquier cosa que sea necesaria. Tu sueño no es voluntario, tu nacimiento no es voluntario, tu muerte no es voluntaria. Son mecanismos no voluntarios.

La *kundalini* es algo todavía más profundo; más profundo que tu muerte, más profundo que tu nacimiento, más profundo que tu sangre, porque la *kundalini* es la circulación de tu segundo cuerpo. La sangre es el elemento que circula en tu cuerpo fisiológico; la *kundalini* *es* la circulación de tu cuerpo etérico. Y es absolutamente involuntaria. Incluso un *hatha* yogui no puede hacer nada con ella de forma voluntaria.

Si entras en meditación, entonces la energía empieza a moverse. La parte que has de hacer tú, es la meditación. Si estás profundamente en ello, entonces la energía empieza a moverse hacia arriba y percibirás el cambio de sentido. Se sentirá de muchas formas; incluso el cambio fisiológico puede ser percibido. Por ejemplo, de ordinario, biológicamente, es signo de buena salud para tus pies estar calientes y para tu cabeza estar fría. Biológicamente es un buen signo de salud. Cuando ocurre lo contrario, que los pies se enfrían y la cabeza se calienta, la persona está enferma. Pero lo mismo pasa cuando la *kundalini* fluye hacia arriba: los pies se enfrían. Realmente, el calor en los pies no es otra cosa que energía sexual fluyendo hacia abajo. En el momento en que la energía vital, la *kundalini*, empieza a fluir hacia arriba, la energía sexual la sigue. Esta empieza a fluir hacia arriba: los pies se vuelven fríos y la cabeza caliente. Biológicamente es mejor para los pies estar más calientes que la cabeza, pero espiritualmente es más sano que los pies estén fríos, porque este es un signo de que la energía está fluyendo hacia arriba.

Muchas enfermedades empiezan a aparecer cuando la energía empieza a fluir hacia arriba, porque, biológicamente, has confundido todo el organismo. Buda murió muy enfermo; Mahavira murió muy enfermo; Ramana Maharsi murió de cáncer, Ramakrishna murió de cáncer. Y la razón es que todo el organismo biológico es perturbado. Se dan muchas otras razones, pero son tonterías.

Los jainos han creado muchas historias, ya que no podían concebir que Mahavira hubiese podido estar enfermo. Para mí es el caso contrario; no puedo concebir cómo habría podido estar completamente sano. No podía estarlo porque este iba a ser su último nacimiento y todo el sistema biológico tenía que derrumbarse. Un sistema que había persistido durante milenios tenía que derrumbarse. No podía estar sano; al final tuvo que estar muy enfermo. ¡Y lo estuvo! Pero era muy difícil para sus seguidores entender que Mahavira estuviera enfermo.

En aquellos días solamente había una explicación para la enfermedad. Si tú estabas sufriendo una enfermedad determinada, esto quería decir que tus karmas, tus deudas pasadas, habían sido malos. Si Mahavira hubiese sufrido una enfermedad entonces eso hubiese querido decir que él estaba todavía bajo la influencia *kármica*. Esto no podía ser así, de modo que se inventaron una ingeniosa historia: que Goshalak, un competidor de Mahavira, estaba usando las fuerzas del mal contra él. Pero este no era, en absoluto, el caso. El flujo biológico natural es descendente; el flujo espiritual es ascendente. Y el organismo completo se caracteriza por el flujo descendente.

Puede que tú empieces a sentir muchos cambios en tu cuerpo, pero el primero se producirá en el cuerpo sutil. La meditación es simplemente el medio para crear un puente entre el cuerpo denso y el sutil. Cuando digo «meditación» quiero decir solo eso: poder saltar fuera de tu cuerpo material. Eso es lo que quiere decirse con meditación». Pero para dar este salto necesitarás la ayuda del cuerpo material: tendrás que usarlo como un escalón.

Desde cualquier punto extremo puedes dar el salto. El ayuno ha sido usado para llegar a un extremo. Con un largo y continuado ayuno llegas al límite. El cuerpo humano puede, ordinariamente, aguantar un ayuno de noventa días, pero entonces, en el momento en que el cuerpo está completamente exhausto, en el momento en que las reservas que han sido acumuladas para emergencias han sido agotadas, en este momento, son posibles una o dos cosas. Si no haces nada, la muerte puede ocurrir, pero si usas este momento para la meditación, el salto puede que ocurra.

Sí no haces nada, si sigues adelante con el ayuno, la muerte puede llegar. Entonces eso será un suicidio. Mahavira, que experimentó más profundamente el ayuno que cualquier otra persona en toda la historia de la evolución humana, es el único hombre que permitió a sus seguidores un suicidio espiritual. El lo llama *santhara*: llegar al punto extremo, cuando solo dos cosas son posibles. En un solo momento, puede ser que mueras o saltes. Si usas alguna técnica puedes saltar. Entonces, Mabavira dice: «Esto no es suicidio, sino una grandiosa explosión espiritual». Mahavira fue el único hombre, el único, que dijo que si tienes el coraje, incluso el suicidio puede ser usado para tu progreso espiritual.

Desde cualquier punto extremo el salto es posible. Los sufíes emplean la danza. Llega un momento en el baile en que empiezas a sentirte «no-terrenal». Con un verdadero danzador sufí, incluso el auditorio empieza a sentir esa sensación. A través del movimiento del cuerpo, de sus movimientos rítmicos, el que danza pronto empieza a sentir que él es diferente del cuerpo, que está separado del cuerpo. Uno ha de empezar el movimiento, pero pronto un mecanismo no-voluntario del cuerpo toma el mando. Tú empiezas, pero si el final es también tuyo, entonces la danza será simplemente un baile corriente. Pero si tú empiezas y hacia el final sientes como si de alguna manera, en medio de la danza, esta es dirigida por un mecanismo no voluntario, entonces se ha convertido en una danza derviche. Te mueves tan rápido que el cuerpo se estremece y se convierte en no voluntaria.

Es el punto desde el que tu puedes volverte loco, o puedes saltar. Puede que acabes loco, porque un mecanismo no voluntario ha tomado el movimiento de tu cuerpo. Se escapa a tu control; no puedes hacer nada. Puedes volverte loco y que nunca seas capaz de volver atrás otra vez desde este movimiento no voluntario. Este es el punto donde están ambos locura o, si conoces la técnica para saltar, la meditación.

Esta es la causa de que los sufíes han sido conocidos siempre como locos. Han sido conocidos como locos. ¡Por lo general son locos! Hay incluso una secta en Bengala que es justo como los sufíes: los fakires Baul. Se mueven de pueblo en pueblo, danzando y cantando. La palabra misma «baul» quiere decir «baul», loco. Son gente que está loca.

La locura ocurre muchas veces, pero si conoces la técnica, entonces la meditación puede ocurrir. Siempre ocurre en el extremo. Esa es la explicación de que los místicos hayan usado siempre el término «el filo de la espada». La locura puede ocurrir, o puede ocurrir la meditación, y muchos métodos usan tu cuerpo como el filo de una espada desde el cual una u otra son posibles.

Entonces, ¿cuál es la técnica para saltar a la meditación? Yo he hablado sobre dos: el ayuno y la danza. Todas las técnicas de meditación son para llevarte al extremo donde tú puedas dar el salto, pero el salto mismo puede ser dado solo a través de una técnica muy simple, de un método verdaderamente sin método.

Si puedes darte cuenta del verdadero momento en que el ayuno te ha llevado al precipicio de la muerte, si puedes ser consciente del momento en que la muerte se asoma, si puedes ser consciente, entonces allí no hay muerte. Y no solo es que allí no hay muerte esta vez; entonces allí no hay muerte nunca. ¡Has dado el salto! Cuando el momento es tan intenso que sabes, en un segundo, que es algo superior a ti, cuando sabes que si pierdes un solo segundo no podrás volver atrás otra vez, mantente consciente… ¡Y entonces salta! Ser consciente es el método. Y debido a que el ser consciente es el método, las personas zen dicen que no existe un método. El ser consciente no es en absoluto un método. Por eso Krishnamurti continúa diciendo que no hay método.

El ser consciente no es realmente un método. Pero yo todavía llamo a esto un método, porque si tú no puedes ser consciente entonces, en el momento exacto en que el salto es posible, estarás perdido. Así que si alguien dice, «Solamente ser consciente servirá», esto puede ser cierto para una entre mil personas, pero ésa una será la que ha llegado al punto donde ambos, la muerte o la locura, son posibles. Ha llegado a este punto por cualquier camino.

Y con los demás, con la mayoría de la gente, no servirá solamente hablar de ser consciente. Primero deberán ser entrenados. Ser consciente en las situaciones ordinarias tampoco sirve. Y tú no puedes ser consciente en situaciones ordinarias. La estupidez de la mente tiene ya una larga historia; su letargo, su pereza, su inconsciencia, han estado desarrollándose mucho tiempo. Solamente escuchando a Krishnamurti, a mí o a cualquier otro, no puedes nunca esperar despertar. Y realmente será difícil ser consciente de aquellas mismas cosas que has estado haciendo sin ser consciente tantas veces.

Has llegado a tu oficina, completamente inconsciente de que «estás siendo dirigido»; has dado la vuelta, has andado, has abierto la puerta. Durante toda tu vida has estado haciendo esto. Ahora ha llegado a ser un mecanismo no-voluntario. Ha sido desterrado completamente de tu consciencia. Entonces Krishnamurti dice: «Sé consciente cuando camines». Pero tú has estado caminando sin ser nunca consciente. El hábito se ha asentado muy profundamente, ha llegado a ser una parte de tus huesos y de tu sangre. Ahora esto es muy difícil.

Solamente puedes ser consciente en emergencias. Alguien pone una pistola en tu pecho. Tú puedes ser consciente porque es una situación de la que no tienes experiencia. Pero si estuvieras familiarizado con la situación no serías consciente en absoluto.

El ayuno sirve para crear una emergencia, una clase de emergencia como tú nunca antes has conocido. Así que alguien que ha estado practicando el ayuno puede que no sea ayudado a través de él. Necesitará cada vez períodos de ayuno más largos. O, si nunca has danzado podrás ser ayudado fácilmente con la danza. Pero si eres un bailarín experto, como los derviches sufíes, no funcionará. No funcionará en absoluto porque tú eres muy perfecto, muy eficiente... y eficiencia quiere decir que el acto está ahora siendo ejecutado por la parte no voluntaria de la mente. Eficiencia siempre quiere decir eso.

Esta es la razón por la cual se han desarrollado ciento doce métodos de meditación. Uno puede que no sirva para ti, otro puede que sí. Y el que te será de más ayuda es aquél que te es completamente desconocido. Si no has sido nunca entrenado según un método en particular, entonces muy pronto se crea una emergencia. Y en esta emergencia, ¡sé consciente!

Ocúpate de la meditación y no de la *kundalini*. Y cuando seas consciente, empezarán a ocurrirte cosas. Por primera vez serás consciente de un mundo interno que es mayor, más extenso y vasto que el universo. Energías desconocidas, completamente desconocidas, empezarán a fluir en ti. Algo nunca oído, imaginado o soñado, empezará a ocurrir. Pero con cada persona, cambia; de ahí que lo mejor sea no hablar de ello.

Y debido a que son diferentes, las antiguas tradiciones hablan con énfasis del gurú. Las escrituras no servirán; solo el gurú sirve. Los maestros han estado siempre en contra de las escrituras, a pesar de que estas hablan de ellos y los ensalzan. El mismo concepto de gurú se opone a las escrituras. El bien conocido proverbio, «*Guru bin gnana nahee*» —sin el gurú no habrá conocimiento— no quiere decir realmente que sin el gurú no haya conocimiento, sino que con solo las escrituras no hay conocimiento.

Lo que se necesita es un maestro vivo, no un libro muerto. Un libro no puede saber qué tipo de persona eres. Un libro es siempre una generalización, no puede ser particular. Es imposible; no existe esa posibilidad. Solo una persona viva puede ser consciente de tus necesidades, de aquello que pueda ocurrirte.

Esto es realmente paradójico: las escrituras hablan sobre Gurús, «*Guru bin gnana nahee*», y *los* gurús están simbólicamente contra las escrituras. El mismo concepto de que el gurú te dará el conocimiento no quiere decir que vaya a proveerte de conocimiento. Al contrario, quiere decir que solo una persona viva puede ser de alguna ayuda. ¿Por qué? Porque ella puede conocer al individuo.

Ningún libro puede conocer lo individual; los libros no están hechos para nadie en particular, están hechos para todos. Y cuando es necesario dar un método, tu individualidad deberá ser tenida en cuenta de forma muy, muy exacta y científica. Este conocimiento que el gurú tiene que transmitir ha sido siempre transferido en secreto, privadamente, del gurú al discípulo.

¿Por qué el secreto? El secreto es el único medio para transmitir el conocimiento. Al discípulo se le ordena no hablar de ello a nadie. La mente quiere hablar. Si sabes algo, es muy difícil mantenerlo en secreto; esta es una de las cosas más difíciles. Pero esta ha sido siempre la forma de actuar de los gurús, de los maestros.

Te darán algo, con la condición de no hablar sobre ello. ¿Por qué? ¿Por qué este secreto? Son muchos los que dicen que la verdad no necesita ser secreta; que no necesita ser privada. ¡Esto es una estupidez! La verdad necesita más privacidad que la mentira, ya que puede resultar fatal para cualquiera, puede ser peligrosa. Ha sido dada a un individuo en particular. Tiene sentido solo para él y para nadie más. No deberá comunicarla a nadie hasta que él mismo llegue al punto donde la individualidad, se pierde. Esto debe ser entendido.

En el gurú esa individualidad se ha perdido. Solamente entonces puede mirar en lo profundo de tu propia individualidad. Si él, él mismo, no la ha perdido, entonces podrá solo interpretarte, pero nunca estará capacitado para conocerte. Por ejemplo, si yo estoy aquí y digo algo sobre vosotros, soy «yo» el que está hablando de vosotros. Y no es sobre vosotros; al contrario, es sobre mí. Yo no puedo ayudaros porque realmente no os puedo conocer en absoluto. Cualquier forma en que pueda conoceros es solo un rodeo a través del conocerme a mí mismo. Este punto de «yo estoy aquí» ha de desaparecer. Debo ser solamente una ausencia. Solo entonces puedo ir a las profundidades de tu ser, sin ninguna interpretación. Solo entonces puedo conocerte tal cual eres, no en concordancia conmigo. Y solo entonces puedo ser de ayuda. He aquí el secreto.

De ahí que sea bueno no hablar sobre la *kundalini* y los *chakras*. Lo único que deberá ser enseñado, oído y entendido es la meditación. Y a partir de ahí todo lo demás seguirá.

La *kundalini* no es, en sí misma, una fuerza de vida; al contrario, es un canal particular para esta fuerza, un camino. Pero la energía puede tomar otros caminos también, así que no es necesario pasar a través de la *kundalini*. Es posible que alguien consiga la Iluminación sin pasar a través de la *kundalini*, pero la *kundalini* es el camino más fácil, el más corto.

Si la energía de la vida pasa a través de la *kundalini*, entonces el *brahma-randra*, será el punto final. Pero si la energía de la vida toma otro camino —y son posibles infinitos caminos— entonces el *brahma-randra* no será el punto final. De modo que el florecimiento del *brahma-randra* es solo una posibilidad, una potencialidad, en caso de que la energía de la vida pase a través de la *kundalini*.

Hay yogas que ni tan siquiera mencionan la *kundalini*. Entonces allí no hay nada como el *brahma-randra*. *Pero* este es el camino más fácil, es así que ordinariamente el noventa por ciento de las personas que lo consiguen pasan a través de la *kundalini*.

La *kundalini* y los *chakras* no están localizados en el cuerpo físico. Pertenecen al cuerpo etérico, pero tienen puntos de correspondencia con el cuerpo físico. Es como cuando tú sientes amor y pones tu mano sobre el corazón. Nada como «amor» existe allí, pero tu corazón, tu corazón físico, es un punto que se corresponde. Cuando pones tu mano sobre tu corazón, estás poniendo tu mano en el *chakra* que pertenece al cuerpo etérico, y este punto es aproximadamente paralelo a tu corazón físico.

La *kundalini* es parte del cuerpo etérico, así que todo lo a que vayas consiguiendo como progreso en el camino de kundalini no muere con tu cuerpo físico. Va contigo. Todo lo que consigas permanecerá contigo, porque no es una parte de tu cuerpo físico. Si fuese una parte de tu cuerpo físico, entonces con cada muerte se perdería y tú tendrías que empezar desde el mismísirno principio. Pero si alguien alcanza el tercer *chakra*, *este* logro se mantendrá con él en su siguiente vida. Irá con él, «almacenado» en el cuerpo etérico.

Cuando digo que la energía de la vida va a través de la *kundalini*, entiendo la *kundalini* como un conducto; todo el conducto que conecta los siete *chakras*. Estos *chakras* no están en el cuerpo físico, por tanto todo lo que pueda decirse sobre la *kundalini* se refiere al cuerpo etérico.

Cuando la fuerza de la vida pasa a través de la *kundalini*, los *chakras* empezarán a vibrar y florecer. En el momento en el que la energía llega a ellos, se vivifican. Es justo como cuando es creada la hidroelectricidad. La fuerza y la presión del agua hace girar la dínamo. Si allí no hubiese ni presión ni agua, la dínamo se pararía, no trabajaría. La dínamo gira debido a la presión. De la misma manera los *chakras* están allí, pero están muertos hasta el momento en que la fuerza de la vida los penetra. Solamente entonces empiezan a girar.

Por eso se llaman «*chakras*». «*Chakra*» no equivale exactamente a la palabra «centro», porque centro significa algo estático, y *chakra* quiere decir algo en movimiento. La traducción exacta sería «rueda», no «centro». O centro dinámico, rotativo... centro en movimiento.

Los *chakras* son centros hasta que la energía de la vida llega a ellos. En ese momento empiezan a ser *chakras*. Entonces no son centros: son ruedas girando. Y cada rueda, por la rotación, crea nueva energía. Esta energía es usada de nuevo para aumentar la velocidad de rotación del *chakra*.

De modo que cuando la fuerza de la vida pasa a través de cada *chakra*, lo vivifica, le da vida.

La kundalini es el conducto a través del cual se mueve la fuerza de la vida. La fuerza de la vida se localiza en el centro sexual, el *muladara*. Puede ser usada como energía sexual. Entonces crea un tipo determinado de vida biológica. También entonces genera movimientos, también entonces genera más energía, pero es biológica. Si esta misma energía se mueve hacia arriba, el canal de la *kundalini* se abre.

El centro sexual, el *muladara*, es el primero en abrirse. Puede abrirse hacia una generación biológica o puede abrirse hacia una generación espiritual. El *muladara* tiene dos aberturas, una superior y una inferior. En el conducto de la *kundalini*, el centro más alto es el *sahasrar*, en el cual el *brahma-randra* es el punto medio. La abertura del *brahma-randra* es un camino hacia la propia realización.

Otros caminos son también posibles, y el conducto de la *kundalini* puede no ser utilizado. Pero son más arduos. Y en estos métodos no aparece la *kundalini*. No hay movimiento en ese camino. Son métodos hindúes: el Raja yoga, el Mantra yoga, y todas las muchas técnicas del tantra. Hay métodos cristianos, budistas, métodos zen, métodos taoístas. No se ocupan del despertar de la *kundalini*. Este conducto no es utilizado. Utilizan otro conductos, conductos que ni siquiera pertenecen al cuerpo etérico: conductos astrales. El cuerpo astral, el tercer cuerpo, tiene su propio conducto. El cuerpo mental, el cuarto cuerpo, tiene sus propios conductos. Todos, los siete cuerpos, tienen sus propios conductos.

Existen muchos yogas que no «utilizan» la *kundalini*. Solamente *el hatha yoga* utiliza la *kundalini* como camino. Pero es el más científico y el menos difícil. Es un método fácil de ir paso a paso, para un despertar más gradual que los otros yogas.

Aunque no se emplee el camino de la *kundalini*, hay algunas veces frecuentes despertares de la *kundalini*. Algunas veces pasan cosas que están más allá de tu capacidad, algunas veces pasan cosas que tú no puedes concebir. Entonces tú estás completamente desbordado. Otros conductos tienen su propia preparación.

Los métodos tántricos o los métodos ocultos no son el *kundalini* yoga. El *kundalini* yoga es solamente uno de muchos métodos. Pero es mejor ocuparse solamente de uno.

El método de la Meditación Dinámica que estoy usando tiene que ver con la *kundalini*. Es más fácil trabajar con la *kundalini* porque te hace trabajar con el segundo cuerpo. Cuanto más profundo penetras, en el tercero o cuarto cuerpo, se presentan más dificultades. El segundo cuerpo es el más cercano a tu cuerpo físico, con el que hay puntos de correspondencia; por eso es más fácil.

Si trabajas con el tercer cuerpo, los puntos de correspondencia están en el segundo. Si trabajas con el cuarto, los puntos de correspondencia están en el tercero. Aquí tu cuerpo físico no participa. No puedes sentir absolutamente nada en tu cuerpo físico. Pero con la *kundalini*, puedes sentir minuciosamente cada paso, y sabes dónde estás. Con ello te sientes más seguro. En los otros métodos tendrás que aprender técnicas que te ayudarán a sentir los puntos de correspondencia en el segundo o en el tercer cuerpo, y, esto toma su tiempo.

Los otros métodos rechazarán la *kundalini*, pero su rechazo no es correcto. Lo niegan porque no se ocupan de ella. La *kundalini* tiene su propia metodología. Si estás trabajando con un método zen, no deberías dedicarte a la *kundalini*. Pero a veces, incluso trabajando con otro método, la *kundalini* aparece, porque los siete cuerpos penetran uno en el otro; están entrelazados. De esta manera, si estás trabajando con el cuerpo astral, el tercer cuerpo, el segundo cuerpo posiblemente empiece a funcionar. Acaso obtengas una chispa del tercero.

Lo contrario no es posible. Si estás trabajando con el segundo cuerpo, el tercero no se despertará, ya que el segundo es inferior al tercero. Pero si estás trabajando con el tercero estás creando una energía que puede surgir en el segundo sin ningún esfuerzo de tu parte. La energía fluye hacia esferas inferiores. El segundo cuerpo es inferior al tercero, por eso la energía generada en el tercero puede a veces fluir hacia él.

La *kundalini* puede ser sentida a través de otros métodos, pero los que enseñan métodos no relacionados con la *kundalini* no te permitirán prestarle atención. Si les prestas atención sentirás mucha más energía. Todo el método que no estaba relacionado con la *kundalini* se derrumbará. Ellos no saben nada de la *kundalini*; así, pues, no saben cómo trabajar con él.

Maestros de otros métodos negarán completamente la *kundalini*. Dirán: «Es una tontería. Es fruto de la imaginación. Simplemente es tu propia proyección; no le prestes atención». Y si tú no le prestas atención y sigues trabajando con el tercer cuerpo, poco a poco la *kundalini* cesará, parará, La energía ya no surgirá en el segundo cuerpo. Entonces es mejor.

Si estás concentrado en cualquier método, hazlo totalmente. No te involucres en cualquier otro método, ni pienses en otro método, porque te confundiría. Y la cuestión de la *kundalini* es tan sutil y tan desconocida que la confusión podría ser perjudicial. Mi método de Meditación Dinámica está relacionado con la *kundalini*. Incluso si vas observando tu respiración ayudarás a la *kundalini*, porque la respiración acompañada de *prana*, de la energía vital, está relacionada con el cuerpo etérico, el segundo cuerpo. Este, a su vez, no guarda relación con el cuerpo físico. Es tomado de tu cuerpo físico, ha sido sacado de él, pero es tan solo la puerta.

El *prana* se relaciona con el cuerpo etéreo. Los pulmones realizan la respiración, pero la hacen para el cuerpo etérico. Tu cuerpo físico, el primer cuerpo, trabaja para el etérico, el segundo. De igual modo, el etérico trabaja para el astral, el tercero, y el astral trabaja para el mental, el cuarto.

Tu cuerpo físico es la puerta para el segundo cuerpo. El segundo cuerpo es tan sutil que no puede ocuparse directamente con el mundo material. Así, primero tu cuerpo material transmuta lo material en formas vitales. Entonces estas formas pueden convertirse en alimento para el segundo cuerpo.

Cualquier cosa absorbida a través de los sentidos queda transformada en una forma vital. Entonces se convierte en comida para el segundo cuerpo. El segundo cuerpo transforma esto en formas aún más sutiles, y esto, a su vez, se convierte en alimento para el tercer cuerpo.

Es algo así: no puedes comer tierra, pero en las verduras los elementos del barro han sido transformados; entonces se pueden comer. El mundo vegetal trasforma la tierra en una forma viva y sutil. Ahora podrás ingerirla. No puedes comer hierba. La vaca la come por ti. Va a su interior y ella la transforma en leche. Ahora podrás ingerirla; puedes beber la leche.

De la misma forma tu primer cuerpo absorbe la materia, transformándola en formas vitales. Entonces el segundo cuerpo se hace cargo. La respiración la realizan los pulmones. Los pulmones son máquinas que trabajan para el segundo cuerpo. Si este muere, los pulmones permanecen intactos, pero no hay respiración. Ha desaparecido. El segundo cuerpo es el maestro del primero y el tercero el maestro del segundo. Cada cuerpo inferior es el servidor del superior.

Así, pues, ser consciente de la respiración ayuda a la práctica de la *kundalini*. La respiración genera energía, conserva energía y ayuda a la fuerza de la vida a elevarse. Todo mi método está relacionado con la *kundalini*. Una vez conoces el método, podrás hacer cualquier cosa con él. Entonces, no necesitarás nada más. El último *chakra*, el *sahasrar*, puede ser alcanzado por cualquier método. *Sahasrar* y *brahma-randra* son los nombres dados al séptimo *chakra* en el *kundalini* yoga. Si no trabajas en la *kundalini*, si trabajas en el tercer cuerpo, entonces también alcanzarás este punto, pero no lo reconocerás como *brahma randra*, y *los* seis primeros *chakras* serán ignorados. Has ido por otro camino. Por eso las etapas serán diferentes pero el final será el mismo. Los siete cuerpos están en conexión con el séptimo *chakra*, así desde cualquier punto uno puede alcanzarlo.

Uno no debe involucrarse en dos caminos, en dos métodos. De otra forma se creará confusión y la energía interior será dividida en dos canales. Cualquier método debería canalizar toda la energía en una dimensión. Esto es lo que hace mi método de Meditación Dinámica, y por esto empieza con diez minutos de respiración profunda y rápida.

¿Es la kundalini algo semejante al movimiento de una serpiente?

No, es diferente. Puede que haya una persona que nunca haya visto una serpiente. Si su *kundalini* despierta no podrá concebirla como «un poder serpentino». Es imposible porque el símbolo no existirá. Entonces la sentirá de diferentes formas. Esto debe ser entendido.

En Occidente no se puede concebir la *kundalini* como un poder serpentino porque la serpiente no es una realidad suya en la vida ordinaria. Esto ocurría en la India antigua; la serpiente era un cotidiano vecino tuyo. Y esto era una de las cosas percibidas más poderosas, con el movimiento más bello. De este modo el símbolo de la serpiente fue escogido para representar el fenómeno de la *kundalini*. Pero en cualquier otra parte la serpiente no puede ser el símbolo. Sería no natural. Las serpientes no son conocidas. Entonces no puedes concebirlas; ni puedes ni tan siquiera imaginártelas. Los símbolos están ahí... y son importantes en relación a tu personalidad, pero un símbolo particular es importante solo si es real para ti, solamente si cabe dentro de tu esquema mental.

¿Es la kundalini un fenómeno psíquico?

Cuando tú preguntas si es «psíquico», tienes miedo al asociar lo psíquico con lo irreal. La psique tiene su propia realidad. «Psique» quiere decir otro nivel de realidad, el no material. En la mente, lo real y lo material han llegado a ser sinónimos, pero no lo son. La realidad es mucho más grande que lo material. Lo material es solamente una dimensión de la realidad. Incluso un sueño tiene su propia realidad. No es material, pero no lo tomes como irreal. Es simplemente otra dimensión de la realidad.

Incluso un pensamiento tiene su propia realidad, aunque el pensamiento no es material. Cada cosa tiene su propia realidad, y existen ámbitos de realidad y grados de realidad y diferentes dimensiones de la realidad. Para nuestras mentes, la realidad material ha llegado a ser la única realidad; entonces, cuando decirnos «psique», cuando decimos «mental; la palabra es catalogada como «irreal».

Estoy diciendo que la *kundalini* es simbólica, es psíquica; la realidad es psíquica. Pero el símbolo es algo que tú has estado dando a esta realidad. No es inherente a ella.

El fenómeno es psíquico. Algo asciende en tu interior; hay un poderoso ascenso hacia tu mente. Algo asciende desde abajo hacia tu mente. Es una penetración muy poderosa. Tú la sientes, pero siempre que tratas de expresarlo, aparece un símbolo. Incluso si tú empiezas a entenderlo, usas un símbolo. Y no solamente utilizas un símbolo cuando expresas el fenómeno a otro; tú, tú mismo, no puedes entenderlo sin el símbolo. Cuando decimos elevación, esto también es un símbolo. Cuando decimos «cuatro», esto también es un símbolo. Cuando decirnos «arriba» y «abajo», usamos símbolos. En realidad nada es «arriba» y nada es «abajo».

En realidad, hay sensaciones existenciales, pero no símbolos con los que entender y expresar estas sensaciones. De modo que cuando entiendes, una metáfora viene a ti. Tú dices: «Es igual que una serpiente». Entonces se convierte simplemente en algo como una serpiente. Asume un símbolo; empieza a verse como tú lo concibes. Lo modelas dentro de un patrón particular; de otra forma no puedes entenderlo

Cuando a tu mente llega que algo ha empezado a abrirse y florecer, tendrás que imaginarte lo que está ocurriendo de alguna forma. En el momento en que el pensamiento entra, lleva consigo sus propias clasificaciones. Entonces dirás «floreciendo», dirás «abriéndose», dirás «penetración». La cosa en sí misma puede ser entendida a través de muchas metáforas. La metáfora depende de ti; de tu mente. Y el «de qué depende» está en función de muchas cosas; por ejemplo, de tu experiencia en la vida.

De aquí a doscientos o trescientos años es posible que no haya serpientes en la Tierra porque el hombre mata todo aquello que se le opone. Entonces, «serpiente» será una palabra histórica, una palabra en los libros. No será una realidad. Incluso hoy día no es realidad para una gran parte del mundo. Entonces la fuerza se perderá; la belleza no estará allí. El símbolo estará muerto y tendrás que concebir la *kundalini* en una nueva forma.

Puede convertirse en una «corriente eléctrica». «Electricidad» congeniará más, será más apropiado para la mente que «serpiente». Podrá decirse también: «Como un cohete yendo hacia arriba, a la Luna». La velocidad será más adecuada; será como un cohete. Si eres capaz de sentirla y toda tu mente se la imagina como un cohete, simplemente se convertirá en un cohete. La realidad es otra cosa, pero la metáfora la construyes tú. La has escogido debido a tus experiencias, porque es significativa para ti.

Debido a que el yoga se desarrolló en una sociedad agrícola tiene símbolos agrícolas: una flor, una serpiente, etc. Pero son solamente símbolos. Buda ni tan siquiera habló de la *kundalini*, pero si lo hubiese hecho, no habría hablado sobre el poder de la serpiente. Mahavira no habría hablado sobre ello. Viniendo de familias reales, los símbolos que eran familiares para otras personas no lo habrían sido para ellos. Usaban otros símbolos.

Buda y Mahavira procedían de palacios reales. La serpiente no era una realidad allí. Pero para los campesinos esto era una gran realidad; a uno no podía no serle familiar. Y eso era también peligroso. Uno tenía que estar atento a esto. Pero para Buda y Mahavira no era una realidad en absoluto.

Buda no hablaba de serpientes; hablaba de flores. Flores... las flores eran conocidas para él, más conocidas para él que para cualquier otra persona. Había visto muchas flores, pero solamente flores vivas. Los jardineros de palacio tenían la orden de su padre de evitar que viera ni una sola flor marchita. Había visto solamente flores jóvenes, porque durante toda la noche los jardineros preparaban el jardín para él. Por la mañana, cuando él llegaba, no veía ni un tallo muerto, ni una flor muerta; solamente flores llenas de vida.

De modo que el florecer era una realidad para él en una forma que no lo es para nosotros. Entonces, cuando alcanzó su realización, habló de ello como de un proceso de flores y flores, abriéndose y abriéndose. La realidad es alero distinta, pero la metáfora viene de Buda.

Estas metáforas no son irreales. No son solamente poesía. Corresponden a tu naturaleza. Tú les perteneces; ellas te pertenecen. La negación de los símbolos se ha revelado como drástica y peligrosa. Tú has matado todo lo que no es materialmente real, y los rituales y símbolos han tomado su desquite. Vuelven otra vez. Están ahí, en tus vestidos, en tus templos, en tus poesías, tus actos. Los símbolos tomarán su desquite; volverán. No pueden ser eliminados porque van con tu naturaleza.

La mente humana no puede pensar en términos relativos, puramente abstractos. No puede. La realidad no puede ser concebida en términos de matemáticas puras, nosotros podemos solamente concebirla en símbolos. La conexión con símbolos es básica al carácter humano. De hecho, es solamente la mente humana la que crea símbolos; los animales no pueden crearlos.

Un símbolo es una imagen viva; siempre que algo ocurre en tu interior, has de usar símbolos exteriores. Siempre que empiezas a sentir algo, el símbolo aparece automáticamente, y en el momento que llega, la fuerza es moldeada dentro de este símbolo concreto. De esta manera, la *kundalini es* como una serpiente. La verás y la sentirás. Incluso será más viva que una serpiente viva. Sentirás la *kundalini* como una serpiente porque no puedes sentir una abstracción. ¡No puedes!

Hemos creado ídolos de Dios porque no podemos percibir una abstracción. Dios no tendría sentido como abstracción. El se convierte en algo matemático. Sabemos que la palabra «dios» no es Dios, pero tenemos que usarla. La palabra es un símbolo. Sabemos que la palabra «dios» es un símbolo, un término y no Dios en sí, pero tenemos que usarla. Y esta es la paradoja: cuando sabes que algo no es un hecho real, pero también sabes que no es un hecho ficticio, que es una necesidad; y una real. Entonces debes trascender el símbolo. Entonces has de trascenderlo, y también debes conocer ese más allá.

La mente no puede concebir el más allá. La mente es tan solo el instrumento que posees. Cualquier concepción debe llegarte a través de ella. De este modo sentirás el símbolo; se volverá real. Y para otra persona otro símbolo puede llegar a ser tan real como tu símbolo es para ti. Entonces surgen las controversias. Para cada persona su símbolo es auténtico, real, pero estamos obsesionados con una realidad concreta, debe ser real para nosotros; de otra forma no puede ser real.

Podemos decir: «Esta grabadora es real», porque es real para todos nosotros. Tiene una realidad objetiva. Pero el yoga está relacionado con la realidad subjetiva, no es tan real como la realidad objetiva, pero es real a su manera.

La obsesión por la objetividad debe desaparecer. La realidad subjetiva es tan real como la realidad objetiva, pero en el momento que la concibes le das tu propia fragancia, la llamas a tu manera, empleas tu propia metáfora. Y esta manera de percibir ha de ser forzosamente individual. Incluso si alguien tiene experiencias similares, las percepciones serán diferentes. Incluso dos serpientes diferirán entre sí, ya que la metáfora ha surgido de dos individuos distintos.

Así, pues, estas metáforas —el sentir la *kundalini* como el movimiento de una serpiente— son puramente simbólicas. Pero tienen una correspondencia con la realidad. Existe el mismo movimiento, el sutil movimiento, como el de una serpiente. La fuerza existe; la dorada apariencia existe... y todos ellos corresponden al símbolo de la serpiente. De modo que si este símbolo te es familiar, está bien.

Pero puede no serte familiar. De modo que nunca digas a nadie que lo que te ha pasado a ti forzosamente ha de pasarle a él. ¡Nunca digas esto a nadie! Puede pasarle o no pasarle. El símbolo apropiado para ti puede que no lo sea para él. Si todo esto puede ser comprendido no hay razón para discutir.

Las diferencias han surgido a causa de los símbolos. Un musulmán no puede concebir un símbolo de Buda. ¡Es imposible! Las circunstancias de los dos son muy diferentes. Incluso la palabra «dios» puede ser una carga si no es entendida como un símbolo que corresponde a tu individualidad.

Por ejemplo, Mahoma no podía concebir un Dios compasivo. La compasión no existía en su entorno. Todo era tan terrorífico, tan peligroso, que Dios tenía que ser concebido de una forma diferente. Al ser su relación con los otros países únicamente guerrera, la gente del tiempo de Mahoma no podía concebir un Dios que no fuera cruel. Un Dios incruento, un Dios compasivo, hubiera sido irreal para ellos, porque este concepto no se hubiera correspondido a su realidad.

Para un hindú, Dios es visto a través de su ambiente. La naturaleza es bella, el suelo es fértil, la raza está profundamente arraigada en la tierra. Todo fluye y fluye en una dirección concreta, y el movimiento es muy lento, como el del Ganges. No es ni terrorífico, ni peligroso. Así pues, el dios hindú ha de ser forzosamente Krishna bailando y tocando su flauta. Esta imagen surge del propio ambiente y de la mente de la raza y de sus experiencias.

Cualquier cosa subjetiva es difícilmente traducible, pero cualquier nombre y símbolo que le demos no es irreal. Es real para nosotros. Así pues, cada uno debe defender su propio símbolo, pero no debe imponer su propio símbolo a los demás. Debe decir: «Incluso si todos los demás están en contra de este símbolo, me agrada, me llega de forma natural y espontánea. Dios se me muestra a mí así. Yo no sé cómo se muestra a los demás».

De modo que ha habido muchas maneras para indicar esas cosas; miles y miles de formas. Pero cuando digo que es subjetivo, psíquico, no quiero decir que es tan solo un nombre. No es tan solo un nombre. Para ti es una realidad. Te llega de esta manera, y no puede ser de otra forma. Si no confundimos materialismo con realidad y no confundimos objetividad con realidad, entonces todo resultará claro. Pero si las confundes, entonces serán algo difícil de comprender.

Capítulo VII

Iluminación: Un principio sin fin

L a meditación es ir hacia dentro. Y el viaje es interminable; interminable en el sentido de que se van abriendo más y más puertas hasta que la última puerta se convierte en sí misma en el universo. La meditación florece constantemente, hasta que el florecimiento mismo se convierte en el cosmos. El viaje no tiene límites; comienza, pero nunca acaba.

No existen grados de Iluminación. Si existe, existe. Es como saltar a un océano de sensaciones. Saltas, te conviertes en uno con él, de la misma forma que una gota en el océano es una con él. Pero esto no significa que hayas conocido todo el océano.

El instante es total; el instante en que se abandona al ego, el momento en que el ego es eliminado, el momento de ausencia de ego, es total, completo. En relación a ti, es perfecto, pero en relación al océano, en relación a lo divino, es solo el comienzo, y no habrá un final para ello.

Has de recordar esto: la ignorancia no tiene principio y sí, en cambio, fin. No puedes determinar dónde empieza tu ignorancia; siempre estás en ella, siempre estás sumido en ella. No conoces el principio, porque, en realidad, no hay principio.

La ignorancia carece de principio, pero tiene un final. La Iluminación, por el contrario, tiene un principio pero no final. Ignorancia e Iluminación forman un solo cuerpo, se integran en «uno». El principio de la Iluminación y el final de la ignorancia son un solo punto. Es un punto, un punto peligroso con dos caras: una cara que mira hacia la ignorancia sin principio y la otra cara que mira al principio de la iluminación sin fin.

Por lo tanto, te iluminas, pero no alcanzas la Iluminación. Te sumerges en ella, te abandonas a ella, te vuelves uno con ella, pero siempre quedará una inmensidad desconocida. Y ése es su atractivo, ésa es su belleza.

Si en la Iluminación se conociera todo, no habría misterio. Si lo llegaras a conocer todo, en su conjunto resultaría desagradable; no habría misterio, todo estaría muerto. De modo que la Iluminación no es «saber» en este sentido, no es un «saber» suicida; es «saber» en el sentido de que es una apertura hacia mayores misterios. «Saber» significa entonces que has conocido el misterio, que te has vuelto consciente del misterio. No es que lo hayas resuelto; no es que exista una fórmula matemática y todo sea conocido. Más bien, el conocimiento de la Iluminación significa que has llegado a un punto en el que el misterio se ha convertido en lo supremo. Sabes que este es el misterio supremo; has sabido que es un misterio y ahora se ha convertido en algo tan misterioso que no tienes ninguna esperanza de resolverlo. Has abandonado toda esperanza.

Pero esto no es desesperación, no es desesperanza, es solamente la comprensión de la naturaleza del misterio. El misterio es tal que es indisoluble; el misterio es tal que todo esfuerzo por resolverlo es absurdo; el misterio es tal que no tiene sentido tratar de resolverlo mediante el intelecto. Has llegado al límite de tu pensar. Ahora todo pensar ha desaparecido, y empieza el saber.

Esto es algo muy distinto del saber de la ciencia. La palabra «ciencia» significa conocimiento, pero conocimiento en el sentido de desmitificar un misterio. El conocimiento religioso significa realmente lo contrario. No es desmitificar la realidad, sino que, más bien, todo aquello que se conocía anteriormente se vuelve de nuevo misterioso; incluso las cosas corrientes sobre las que te sentías absolutamente seguro, totalmente seguro. Ahora, incluso esa puerta se ha perdido. Todo, en cierta forma, deja de tener una puerta; es infinito e insoluble.

El saber debe ser considerado en este sentido: es participar en el exclusivo misterio de la existencia; es decir sí al misterio de la vida. El intelecto, la teoría intelectual, no está presente ahora; te enfrentas a él cara a cara. Es un encuentro existencial, no a través de la mente, sino a través de ti, de la totalidad de ti. Ahora lo sientes desde todas partes: a través de tu cuerpo, a través de tus ojos, a través de tus manos, a través de tu corazón. Toda la personalidad contacta con la totalidad del misterio.

Esto es solo un principio. Y el final nunca llegará, porque un final significaría desmitificarlo. Este es el comienzo de la Iluminación. No tiene un final, pero este es el comienzo. Puedes imaginarte el fin de la ignorancia, pero este estado mental Iluminado no tendrá un fin. Has saltado al abismo sin fondo.

Puedes imaginarlo desde muchos puntos de vista. Si alguien llega a este estado mental a través de la *kundalini*, será un florecimiento infinito. Los mil pétalos del *sahasrar* no significan exactamente mil; mil simplemente indica el mayor número; es simbólico. Esto significa que los pétalos de la *kundalini* que está floreciendo son infinitos; seguirán abriéndose y abriéndose y abriéndose. De modo que te das cuenta de la primera apertura, pero la última nunca llegará porque no existe un límite. Uno puede llegar a este punto mediante la *kundalini* o puede llegar a él a través de otros caminos. La *kundalini* no es indispensable.

Aquellos que alcanzan la Iluminación por otros caminos llegan a este mismo punto, pero el nombre será diferente, el símbolo será diferente. Te lo imaginarás de forma diferente porque lo que está sucediendo no puede ser descrito y lo que está siendo descrito no es exactamente lo que está sucediendo. La descripción es una alegoría, la descripción es una metáfora. Puedes decir que es como el florecimiento de una flor, aunque no exista en absoluto la flor. Pero la sensación es como si fueras una flor que se está empezando a abrir; está presente el mismo sentimiento de apertura. Pero otro puede imaginárselo de diferente forma. Puede decir, «Es como una puerta que se abre, una puerta que conduce al infinito, una puerta que se va abriendo». De modo que puedes utilizar cualquier cosa.

El tantra emplea símbolos sexuales. ¡Puede usarlos! Dicen, «Es un encuentro, una unión sin fin». Cuando el tantra dice, «Es como el *maithuna*, el acto sexual», lo que se quiere decir es: una unión de individuos con el infinito, pero sin fin, eterna. Puede ser representada de esta manera, pero cualquier representación será solo una metáfora. Es simbólica, ha de ser así. Pero cuando yo digo simbólica, no quiero decir que un símbolo no tenga un significado.

Un símbolo tiene un significado respecto a tu individualidad, porque tú lo representaste de esa forma. No podrías imaginarlo de otra manera. Una persona que no haya amado las flores, que no haya conocido su floración, que haya pasado junto a las flores, pero que no les haya prestado atención, aquellos cuya vida no gire entorno a las cosas del florecer, no podrán sentirlo como un florecimiento. Pero si tú lo sientes como un florecer, esto significa muchas cosas. Significa que el símbolo es algo natural para ti, que, de alguna manera, se corresponde con tu personalidad.

¿Cómo se siente uno después de que el sahasrar empieza a abrirse?

Después de que el *sahasrar* se abra, no debería haber ninguna sensación más que un silencio y un vacío internos. Al principio habrá una sensación muy aguda; cuando lo sientas por primera vez será muy pronunciada, pero cuanto más lo vayas conociendo, menos aguda será. Cuando más te hagas uno con él, más perderá su agudeza. Llegará un momento —y ha de llegar— en que no lo sentirás en absoluto.

Sentir siempre es en referencia a lo nuevo. Sientes eso que es extraño; no sientes eso que no te es extraño. Sientes la novedad. Si se vuelve uno contigo y lo has conocido, no lo sentirás, pero eso no significa que no esté allí. Estará allí, incluso más que antes. Se irá intensificando más y más, pero la sensación será menor y menor.

Y llegará el momento en que no habrá ninguna sensación, en que no habrá ningún sentimiento de «otra cosa», así que la sensación no estará presente.

Y cuando, por primera vez, florezca el *sahasrar*, será algo extraño para ti. Te es desconocido y no te será familiar. O bien es algo que está penetrando en ti o bien tú estás penetrando en ello. Hay una distancia entre tú y ello, pero la distancia gradualmente irá desapareciendo y te unirás a ello. Ahora no lo verás como algo que te sucede; tú te convertirás en lo que sucede. Se irá extendiendo y tú te volverás uno con ello.

Entonces no lo percibirás. Lo notarás, pero no lo sentirás más que lo que sientes tú aliento. Tú sientes que respiras solo cuando te sobreviene al lo nuevo o alguna alteración; si no, no lo sientes. No sientes ni siquiera tu cuerpo a menos que se presente alguna enfermedad, a menos que estés enfermo. Si estás completamente sano, no lo sientes. Solo lo tienes. Realmente, tu cuerpo está más vivo cuando estás sano, pero tú no lo sientes. No necesitas sentirlo; eres uno con él.

¿Qué sucede, cuando el sahasrar *se abre, con las visiones religiosas y otras manifestaciones que aparecen en la meditación profunda?*

Todas esas cosas desaparecerán. Todos los cuadros desaparecerán; las visiones, todo, desaparecerá porque eso solo aparece al principio. Son buenas señales, pero desaparecerán.

Antes de que el *sahasrar* se abra, te sobrevendrán muchas visiones. No son irreales; las visiones son reales, pero con la apertura del *sahasrar* dejará de haber visiones. No llegarán porque esta «experiencia del florecimiento» es la experiencia cumbre para la mente; es la última experiencia para la mente. Más allá de ella, no hay mente.

Todo lo que sucede antes, sucede a la mente. Pero en el momento en que trasciendes la mente, no hay nada. Cuando la mente cesa, no habrá ni *mudras* —expresiones externas de la transformación psíquica— ni visiones, ni flores, ni serpientes. No habrá nada, porque más allá de la mente no hay ninguna metáfora. Más allá de la mente, la realidad es tan pura que no hay la sensación de «otra cosa». Más allá de la mente la realidad es tan total que no puede ser dividida en el experimentador y lo experimentado.

En la mente, todo se divide en dos. Tú experimentarás algo. Puedes llamarlo como quieras; el nombre no importa. Pero la división entre el que experimenta y lo experimentado, entre el conocedor y lo conocido, permanece. La dualidad permanece.

Pero esas visiones son buenas señales porque solamente llegan en las últimas etapas. Solamente llegan cuando la mente va a desaparecer, solamente llegan cuando la mente va a morir. Determinados *mudras* y visiones son solamente simbólicos; simbólicos en el sentido de que indican una muerte próxima para la mente. Cuando la mente muera, no quedará nada. O, todo quedará, pero las divisiones entre el experimentador y lo experimentado dejarán de existir.

Los *mudras*. las visiones —determinadas visiones— son experiencias; indican ciertas frases. Es como cuando dices, «Estaba soñando». Podemos dar por seguro que dormías, porque el soñar lo indica. Y si digo, «Estaba soñando despierto», también entonces te habrás abandonado a alguna clase de sueño, porque el soñar solo es posible cuando la mente, la mente consciente, se ha dormido. De modo que el soñar indica que duermes. De la misma forma, los mudras y las visiones indican ciertos estados.

Puedes tener visiones de determinadas figuras; podrás identificarlas. Y también, esas figuras, diferirán según los individuos. La figura de Shiva no podrá aparecerse a una mente cristiana. No puede, no hay posibilidad alguna de que aparezca. Pero Jesús sí aparecerá. Esa será la última visión para una mente cristiana. Y es muy valiosa.

La última visión que se contempla es la de una figura religiosa importante. Esta figura importante será la última visión. Para un cristiano —y por cristiano quiero decir aquél que se ha embebido del lenguaje del cristianismo, de los símbolos del cristianismo, aquél cuyo cristianismo ha penetrado en su huesos y su sangre desde su misma infancia— la figura de Jesús en la cruz será la última. El conocedor, el experimentador, todavía está presente, pero en el final mismo aparecerá el salvador. Lo has experimentado; no puedes negarlo. En el último instante de la mente, de la mente que se está muriendo, al final, Jesús aparece.

A un jainista, Jesús no se le puede aparecer. A un budista, Jesús no se le puede aparecer. A un budista se le aparecerá la figura de Buda. En el momento en que el sahasrar se abra, con la apertura del sahasrar, Buda estará allí. Por eso Buda es visualizado sobre una flor. La flor nunca fue colocada allí por el verdadero Buda, la flor no estaba bajo sus pies, pero la flor es colocada allí en las estatuas porque las estatuas no son auténticas réplicas de Gautama el Buda. Representan la última visión que aparece ante la mente. Cuando la mente desaparece en lo eterno, Buda es visto de esta forma: sobre la flor.

Por eso mismo Vishnú es colocado sobre una flor. Esta flor es el símbolo del sahasrar y Vishnú es la última figura que ve una mente hindú. Buda, Vishnú, Jesús, son arquetipos. Lo que Jung, llama arquetipos.

La mente no puede concebir nada de forma abstracta, de modo que el último esfuerzo de la mente para comprender la realidad es a través del símbolo que ha sido más importante para ella. Esta experiencia cumbre de la mente es la última experiencia de la mente. La cumbre es siempre lo final; «cumbre» significa el principio del final. La cumbre es la muerte, de modo que la apertura del sahasrar es la experiencia cumbre de la mente, lo máximo que es posible con la mente, lo último que es posible con la mente. La última figura, la figura más importante, la más profunda, el arquetipo, aparecerá. Y será real. Cuando digo, «visión», muchos negarán que sea real. Dirán que no puede ser real porque piensan que la palabra visión significa ilusorio, pero será más real que la realidad misma. Incluso si el mundo entero lo niega, no podrás aceptar esa negación. Dirás, «Es más real para mí que el mundo entero. Una piedra no es tan real como la figura que he visto. Es real; es perfectamente real». Pero la realidad es subjetiva, la realidad se encuentra coloreada por tu mente. La experiencia es real, pero la metáfora la introduces tú. De modo que los cristianos tendrán una metáfora, los budistas tendrán otra, los hindúes tendrán otra.

¿Llega la trascendencia con la apertura del sahasrar?

No, la trascendencia está más allá de su apertura. Pero la Iluminación tiene dos connotaciones. Primero, la mente que desaparece, la mente que muere, realmente que va a morir, la mente que ha alcanzado su cumbre, la mente que ha llegado a su fin, imagina esa Iluminación. Pero una barrera ha llegado y ahora la mente no podrá ir más allá de ella. La mente sabe que es el final y con ese final, la mente conoce también el final del sufrimiento, la mente conoce también el final de la división, la mente conoce también el final del conflicto que existía. Todo esto se acaba y la mente se lo imagina como Iluminación, pero es todavía la mente la que se lo está imaginando. Así que esta es la Iluminación que se imagina la mente.

Cuando la mente ha desaparecido, entonces llega la verdadera Iluminación. Ahora has trascendido, pero no puedes hablar de ello, no puedes decir nada sobre ello. Por eso Lao Tse dice, por «Todo lo que puede ser dicho es falso. Todo lo que puede ser dicho no es la verdad, y la verdad no puede ser expresada. Solamente puede decirse esto y solo esto es la verdad».

Y esta es la última fase de la mente. Esta última sentencia tiene un significado, mucho significado, pero no es trascendental. El significado es todavía una limitación de la mente; es todavía mental, es todavía representada a través de la mente.

Es como una llama, como una llama en una lámpara que esté

a punto de apagarse. La oscuridad está descendiendo, la oscuridad está llegando, está rondando más y más cerca y la llama se está extinguiendo; la llama ha llegado al final mismo de su existencia. Dice, por «Ahora hay oscuridad», y se apaga. Ahora la oscuridad es total y completa. Pero la llama era consciente de su última frase; la oscuridad no era completa porque la llama estaba allí, la luz estaba allí. La oscuridad era imaginada por la luz.

La luz no puede realmente tener una idea de la oscuridad; la luz solamente puede imaginarse sus propias limitaciones, y más allá de ellas está la oscuridad.

La oscuridad se iba aproximando más y más y la luz iba a extinguirse. Podía haber dicho como última frase, «Voy a morir», y entonces la oscuridad hubiera llegado. La oscuridad se había estado acercando mas y más; entonces la luz dijo su última frase y se apagó y la oscuridad fue completa. De modo que lo que dijo era cierto, pero no era la verdad.

Hay una diferencia entre «cierto» y «verdad». La verdad no es una frase. La llama se ha extinguido y la oscuridad está allí. Esta es la verdad. Ahora no se puede decir nada; la oscuridad está ahí. La frase era cierta, no era falsa. Era cierta; la oscuridad se estaba aproximando, rondando, merodeando. Pero aún así, la frase la dijo la luz y una frase dicha por la luz sobre la oscuridad puede, a lo sumo, ser cierta; pero no puede ser la verdad.

Cuando la mente deja de estar allí, se conoce la verdad. Cuando la mente no existe, la verdad existe. Y cuando la mente existe, puede que estés en lo cierto, pero no será la verdad; puede ser algo menos cierto, pero no la verdad. La última frase que la mente puede expresar será la menos incierta, pero eso es todo lo que puede decirse de ella.

De modo que entre la Iluminación del modo como la imagina la mente y la Iluminación como tal, existe una gran diferencia, aunque no inmensa. Con una llama que se extingue, no hay un solo instante de oscuridad antes de que muera. Entonces la llama muere, y simultáneamente la oscuridad llega. No hay un solo instante que separe las dos condiciones, pero la diferencia entre ellas es grande.

Una mente que está muriendo contemplará visiones en su final; visiones de lo que está llegando. Pero esas serán visiones representadas mediante metáforas, representadas como arquetipos. La mente no puede hacer otra cosa; la mente ha sido entrenada en símbolos; nada más. Hay símbolos religiosos, símbolos artísticos, estéticos, matemáticos, y símbolos científicos, pero todo son símbolos. Así ha sido entrenada la mente.

Un cristiano verá a Jesús, pero un matemático que se esté muriendo, una mente que haya sido entrenada de forma no religiosa, puede que en el último instante no vea nada más que una fórmula matemática. Puede que sea un cero o puede que sea un símbolo del infinito, pero no verá a Jesús, ni a Buda. Y un Picasso muriendo puede ver una corriente abstracta de colores en el último instante. Eso será lo divino para él. No puede representárselo *de* otra forma.

De modo que el final de la mente es el final de los símbolos, y al llegar a su final, la mente empleará los símbolos más importantes que conozca. Y después de esto, debido a que no existirá la mente, no habrá símbolos.

Esta es la razón por la que ni Buda ni Mahavira hablaron de los símbolos. Dijeron que no servía de nada hablar de ellos porque estaban por debajo de la Iluminación. Buda no habló sobre símbolos y debido a esto dijo que había once preguntas que no debían serle nunca planteadas. Nadie debía plantearle nunca esas once preguntas, y no debían ser planteadas porque no podrían ser contestadas con veracidad. Debería emplearse una metáfora.

Buda solía decir, «No me gustaría utilizar metáforas. Pero si preguntas y no te contesto, no te sentirás bien. No será cortes, no será educado. De modo que, por favor, no plantees esas preguntas. Si te replico será por cortesía, pero las respuestas no serán ciertas. De modo que no me pongas en este dilema. Respecto a la verdad, no puedo emplear un símbolo. Solo puedo emplear símbolos para la no-verdad relativa o para la verdad relativa».

De modo que habrá gente que no emplee ni metáforas, ni visiones. Lo negarán todo, porque la verdad concebida por la mente no puede ser en sí misma iluminada; esas dos cosas con distintos. Las representaciones de la mente desaparecerán y entonces la mente desaparecerá, y entonces la iluminación estará allí, pero sin mente. De modo que la persona iluminada no tiene mente; es una personalidad sin mente; viviendo, pero sin ninguna representación; actuando, pero sin pensar en ello; amando, pero sin la idea del amor; respirando, pero sin meditación alguna. De modo que el vivir será momento a momento y uno se unirá a la totalidad, pero la mente no estará allí. La mente divide, y ahora no habrá división.

Capitulo VIII

Iniciación por el maestro: La técnica suprema

E l hombre existe como en un sueño. El hombre está dormido. Todo lo que se conoce como estar despierto forma parte del sueño. Iniciación significa mantener un contacto íntimo con alguien que está despierto. A menos que te halles en contacto con alguien que esté despierto, te será imposible salirte del sueño, ya que la mente es incluso capaz de soñar que está despierta. La mente puede soñar que el sueño no existe ya.

Se ha de entender qué quiero decir cuando digo que el hombre está dormido. Estamos dormidos continuamente, las veinticuatro horas del día. Por la noche nos mantenemos cerrados al mundo exterior, soñando interiormente. Durante el día nuestros sentidos están abiertos al mundo exterior, pero el soñar continúa por dentro. Cierra los ojos por un momento y estarás de nuevo en un sueño; es una continuidad en nuestro interior. Eres consciente del mundo exterior, pero esa consciencia no excluye a la mente soñadora; es impuesta a la mente que sueña, pero interiormente el sueño continúa. Por eso no vemos aquello que es real incluso cuando estamos despiertos. Imponemos nuestros sueños a la realidad. Nunca vemos aquello que es; siempre vemos nuestras proyecciones.

Si te miro y en mí hay un sueño, te convertirás en objeto de una proyección. Proyectaré mi sueño sobre ti y todo lo que comprenda sobre ti se hallará entremezclado con mi sueño, con mi proyección. Cuando te amo, me pareces alguien distinto; cuando no te amo, me pareces completamente diferente. No eres el mismo porque te he empleado simplemente como una pantalla sobre la que he proyectado mi sueño.

Cuando te amo, el sueño es diferente, de modo que tú pareces diferente. Cuando no te amo, tú eres el mismo, la pantalla es la misma, pero la proyección es diferente; ahora estoy utilizándote como una pantalla para otro de mis sueños. Y de nuevo el sueño cambia. Otra vez te amo; entonces me parecerás diferente. Nunca vemos aquello que es; siempre vemos nuestros propios sueños proyectados en Eso que Es.

No soy el mismo para cada uno de vosotros; cada uno proyecta sobre mí algo distinto. Solamente soy uno respecto a mí mismo. Y sí estoy soñando, entonces incluso para mí seré alguien distinto a cada momento, porque a cada momento mi interpretación diferirá. Pero si he despertado, entonces soy el mismo. Buda dijo que la prueba de un Iluminado es que siempre es el mismo, al igual que el agua de mar; en cualquier parte, en cualquier lugar, es salada.

Te has rodeado a ti mismo de una película que te envuelve, de proyecciones, ideas, nociones, conceptos, interpretaciones. Eres un proyector funcionando continuamente, proyectando cosas que no existen, que solo existen dentro de ti, y todo se convierte en una pantalla. De modo que nunca puedes, por ti mismo, darte cuenta de que estás en un profundo sueño.

Hubo un santo sufí, Hijira. Un ángel se le apareció en un sueño y le dijo que, del pozo, debía almacenar tanta agua como le fuera posible porque a la mañana siguiente toda el agua del mundo iba a ser envenenada por el diablo y todo aquél que la bebiera se volvería loco.

Así que durante toda la noche el fakir estuvo almacenando tanta agua como le fue posible. Y lo predicho sucedió realmente: a la mañana siguiente todo el mundo se volvió loco. Pero nadie sabía que toda la ciudad se había vuelto loca. Solamente el fakir no estaba loco, pero todos hablaban de él como si se hubiera vuelto loco. El sabía lo que había sucedido, pero nadie le creía. De modo que siguió bebiendo su agua y se quedó solo.

Pero no podía seguir así; toda la ciudad vivía en un mundo completamente distinto. Nadie le hacía caso y finalmente se extendió el rumor de que iba a ser hecho preso y enviado a prisión. Decían que estaba loco.

Una mañana fueron a apresarle. O bien aceptaba a ponerse bajo tratamiento como si estuviera enfermo, o bien lo enviaban a prisión, pero no iban a dejarle libre; le tenían por absolutamente loco. Lo que decía no podían comprenderlo; hablaba un lenguaje completamente distinto. El fakir no sabía qué hacer. Había tratado de ayudar a los demás a recordar su pasado, pero lo habían olvidado todo. No recordaban nada de su pasado, nada de lo que había existido antes de esa maldita mañana. No podían comprenderle; el fakir se había vuelto incomprensible para ellos.

Rodearon su casa y le cogieron. Entonces el fakir les dijo, «Dadme un minuto más, yo mismo me pondré bajo tratamiento». Corrió hacia el pozo comunitario, bebió del agua y se volvió como todos. Ahora toda la ciudad estaba feliz; ahora el fakir estaba bien, ahora no estaba loco. En realidad, se había vuelto loco, pero ahora formaba parte integrante del mundo corriente.

Si todos están dormidos, nunca te darás cuenta de que tú estás dormido. Si todo el mundo está loco y tú estás loco, nunca lo sabrás.

Con «iniciación» se quiere expresar que te has entregado a alguien que ha despertado. Dices, «No lo comprendo, no puedo comprenderlo. Formo parte del mundo que está loco y dormido. Estoy soñando todo el tiempo». Este sentimiento puede surgir incluso en una persona que está dormida, porque el sueño no es siempre profundo. Oscila; a veces es muy profundo y luego cambia y se vuelve muy superficial. De la misma forma que el sueño corriente es una fluctuación de muchos niveles, de muchos planos, el sueño metafísico del que estoy hablando también fluctúa. A veces estás justo en la frontera, muy cerca del Buda; entonces eres capaz de comprender algo de lo que el Buda dijo, de lo que habló. Nunca será exactamente lo que dijo, pero al menos tuviste un vislumbre de la verdad.

Así pues, quien permanece en la orilla del sueño metafísico querrá ser iniciado. Algo puede oír, algo puede entender, algo ve. Todo está como brumoso, pero percibe algo, de modo que se aproxima a uno que ha despertado y se entrega a él. Esto es todo lo que puede hacer alguien que está dormido. Esta entrega significa que comprende que algo muy distinto de su sueño está sucediendo. De alguna forma es capaz de percibirlo. No puede determinarlo con exactitud, pero lo siente.

Siempre que un Buda se encuentra cerca, aquellos que se hallan en esa línea fronteriza del sueño pueden reconocer algo distinto en ese hombre. Se comporta de forma diferente, habla de forma diferente, vive de forma diferente, camina de forma diferente; algo le ha sucedido. Aquellos que se hallan en la línea fronteriza pueden percibirlo; pero están dormidos y esa consciencia fronteriza no es permanente. Pueden, en cualquier momento, caer de nuevo en el sueño.

De modo que antes de que caigan en una profunda inconsciencia, pueden entregarse al que ha despertado. Esta es la iniciación desde el lado del iniciado. El dice, «No puedo hacer nada por mísmo. Soy impotente y sé que si no me entrego en este instante, puedo quedarme de nuevo dormido. Entonces la entrega será imposible».

Hay pues, momentos que no pueden ser desperdiciados y uno que desperdicia esos momentos puede que no se los vuelva a encontrar durante siglos, durante vidas, porque no está en las manos de uno el llegar otra vez a la línea fronteriza. Sucede por muchos motivos que se escapan a nuestro control.

Por parte del iniciado, la iniciación es un completo dejarse llevar, una confianza total, una entrega total. Nunca puede ser parcial. Si te entregas parcialmente, no te estás entregando; te estás engañando a ti mismo. No existe la entrega parcial, porque en la entrega parcial estás reteniendo algo y ese retener puede empujarte de nuevo hacia un profundo sueño. Esa falta de entrega puede resultar fatal; en cualquier instante puedes estar otra vez en el sueño profundo.

La entrega es siempre total. Por eso en la iniciación se requiere y siempre se requerirá confianza. Se requiere confianza como condición total, como un requisito absoluto. Y en el instante en que te entregas totalmente, las cosas empiezan a cambiar; ahora no puedes volver a tu vida de sueño. Esta entrega aniquila toda proyección, toda la mente proyectora, porque la mente que provecta está ligada al ego; no puede vivir sin el ego. El ego es su principal centro, su base. Si te entregas, has entregado la base misma. Has renunciado por completo.

Iniciación es simplemente una persona que está dormida y pide ayuda para ser despertada. Se entrega a uno que ha despertado. Es algo muy simple; no es muy complejo. Cuando acudes ante un Buda, a un Jesús, o un Mahoma y te entregas, lo que estás entregando son tus sueños, tu estar dormido. No puedes entregar nada más, porque tú no eres nada más. Entregas esto: tu sueño, tu soñar; entregas toda la estupidez de tu pasado.

De modo que por parte del iniciado es una entrega de su pasado, y por parte del que te inicia es una responsabilidad para el futuro. Se convierte en el responsable. Y solo él puede ser el responsable; tú nunca puedes ser el responsable. ¿Cómo va a ser responsable uno que está dormido? La responsabilidad llega con el despertar.

Esta es en verdad una ley fundamental de la vida: el que está dormido no es ni siquiera responsable de él mismo, y aquél que ha despertado es responsable incluso de los demás. Si acudes a él y te entregas a él, entonces se vuelve particularmente responsable de ti. Así Krishna le pudo decir a Arjuna, «Déjalo todo. Ven a mí, entrégate a mis pies». Y Jesús pudo decir, «Yo soy la verdad, yo soy la puerta. Ven a mí, pasa a través de mí. Seré tu testigo en el último día de tu juicio. Responderé por ti».

Esto es una analogía. Cada día es el día del juicio, y cada momento es el momento del juicio. No habrá un último día. Esas eran palabras para que fueran entendidas por la gente a la que Jesús hablaba. Les estaba diciendo, «Seré responsable por vosotros y responderé por vosotros cuando el divino os pregunte. Estaré allí como testigo. Entregaos a mí; seré vuestro testimonio».

Esta es una gran responsabilidad. Nadie que esté dormido puede asumirla porque incluso hacerte responsable de ti mismo es algo difícil si duermes. Puedes ser el responsable de los demás solamente si no necesitas ser responsable de ti mismo, si te has descargado completamente, si has dejado de existir. De modo que solamente «uno que ya no existe» es capaz de iniciarte; si no, nadie puede iniciarte. Nadie puede iniciar a nadie, y si esto sucede —y sucede muchas veces, sucede a diario; aquellos que están dormidos inician a otros que también están dormidos: ciegos conduciendo a otros ciegos— ambos caen en la fosa.

Nadie que esté dormido puede dar la iniciación a otro, pero el ego desea darla. Esta actitud egoísta ha resultado ser fatal y peligrosa. Toda la iniciación, todo su misterio, toda su belleza, se ha convertido en algo repugnante por culpa de aquellos que no tenían la capacidad para dar la iniciación. Solamente uno que no tenga ego, que no duerma, puede dar la iniciación. Si no, dar la iniciación es el mayor pecado.

En la antigüedad tomar la iniciación no era nada fácil. Uno tenía que esperar años para ser iniciado; incluso puede que tuviera que esperar toda su vida. Esa espera era una prueba, una disciplina.

Por ejemplo, los sufíes solamente te iniciaban cuando habías esperado durante un determinado tiempo. Tenías que esperar, sin preguntar, hasta el momento en que el maestro en persona te decía que había llegado la hora. El maestro podía ser un zapatero. Si querías ser iniciado, tenías que ayudarle durante años a hacer zapatos. Y no podías ni poner en duda la importancia de hacer zapatos. Así, podías esperar durante cinco años, ayudando al maestro a hacer zapatos. Nunca hablaba de rezar o de meditar, nunca hablaba de otra cosa que de hacer zapatos. Esperabas durante cinco años… pero esto era una meditación. Mediante ella eras limpiado.

Esta simple espera, esta fiel espera, preparaba el terreno para la entrega total. Solamente tras una larga espera podía tener lugar la iniciación, pero entonces la entrega era fácil y el maestro podía asumir la responsabilidad por el discípulo.

Hoy en día, todo es diferente. Nadie está dispuesto a esperar.

Nos hemos vuelto tan conscientes del tiempo que no podemos esperar ni un solo instante. Y debido a esta consciencia del tiempo, la iniciación se ha vuelto imposible. No puedes ser iniciado. Pasas corriendo junto a Buda y le preguntas, «¿Me inicias?» Estás corriendo; te encuentras con Buda en la calle mientras corres. Incluso mientras pronuncias estas dos palabras sigues corriendo.

Toda este apresuramiento de la mente moderna se debe al miedo a la muerte. Por primera vez el hombre teme tanto a la muerte, porque por primera vez el hombre se ha vuelto absolutamente inconsciente de la eternidad. Solamente somos conscientes del cuerpo que va a morir; no somos conscientes de la consciencia interior que es eterna.

En los días de antes había gente que era consciente de la ausencia de muerte, y debido a su consciencia, a su eternidad, crearon una atmósfera en la que no existía la prisa. Entonces la iniciación era fácil. Entonces esperar era fácil; entonces entregarse era fácil. Entonces era fácil para el maestro asumir la responsabilidad por el discípulo. Todo eso se ha vuelto difícil hoy en día, pero aun así no hay alternativa: la iniciación es necesaria.

Si tienes prisa, te daré la iniciación mientras corres, porque si no, no habrá iniciación. No puedo ponerte como condición que esperes. Primero he de iniciarte y luego prolongar tu espera de diversas maneras, mediante innumerables estratagemas; te convenceré de que esperes. Si primero te digo, «Espera cinco años y luego te iniciaré», no podrás esperarlos, pero si te inicio ahora mismo entonces podré crear ardides para que esperes.

Que sea así pues; da lo mismo. El proceso será el mismo. Ya que no puedes esperar, lo cambiaré. Te dejaré que esperes después. Crearé muchos ardides, muchas técnicas, solamente para hacerte esperar. Crearé para ti técnicas, te daré algo con lo que jugar, porque no eres capaz de esperar sin estar ocupado. Puedes jugar con esas técnicas; se convertirán en la espera.

Entonces estarás preparado para la segunda iniciación, la que hubiera sido la primera en los viejos tiempos. La primera iniciación es una formalidad; la segunda será informal, sucederá. No me la pedirás; no te la daré, sucederá; en tu ser más interno, sucederá. Y tú sabrás que ha sucedido. Entrega por parte del discípulo, responsabilidad por parte del maestro; ése es el puente. Y siempre que te encuentres en condiciones de entregarte, aparecerá el maestro. El maestro está aquí. Los maestros siempre han existido. El mundo nunca ha carecido de maestros, siempre ha carecido de discípulos. Pero ningún maestro puede nunca empezar nada a menos que uno se entregue. De modo que siempre que tengas la posibilidad de entregarte, no la desperdicies. Incluso aunque no encuentres a nadie a quien entregarte, entrégate simplemente a la existencia. Pero siempre que se presente una situación en la que puedas entregarte, no la desperdicies porque entonces estás en la frontera, estás entre el sueño y el estar despierto. ¡Simplemente entrégate!

Si puedes encontrar alguien a quien entregarte, correcto. Pero si no puedes encontrar a nadie, simplemente entrégate al universo, y el maestro aparecerá; llegará. Llega siempre que surge la entrega. Te vuelves vacío, hueco, y las fuerzas espirituales se precipitan hacia ti y te llenan.

Recuerda pues que siempre que sientas que has de entregarte, no pierdas la oportunidad. Puede que nunca se presente de nuevo o puede que lo haga solamente después de unos siglos, y muchas vidas serán innecesariamente desperdiciadas. Siempre que llegue el momento, entrégate.

Entrégate a lo divino, a cualquier cosa, incluso a un árbol, porque lo que cuenta no es a quién te entregas; lo que cuenta es que te entregues. Entrégate a un árbol, y el árbol se convertirá en tu maestro. Entrégate a una piedra, y la piedra se convertirá en Dios. Lo que cuenta es entregarse. Y siempre que uno se entrega, siempre llega alguien que se responsabiliza por ti. Esto es lo que significa iniciación.

Capítulo IX

Sanyas: Muriendo al pasado

Para mí, ser *sanyasin* no es algo muy serio. La vida en sí, no es muy seria, y aquel que es serio está siempre muerto. La vida es simplemente energía rebosante sin ningún propósito, por eso para mi ser *sanyasin* significa llevar una vida carente de propósito. Vives la vida como un juego, no como un trabajo. Si puedes tomar toda tu vida simplemente como un juego, eres un *sanyasin;* en consecuencia habrás renunciado. Renunciar no consiste en abandonar el mundo, sino en cambiar la actitud.

Es por esto que puedo iniciar a cualquier persona como *sanyasin*. Para mí, la iniciación en sí misma es un juego. Y no exigiré ningún tipo de aptitudes —si estás o no cualificado— porque las aptitudes se exigen solo cuando se va a desarrollar algo serio. Simplemente por el hecho de existir, cada uno tiene las aptitudes suficientes para jugar y aun cuando no se esté preparado para ser *sanyasin*, no importa, porque todo es simplemente un juego.

Así que no exigiré requisitos. Tampoco mi sanyas implica ninguna obligación. Tan pronto eres un sanyasin o una *sanyasin* te encuentras en libertad total. Esto significa que has tomado una decisión; y esta será la última decisión: vivir en la indecisión, vivir en libertad.

En el momento en que eres iniciado como *sanyasin*, se te inicia en un futuro sin esquemas, no planeado. Ya no estarás sujeto al pasado. ¡Eres libre para vivir! Para mí, un sanyasin es una persona que decide vivir plenamente, al máximo, al cien por cien. Vives momento a momento, actúas momento a momento. Cada momento es completo en sí mismo. No decides cómo actuar. El momento viene hacía ti actúas. No hay predeterminaciones; no hay planes previos.

«*Sanyas*» significa vivir momento a momento, sin compromiso con el pasado. Si te entrego un *mala* y vestidos nuevos, es únicamente para que recuerdes, para recordarte, que ahora ya no tienes que tomar decisiones, que ya no eres más lo viejo. Cuando tu atención sea tan profunda que no necesites recordarlo, entonces deshazte de la ropa y tira el *mala*. Pero no lo hagas hasta que tu consciencia sea tan profunda que, aun durmiendo, sepas que eres un *sanyasin*. De ahí el porqué de un nombre nuevo, de una ropa nueva, de un *mala*. Son simplemente estratagemas para ayudarte, para guiarte hacia la libertad, para ayudarte a ser total, para ayudarte en la acción total.

«*Sanyas*» significa que eres una semilla, una potencialidad, Ahora has tomado la decisión de crecer... esta es la última decisión. Decidirse por el crecimiento implica una gran renuncia. Renuncia a la seguridad que ofrece la semilla, renuncia a la «totalidad» que ofrece la semilla. Porque esta seguridad se consigue a un coste muy elevado. La semilla está muerta, no es más que vida potencial. A menos que se convierta en árbol, a menos que crezca, estará muerta, solo será vida potencial. Y hasta donde sé, los seres humanos, a menos que decidan crecer, a menos que den un salto hacia lo desconocido, son como semillas: muertos, encerrados. Ser *sanyasin* significa tomar la decisión de crecer, de vivir en lo desconocido, tomar la decisión de vivir en la indecisión. Es un salto a lo desconocido. No es una religión ni está limitado por alguna religión. Es la religiosidad misma.

A *primera vista, el* sanyas *parece ser algo que limita las actividades personales. ¿Por qué debe uno cambiar sus ropas al color na-*

ranja? ¿Por qué debe uno cambiar su apariencia, si el sanyas *es algo interno y no externo?*

El *sanyas* no es algo negativo. La palabra denota negación, pero no es negación pura. Significa dejar algo. Pero significa dejar algo únicamente porque has ganado algo más. Algo debe ser abandonado. Esto no quiere decir que ese abandono tenga significado por sí mismo, sino que crea un espacio para que penetre lo nuevo. Lo negativo consiste simplemente en crear un espacio... y si quieres crecer, necesitas espacio.

Tal como somos, carecemos de espacio interior. Estamos llenos de cosas innecesarias y de pensamientos. «*Sanyas*», en su aspecto negativo, significa justamente crear un espacio, dejando de lado lo trivial, lo innecesario, lo insignificante, para que puedas así crecer interiormente. El crecimiento implica decadencia, pero también es algo positivo.

Y afirmo enfáticamente que el *sanyas* es algo positivo. Lo negativo está en la limpieza. Consiste simplemente en limpiar el terreno para que el crecimiento se pueda producir. Lo negativo está únicamente en lo externo, en lo de afuera, y el crecimiento es interno. Lo positivo está en el centro, lo negativo es la periferia.

Y, realmente, no existe nada que sea únicamente negativo o únicamente positivo. Esto es imposible porque son dos polaridades. La existencia está en el medio. Fluye entre estas dos orillas. Nadie puede existir con solo una orilla, como tampoco puede la existencia. Cuando se da énfasis a una orilla, a un lado, a un polo, se convierte en un engaño. Pero cuando aceptas la totalidad, entonces no hay énfasis en nada. Simplemente aceptas las dos polaridades y entonces creces interiormente. Y las usas como un movimiento dialéctico en el que te mueves.

Se suele entender al *sanyas* como algo negativo. Su connotación se ha vuelto negativa porque tienes que empezar en lo negativo, tienes que empezar desde la periferia. Esto debe ser comprendido porque el *sanyas* es algo interno. Algo debe crecer interiormente, así que ¿por qué empiezas con lo externo? Si has de crecer interiormente, ¿por qué no empezar desde dentro?

Sin embargo, no puedes empezar en lo interno, porque tal como eres, estás en la periferia, en lo externo. Tienes que empezar desde el punto en que te encuentras. No puedes empezar desde un punto en el que no estás.

Por ejemplo, la salud es algo interno; crece. Pero, tal como estás, te encuentras enfermo. Así que debemos empezar con tu enfermedad, no con tu salud. Tenemos que negar la enfermedad. Negando la enfermedad creamos espacio para que surja la salud. Pero el comienzo es negativo.

La ciencia médica no tiene una definición de salud. No puede tenerla. Todo lo que puede tener es una definición de lo que es enfermedad y cómo negarla o curarla. La salud permanece sin ser definida y la enfermedad es definida negativamente porque es preciso empezar con la enfermedad. No puedes empezar con la salud. Cuando hay salud no necesitas empezar de ninguna manera.

Así que si posees un espacio interior, no necesitas sanyas. El sanyas consiste en negar el mundo, el samsara, la enfermedad. Cuando digo «samsara», no quiero decir que el mundo esta enfermo, más bien quiero señalar el mundo que has creado a tu alrededor. Cada uno está viviendo en el mundo de su propia creación. Yo no niego el mundo exterior. No puede ser negado. Está allí. Pero tú tienes un mundo de fantasía, un mundo de ensueño, a tu alrededor y ese mundo de ensueños se ha convertido en ti mismo. La periferia se ha transformado en tu centro y has olvidado tu verdadero centro completamente. En consecuencia cuando alguien empieza, debe negar ese mundo de ensueños, pues esta negación es el comienzo. Este comienzo se vuelve negativo; entonces el sanyas parece ser algo negativo. Le damos una connotación negativa porque significa negar este mundo de ensueños. Por tanto, el sanyas es algo realmente medicinal. Es una medicina para negar la enfermedad. Cuando la enfermedad es negada, surge entonces la posibilidad de crecimiento interior. Así que «sanyas» significa simplemente crear una situación.

Debes entender claramente que cuando digo «negar el mundo», no quiero indicar que es el mundo que existe, sino, más bien, el mundo que cada individuo crea a su alrededor. A causa de este mundo de ensueños no podemos conocer el mundo que existe realmente. Este sueño constante se convierte en una barrera, en una doble barrera. No puedes ir hacia tu interior; allí hay algo existencial. Tampoco puedes ir hacia lo exterior; allí también hay alero existencial. Te has atascado en tu mente ensoñadora; no te puedes mover hacia ningún lado.

Un milagro se produce cuando esta barrera de ensueños es aniquilada. La enfermedad desaparece. Empiezas a existir en dos mundos simultáneamente, solo que ya no serán dos porque era la barrera la que los dividía. Te vuelves existencial internamente, te vuelves existencial externamente. Por esto se ha escogido una forma de acercamiento negativa.

¿Cómo afecta esto —tomar *sanyas*— a tu conducta? Hay dos posibilidades: una consiste en cambiar tu conducta conscientemente. La otra consiste en cambiar tu consciencia conscientemente. La conducta no es más que la expresión de la consciencia, pero si empiezas con la conducta probablemente continuarás con la vieja consciencia. Puedes adaptar cualquier nueva conducta a la vieja consciencia, con lo cual la nueva conducta cambia externamente, pero nada cambia realmente. Por ejemplo, tu consciencia puede continuar siendo violenta, pero puedes ser pacífico en tu conducta. Puedes ser pacífico en tu conducta, pero tu consciencia continúa siendo la misma que tenías cuando tu conducta era violenta. Ahora has empezado a reprimir tu consciencia. Tienes que reprimirla porque has adoptado una conducta que no existe en tu consciencia. La consciencia debe ser reprimida y cuando suprimes lo consciente, creas lo inconsciente en ti mismo.

Cuando empiezas a conducirte de forma tal que tu consciencia no lo acepta, estás negando parte de ella. Esta parte se convierte en tu inconsciente, el cual se vuelve más poderoso que tu consciencia porque tienes que continuar negando tu conducta. Te vuelves falso; se crea una falsa personalidad. Esta falsa personalidad existe únicamente mientras existe lo inconsciente. Por tanto, si tratas de cambiar directamente la conducta, te volverás cada vez menos consciente y cada vez más inconsciente. Una persona que se centra en su conducta será simplemente como un autómata. Únicamente la pequeñísima consciencia que se necesita para trabajar como autómata estará disponible. Por lo demás, la totalidad de la mente se volverá inconsciente. Esta mente inconsciente es la enfermedad de tu consciencia.

Puedes empezar cambiando tu conducta como lo hacen por lo general las personas más o menos «éticas». Las mal llamadas religiones empiezan por cambiar tu conducta. Pero yo no empiezo por cambiar tu conducta; empiezo cambiando tu consciencia. Porque realmente, en la consciencia está la conducta. La conducta exterior no tiene significado. Así que empieza cambiando tu consciencia.

Por esto pongo énfasis en la meditación y no en la conducta. La meditación cambia tu consciencia. Inicialmente destruye la barrera existente entre tu consciente e inconsciente. Te vuelves más flexible. Empiezas a tomar un camino menos seguro. Te vuelves uno solo en tu consciencia. Por tanto, la meditación debe destruir primero las barreras internas. La destrucción de la barrera implica la expansión de tu consciencia.

Debes volverte más consciente. Por tanto, lo primero es ser más consciente de lo que estás haciendo. No estoy interesado en el contenido de lo que haces, sino en la consciencia con que lo haces. Sé más consciente al hacerlo.

Por ejemplo, si eres violento, los mal llamados moralistas y las gentes religiosas te dirán, «No seas violento, cultiva la no violencia». Yo no diré lo mismo. Yo te diré, «Sé violento, pero ahora debes ser violento conscientemente. No cambies tu conducta. Sé consciente de tu violencia y te darás cuenta de que no puedes ser violento conscientemente, porque cuanto más consciente seas, menos posibilidades habrá de que seas violento».

La violencia tiene su propio proceso. Este puede existir únicamente cuando no eres consciente. Si eres consciente el asunto cambia por completo. El no ser consciente es la condición para que exista la violencia, la ira o el sexo o cualquier aspecto que quieras cambiar de tu conducta. Cuanto más grande sea este mecanismo incorporado, más pasará inadvertido lo que estés haciendo y harás más cosas que sean malas. Cuando digo que una cosa es mala, no me refiero a su contenido. Digo que una cosa es mala cuando crea inconsciencia innecesariamente; esta es mi definición. No digo que la violencia sea mala, porque no puedes ser violento sin inconsciencia. En la inconsciencia está el mal, porque una inconsciencia es, en el fondo, la base de toda ignorancia, de todos los sueños, de todas las ilusiones, de toda cuanta tontería podemos crear. El mal no es otra cosa que una mente inconsciente.

Así que para aquél que sea un *sanyasin*, para aquél que ha tomado *sanyas*, le sugiero que siga haciendo lo que esté haciendo. No cambies la conducta, cambia tu consciencia. Haz lo que estés haciendo conscientemente. Esta consciencia se convierte en transformación, y así toda tu conducta será cambiada. No se puede seguir siendo el mismo. Y este cambio no afectará únicamente a tu conducta. También se convertirá en un cambio de tu ser; no únicamente de lo que haces.

No tienes por qué crear una falsa personalidad, una máscara. Puedes sentirte bien siendo tú mismo. Pero este «sentirte bien siendo tú mismo» únicamente será posible cuando seas totalmente consciente. La tensión existe porque estás viviendo con máscaras. Eres violento pero tienes que ser pacífico. Estás enojado pero tienes que comportarte como si no lo estuvieras. Eres sexual, pero tienes que comportarte como si no lo fueras. Eres sexual, pero no tienes que ser sexual. Esto crea tensiones, crea ansiedades. Esta es la angustia, toda la angustia: has de ser lo que no eres. Y así te ves obligado a vivir conscientemente en una profunda ansiedad. Este «ser algo que no eres» está consumiendo y disipando en tensiones y conflictos toda tu energía vital. Realmente, el conflicto nunca existe con alguien más. Siempre existe contigo mismo.

Por eso pongo énfasis en que «te sientas bien siendo tú mismo». Y solamente puedes llegar a ser tú mismo cuando tu conducta es consciente: medita y sé consciente en tu conducta. Entonces las cosas empezarán a cambiar sin que lo sepas. Serás diferente porque tu consciencia será diferente.

Se me pregunta por qué pongo énfasis en el cambio de vestido, en el cambio de nombre, en esas cosas externas. Y son muy externas; las cosas más externas.

Hasta donde sé, el hombre, tal y como es el hombre, es lo que son sus vestidos. Tal como es el hombre, la ropa es muy significativa. Le das un uniforme militar a una persona y su cara se transforma, su actitud cambia. Algo diferente surge de su interior. Observa a un policía vestido de civil y cuando lleva su uniforme. No es de ninguna manera el mismo hombre. ¿Por qué?

Las cosas externas crean cambios interiores porque no eres nada más que lo externo. No existe nada que pueda llamarse «interior» en este momento.

Gurdjieff sabía algo muy importante: tal como eres ahora, no tienes alma. Estaba en lo cierto y también estaba equivocado. Tienes un alma, pero no sabes nada de ella. Eres lo externo; por tanto la ropa tiene mucho significado. A causa de la ropa una persona se vuelve bella, y a causa de la ropa una persona se vuelve fea. A causa de la ropa es respetada; a causa de la ropa no es respetada. Un juez tiene que llevar ciertos vestidos —el Tribunal Supremo de Justicia debe tener una ropa especial— y nadie pregunta porqué. Con ese traje es el juez del Tribunal Supremo; sin él, no es nadie.

Así es el hombre. Cuando miro a un hombre, él es más sus vestidos que su mente. Y así es como ha de ser porque pertenecemos al cuerpo; estamos identificados con nuestro cuerpo. La identificación con el cuerpo se convierte en la identificación con los vestidos.

Si le pidiese a un hombre que se pusiera un traje de mujer y caminase por la calle, ¿crees que eso sería solamente un cambio de vestido? ¡No! Primero, él no estará dispuesto a hacerlo. Ningún hombre está dispuesto a ello. ¿Por qué esta falta de disposición, esta resistencia? Se trata solo de un cambio de vestidos y los vestidos no son masculinos ni femeninos. ¿Cómo pueden ser los vestidos masculinos o femeninos? Pero en efecto, los vestidos no son simplemente vestidos; psicológicamente han llegado a ser identificados como masculinos o femeninos. ¿Qué clase de mentalidad tenemos que hasta los vestidos tienen género?

Si caminas vestido con un traje femenino te sentirás femenino. Tus gustos serán diferentes, tu caminar será diferente, tus ojos serán diferentes, tu propia atención sobre lo que está sucediendo en la calle será diferente. Estarás atento a cosas de las cuales nunca antes habías sido consciente, a pesar de que, quizá hayas caminado por la misma calle toda tu vida. Debido a que todo respecto a ti será diferente, los otros te mirarán de manera diferente. Y tú reaccionarás de forma diferente a sus miradas. No serás la misma persona.

De modo que cuando digo que los vestidos son nuestro exterior, solamente parecen ser lo exterior, pero han ido profundamente hacia dentro, han penetrado en lo interior. Por eso pongo énfasis en el cambio de vestidos. La disposición para cambiar de ropa implica una disposición para deshacerse de la vieja mentalidad que estaba asociada con los vestidos. La disposición para efectuar este cambio es una disposición para cambiar tu identidad.

Cuando alguien se resiste al cambio de vestido, yo sé porqué se está resistiendo. Continuará preguntando: «¿Por qué pones énfasis en los vestidos» Pero yo no pongo énfasis en ellos. Es él quien le da importancia. Y continúa diciendo: «¿Por qué hacer énfasis en los vestidos? Son simplemente lo externo. ¿Cuál es la diferencia si continúo usando mis cosas viejas?»

Yo no pongo ningún énfasis en la ropa; es él quien lo enfatiza. Y ni siquiera se da cuenta de que se está resistiendo. Entonces pregunto: ¿Por qué te resistes? Si alguien viene a mi y no se resiste de alguna manera, posiblemente no le pediré siquiera que cambie de vestidos. Si le pido que cambie sus vestidos y dice «de acuerdo» entonces quizás no le diré que lo haga, porque realmente él no está identificado con la ropa.

Así que posiblemente te pediré que cambies tus vestidos, que lleves un tipo de ropa determinado, un color determinado. Cuando cambias tus vestidos, tú cambias. A veces eres este color, a veces ese color. Si te pido únicamente que cambies de ropa sin especificar ningún color en particular, quizá la transformación no se produzca del todo porque has estado cambiando de tipo ropa continuamente. A sí que el cambio se puede producir únicamente con ropa que sea siempre la misma; entonces se puede producir en ti el cambio. Si te doy una ropa que sea siempre la misma, entonces el cambio puede suceder.

¿Por qué cambiamos de ropa realmente? Es algo profundo, no es algo simplemente superficial. ¿Por qué nos aburrimos con un solo estilo, con un solo color o clase de vestido? ¿Por qué nos aburrimos? La mente está siempre anhelando lo nuevo, lo diferente. Seguimos preguntándonos cómo detener la mente, cómo evitar que se mueva continuamente; sin embargo continuamos nutriéndola con lo nuevo. Seguimos preguntándonos cómo detener nuestra mente constantemente agitada, cómo aquietarla, cómo estar en silencio, pero seguimos nutriéndola de forma sutil. Continuamos cambiando de ropa, continuamos cambiando cosas, continuamos cambiándolo todo. Nos aburre lo que permanece constante. Pero cuantos más cambios experimenta la mente, tanto más hastiada queda.

Con una ropa que sea siempre la misma, por primera vez tu mente tiene que luchar diariamente, a cada momento, con la identidad que ella quiere cambiar. Y si puedes llevar con comodidad una ropa que siempre es la misma, pronto podrás estar sin dificultad en un mundo que no cambia. Esto es solo el principio. Cuanto más vivas sin dificultad en algo que no cambia, más posibilidades tendrá la mente de detenerse.

Por tanto, el énfasis consiste en llegar a vivir cada vez más fácilmente con lo que no cambia. Solo entonces podrás alcanzar lo eterno. Con una mente que persigue el cambio constante, ¿cómo puedes alcanzar lo eterno? Tienes que empezar con lo que no cambia.

De alguna manera, al ser tus vestidos siempre los mismos, ya no prestarás atención a tu ropa. Cuando uses el mismo vestido e idéntico color, pronto dejarás de prestar atención a tu forma de vestir. Caminando por la calle pasarás sin fijar tu atención en las tiendas de ropa. Tu consciencia de esas cosas simplemente desaparecerá, porque es la mente quien se fija en ellas. Y si tu mente vuelve nuevamente a mirar la ropa y las tiendas, sé consciente de ello. ¿Qué es lo que busca tu mente?

Sentimos que este cambio constante de vestidos es algo hermoso; sin embargo, cuando no cambias de vestido puedes conseguir una cierta grácil belleza que nunca puede obtenerse cuando lo cambias. Cambiando de ropa solo ocultas la fealdad; pero con una ropa que es siempre la misma, todo lo concerniente a ti es revelado.

Cuando cambias tus ropas otros se fijan en tus vestidos; por esto todo el mundo siempre pregunta por tus nuevos vestidos. Pero cuando permaneces siempre con la misma ropa, nadie pregunta por tus vestidos; las preguntas desaparecen. Entonces te miran a ti y no a tu ropa.

Este es un hecho que toda mujer conoce. Si lleva alhajas y bonitos vestidos, te fijas en estos y te olvidas de ella. Esto es ocultar. Los vestidos no expresan, sino que ocultan. Y cuando más bonito es el ornamento, más profundamente te puedes ocultar, porque los demás fijan más su atención en el ornamento.

Con un diamante en mi dedo, mi dedo está oculto. El diamante tiene mucho atractivo y su brillo, de alguna manera, viene a estar asociado con mi dedo, pero no es en absoluto parte de mi dedo. Un dedo desnudo es expuesto tal cual es. Si es bello, es bello; si es feo, es feo.

La persona que no oculta su fealdad tiene una belleza propia. La persona que no oculta nada, tiene una cierta gracia… y esta gracia llega solo cuanto tú estás completamente desnudo. Cuando estás en paz contigo mismo te llega una cierta gracia, e incluso una cara fea se convierte en bella. Pero con el esconder, incluso un hermoso rostro se vuelve feo.

Par mí, belleza es ser como tú realmente eres; ser como eres, y estar totalmente relajado en ello. Si eres feo, eres feo. Entonces una sutil belleza aparece en tu rostro. Con la relajación y el estar en paz, un sutil fluido empieza a manifestarse. No proviene del diamante; ahora está fluyendo de tu propio ser.

Aquel que no está en paz consigo mismo, no puede estarlo con ningún otro. Y uno que no se ama a si mismo, que se está escondiendo a sí mismo, no puede ser amado por nadie. Está engañando a los demás y los demás le están engañando a él. Entonces realmente nunca hay un encuentro. Solamente hay rostros que se encuentran, rostros distantes. Yo he venido con un rostro prefabricado, y tú también vienes con una cara ya hecha. Yo estoy escondiéndome a mí mismo y tú estás escondiéndote a ti mismo. Dos caras se encuentran en esta habitación, pero nunca hay un verdadero encuentro, un encuentro real, una auténtica comunión entre estos rostros.

¿Pero por qué cambias tu rostro? Lo cambias porque si no lo haces, no pondrás suficiente atención en el rostro que estás mostrando y puede que el real fuera expuesto. Por esto la persona amada se vuelve totalmente distinta cuando se convierte en tu esposa. No es la misma ahora porque no puede ponerse un nuevo rostro. Está tanto contigo, que el verdadero rostro es revelado. Por la mañana será lo que realmente es ¡y ahora es fea! En la playa estabas fascinado, pero por la mañana, en la cama, después de toda una noche, será tal y como es. Y cuando la has conocido por la mañana saliendo de la cama, has conocido su cara fea. Pero su cara no es fea porque ella sea fea. Es fea porque no esconde nada. Tú lo estás viendo todo; ella lo está viendo todo.

Entonces, cuando digo que un *sanyasin* continúe llevando el tipo de ropa, quiero decir que te liberes del cambio de ropa y del cambio de identidades, que te mantengas tal cual eres y seas expresivo tal como eres. Simplemente acéptate a ti mismo. En el momento en que te aceptas a ti mismo, otros empezarán a aceptarte; pero eso es irrelevante. Tanto si te aceptan como si no, es irrelevante. Si piensas en cómo puede aceptarte la gente, entonces volverás a crear otra falsa cara. No hay nada sobre lo que pensar; esto simplemente pasa.

Así que cambio el nombre y la vestimenta solo para ayudar a la persona que está viviendo en la periferia.

Capitulo X

Deseo total: El camino hacia la ausencia de deseos

La muerte es más importante que la vida. La vida representa lo trivial, lo superficial. La muerte, lo más profundo. Por medio de ella uno crece hacia la vida auténtica... mientras que mediante la vida solamente llegas a la muerte, y nada más. Sea lo que sea lo que digamos o signifiquemos con «vida», «vida» es solamente un viaje hacia la muerte. Si entiendes la vida como un mero tránsito sin más significado, entonces estás menos interesado en la vida y más en la muerte. Y cuando uno se interesa más por la muerte, es entonces cuando puede ahondar en la vida hasta sus más íntimas profundidades. De otro modo, solo permanecerá en la superficie.

Pero no estamos interesados en absoluto en la muerte, sino que, más bien, escapamos de los hechos, huimos constantemente de los hechos. La muerte está ahí, y a cada instante estamos muriendo. La muerte no es algo lejano, está aquí y ahora; estamos muriéndonos. Pero mientras morimos sigue nuestro interés por la vida. Este interés por la vida, este exceso de preocupación por la vida, es simplemente un escape; solo miedo. La muerte está ahí, crece dentro de nosotros, incesantemente.

Alteremos los términos, volvamos nuestra atención a nuestro alrededor. Si nos interesamos en la muerte, la vida empieza entonces a tomar un nuevo significado por primera vez, porque cuando te sientes en paz con la muerte has ganado una vida que no puede morir. Cuando has conocido la muerte, has conocido esa vida que es eterna.

La muerte es la puerta de la vida superficial, la mal llamada vida, la vida trivial. Hay una puerta. Al traspasarla se alcanza otra vida más profunda, eterna, sin muerte. Así, desde esta mal llamada vida, que no es otra cosa que morir, uno debe traspasar la puerta de la muerte. Solo entonces podrá uno conseguir una vida realmente existencial y activa, sin muerte.

Pero uno debería pasar esa puerta muy conscientemente. Hemos estado muriendo muchas veces y siempre que alguien muere se vuelve inconsciente. Es una actitud defensiva. Temes tanto a la muerte que cuando la muerte te llega, te vuelves inconsciente. Pasas por la puerta estando la mente inconsciente. Entonces naces otra vez y la misma estupidez empieza de nuevo, y otra vez deja de preocuparte la muerte.

El que se interesa más por la muerte que por la vida empieza a atravesar la puerta conscientemente. Eso es lo que quiere decir meditación: atravesar la puerta de la muerte conscientemente. Morir conscientemente es meditación. Pero a la muerte no hay que esperarla. No es necesario, porque siempre está ahí. Se trata de algo, una puerta, que existe dentro de uno; no sucederá en el futuro, no es algo exterior que hayas de alcanzar.

Desde el instante en que aceptas el hecho de morir y empiezas a sentirlo, a vivirlo, a ser consciente de ello, empiezas a abandonarte a través de esa puerta interior. La puerta se abre y a través de la puerta de la muerte empiezas a vislumbrar una vida eterna. Solo a través de la muerte puede uno vislumbrar la vida eterna, no hay otra puerta. Todo este proceso que es conocido como meditación es simplemente una muerte voluntaria, un dejarse caer hacia el interior, profundamente, hundirse uno en sí mismo, alejarse de la superficie y precipitarse a las profundidades. Naturalmente que las profundidades son oscuras. En el momento en que abandonas la superficie empiezas a sentir que te estás muriendo, porque te has identificado con la superficie de la vida. No es que las olas superficiales sean solamente olas superficiales; te has identificado con ellas; tú eres la superficie. De modo que cuando dejas la superficie, no es solamente que dejes la superficie; te dejas a ti mismo, dejas tu identidad, el pasado, la mente, la memoria. Todo lo que tú eras, has de dejarlo. Por eso la meditación se asemeja a una muerte. Te estás muriendo y solamente si estás dispuesto a morir voluntariamente, a trascenderte a ti mismo, a dejar tu «yo» y trascender la superficie, llegarás a la Realidad, que es eterna.

Así pues, cuando uno está dispuesto a morir, esta misma disposición se convierte en la trascendencia, esta misma disposición *es* la religiosidad. Cuando decimos que alguien es mundano, nos referimos a que está más interesado en la vida que en la muerte, o más bien, que todo su interés reside en la vida ignorando a la muerte por completo. El hombre mundano es aquél para el cual la muerte llega al final de sus días. Y cuando esta llega, le halla inconsciente.

El hombre religioso es el que muere a cada instante. Para él la muerte no es el final, sino que es el proceso mismo de la vida. Un hombre religioso es aquél que se preocupa más por la muerte que por la vida porque siente que todo aquello que es conocido como «vida» será arrebatado por la muerte. Está siéndote arrebatado, a cada instante lo estás perdiendo. La vida es simplemente como la arena de un reloj de arena; a cada instante la arena se va escurriendo. Y no puedes hacer nada por impedirlo. El proceso es natural. No puedes hacer nada; es irreversible.

El tiempo no puede ser detenido, no puede ser invertido, no puede ser retenido. Es unidimensional. No hay retroceso posible. Y en última instancia, el mismo proceso del tiempo es muerte, porque estás perdiendo ese tiempo, te estás muriendo. Un día toda la arena se habrá escurrido y te encontrarás vacío; simplemente serás una concha vacía sin tiempo disponible. Entonces mueres.

Preocúpate más de la muerte y del tiempo. Esta aquí ahora mismo, junto a la esquina; presente a cada momento. Una vez empiezas a buscarlo, te vuelves consciente de él. Está aquí, tan solo estabas pasándolo por alto. Ni tan solo pasándolo por alto; te estabas escapando de él. Entra pues en la muerte, salta hacia ella. Esta es la dificultad de la meditación, está es su austeridad: uno ha de saltar dentro de la muerte.

Seguir amando a la vida es algo profundamente enraizado, y estar dispuesto a morir parece, en cierto modo, no natural. Desde luego que la muerte es la cosa más natural, pero parece innatural estar dispuesto a morir.

Así es como la lógica, la dialéctica de la vida, trabaja: si estás dispuesto a morir, está misma disponibilidad te hace no morir. Pero si no estás dispuesto a morir, esta misma indisponibilidad, este excesivo apego y deseo por vivir, te convierte en un ser moribundo.

Cuando nos aferramos a algo, obtenemos su opuesto. Esta es la profunda dialéctica de la existencia. Lo esperado nunca llega. Lo deseado, nunca es alcanzado. El deseo nunca es satisfecho. Cuanto más deseas, más lejos te vas. En cualquier dimensión, da lo mismo; la ley es la misma. Si pides demasiado de algo, simplemente con pedirlo, lo pierdes.

Si alguien pide amor, no tendrá amor, porque el pedir mismo hace de él alguien repugnante, poco digno de amor. El mismo acto de pedir se convierte en la barrera. Nadie podrá amarte si estás pidiendo que te amen. Nadie podrá amarte. Solamente podrás ser amado cuando no lo pidas. El acto mismo de no pedirlo te vuelve bello, te relaja.

Es como cuando cierras el puño y el aire que contenía la mano abierta se te escapa. Con la mano abierta tienes todo el aire, pero cuando cierras el puño, con el mismo cerrar, dejas escapar el aire. Puede que pienses que cuando cierras el puño tienes en tu poder el aire, pero en el instante en que tratas de poseerlo, se te escapa. Con la mano abierta tienes todo el aire y tú eres el amo. Con el puño cerrado, tú eres el que pierde; lo has perdido todo. No hay aire en tu mano.

Y cuanto más cierras el puño, menos aire puede contener. Pero así es como trabaja la mente, este es el absurdo de la mente: si sientes que no tienes aire, cierras aún más el puño. La lógica dice, «Es mejor que lo cierres. Has perdido ya todo el aire. Lo has perdido porque no lo tenías bien cerrado. No cerraste el puño como debías. Fue un fallo tuyo en cierta manera. Has cerrado mal el puño; por eso el aire se escapó. De modo que ciérralo más, ciérralo más, y con el acto mismo de cerrarlo, lo estás dejando escapar». Pero así es como ocurre. Si amo a alguien, me vuelvo posesivo. Empiezo a cerrarme. Cuanto más, me cierro, más amor se pierde. La mente dice, «Ciérrate aún más» y trata de hacerlo, pero de alguna forma sigue habiendo un escape. Por eso se pierde el amor. Cuanto más me cierro, más lo pierdo. Solamente con una mano abierta se puede poseer el amor; solamente con una mano abierta, solo con una mente abierta, puede convertirse el amor en un florecimiento. Y así sucede con todo.

Si amas la vida en exceso, te cierras, te conviertes en un cadáver aun estando vivo. De modo que una persona que está llena de apego por la vida, es un cadáver, está ya muerto, es solo un cuerpo sin vida. Cuanto más siente que es un cadáver, más anhela estar vivo, pero desconoce esa dialéctica. El deseo mismo es venenoso. Una persona que no anhela en absoluto la vida, una persona como Buda —sin deseo por la vida— vive apasionadamente. Florece en una vitalidad perfecta, total.

El día en que Buda se moría, alguien le dijo, «Te estás muriendo. Te echaremos mucho de menos, durante años y años, durante vidas y vidas».

Buda le dijo, «Pero hace ya tiempo que morí. Durante cuarenta años no he sido consciente de que estuviera vivo. El día que alcancé el conocimiento, la Iluminación, morí».

¡Y estaba tan vivo! Y solamente estuvo vivo tras su «muerte». El día en que alcanzó la Iluminación interior murió para lo exterior, pero entonces alcanzó la auténtica vida. Entonces se encontró verdaderamente relajado y espontáneo. Entonces dejó de tener miedo; miedo a la muerte.

El miedo a la muerte es el único miedo. Puede tomar cualquier forma, pero ese es el miedo básico. Una vez que estás preparado, una vez que has muerto, deja de haber miedo. Y solamente en una existencia sin miedo puede llegar la vida a su florecimiento total.

Aun entonces la muerte llega. Buda muere. Pero la muerte solo nos sucede a nosotros, no a él, porque aquél que ha pasado por la puerta de la muerte tiene una continuidad eterna, una continuidad atemporal.

Así pues, no te preocupes en absoluto por la vida; ni incluso por la tuya. Y cuando dejes de interesarte por la vida, entonces ni siquiera serás capaz de desear la muerte, porque desear es vida. Si te interesas por la muerte y la anhelas, estás de nuevo deseando la vida, porque en realidad no puedes desear la muerte. Desear la muerte es imposible: ¿Cómo puede alguien desear la muerte? El desear en sí, significa vida.

De manera que cuando digo «No estés demasiado interesado en la vida», no quiero decir, «Interésate por la muerte». Cuando digo, «No has de estar interesado en la vida», entonces te vuelves consciente de un hecho... de la muerte. Pero no puedes desearla; en realidad, no es un deseo.

Cuando hablo de un puño abierto deberías entender que tienes que tener el puño cerrado, pero no has de abrirlo. Abrirlo no entraña esfuerzo alguno. Con no cerrarlo, se abre. Abrirlo no es un esfuerzo, no es algo positivo que hayas de hacer. De hecho, esforzarse por abrirlo es lo mismo que cerrarlo, pero a la inversa. Probablemente parecerá que lo abres, pero simplemente es la inversa de cerrarlo.

Abrir el puño de verdad, es dejar de cerrarlo, simplemente no cerrarlo. Es un fenómeno negativo. Si no cierras tu puño, entonces está abierto. Ahora, aunque esté cerrado, está abierto. El mantenerlo cerrado interiormente ha desaparecido, de forma que aunque ahora esté cerrado —medio cerrado o lo que sea—, está abierto, porque ha dejado de estar cerrado en tu interior.

De igual modo, una vida sin deseos no equivale a desear lo opuesto. El no-desear no es lo opuesto del desear. Si fuera lo opuesto, entonces tendrías que empezar a desear de nuevo. Más bien, no-desear es la ausencia de todo deseo.

Debes percibir la diferencia. Cuando digo «no desear», literalmente se convierte en lo opuesto. Pero no-desear no es lo opuesto de desear. Es simplemente la ausencia de deseos, no su opuesto. Si lo conviertes en su opuesto, empiezas de nuevo a desear; deseas el no-desear. Y cuando esto ocurre, estás otra vez en el mismo círculo. Pero esto es lo que sucede. Una persona que se ha sentido frustrada en la vida, empieza a desear la muerte. Esto se convierte de nuevo en un deseo. No está deseando la muerte; está deseando otra cosa que no sea su vida. De modo que incluso una persona que esté llena de apegos por la vida puede suicidarse, pero este suicidio no es un no-desear; realmente es desear otra cosa. Esto es algo muy interesante, uno de los puntos capitales de toda búsqueda. Si te vuelves hacia lo opuesto, entonces, de nuevo, estás en la rueda; otra vez en el círculo vicioso. Y nunca saldrás de él. Pero esto sucede.

Una persona renuncia a la vida, se va al bosque, o busca lo divino, o va en busca de la liberación o de lo que sea. Pero, de nuevo, el deseo está ahí. Simplemente ha cambiado de objeto de deseo, no el desear mismo. Ahora el objeto de deseo no es la riqueza; ahora es Dios. El objeto no es este mundo, es el otro mundo. Pero el objeto permanece, el deseo es el mismo, la sed es la misma, y la tensión y la angustia serán las mismas. Todo el proceso será simplemente repetido una y otra vez con un nuevo objeto. Puedes continuar cambiando los objetos de tu deseo durante vidas y vidas, pero continuarás siendo el mismo porque el desear seguirá igual.

Por esto, cuando digo «no-desear», quiero decir ausencia de deseo; no la futilidad del objeto, sino la futilidad del desear mismo. No es darse cuenta de que este mundo carece de sentido, porque entonces desearás el otro mundo. No es que esta vida sea ahora inútil, de modo que has de desear la muerte, la aniquilación, la extinción, el Nirvana. No; me refiero a la futilidad del desear. El desear mismo desaparece. Ningún objeto es reemplazado, sustituido; el deseo está simplemente ausente. Y esta ausencia, esta misma ausencia, se convierte en la vida eterna.

Pero esto surge; no es debido a tu deseo. Es un producto espontáneo del no-desear; no es una consecuencia. Sucede, pero no puedes convertir esto en tu deseo. Si lo haces, yerrarás.

Cuando la mano está abierta, cuando el puño está abierto, todo el aire está disponible y tú eres su amo. Pero si quieres abrir tu puño para ser el amo del aire, no podrás abrirlo porque el esfuerzo mismo, en un sentido interno, equivaldrá a cerrarlo. Ser el amo del aire no es realmente el resultado de tu esfuerzo, sino más bien, una consecuencia natural del no haber esfuerzo.

Si trato simplemente de no poseerte para que el amor pueda florecer, este tratar de no poseer se convertirá en un esfuerzo. Y con esfuerzo solamente se puede poseer; incluso si es un esfuerzo para no poseer, se convertirá en una posesión. Estaré constantemente consciente de que no te poseo. Esencialmente estoy diciendo, «Amame, porque no trato de poseerte». Entonces me pregunto porqué el amor no llega.

Alguien estuvo aquí. Había estado tratando por todos los medios de meditar durante al menos diez años, pero no había llegado a ninguna parte. Le dije, «Ya te has esforzado lo suficiente de forma sincera, seria. Ahora no hagas ningún esfuerzo. Simplemente siéntate, sin ningún esfuerzo».

Entonces él me pregunto, «¿Puedo llegar a meditar con este método, sin esforzarme?».

Le dije, «Si aún deseas resultados, entonces seguirá habiendo, en todo momento, un sutil esfuerzo. No estarás simplemente sentado, no podrás estar simplemente sentado si existe algún deseo. El deseo será un sutil movimiento en ti, y el movimiento continuará. Podrás estar sentado como una piedra o como un Buda, pero todavía, en tu interior, la piedra se estará moviendo. El deseo es movimiento».

No puedes permanecer simplemente sentado si existe un deseo, Puede que parezca, que todo el mundo diga, que estás simplemente sentado, pero no podrás estar simplemente sentado. Solamente puedes sentarte cuando el desear está ausente. «Simplemente sentarse», no es un nuevo deseo; es solo una ausencia. Todo desear ha desaparecido.

No te sientes frustrado con la vida debido a los objetos. La gente religiosa sigue diciendo a los demás que las mujeres no son nada, que el mundo no es nada, que el sexo no es nada, que el poder no es nada. Pero todo eso son objetos. Están diciendo aún que en esos objetos no hay nada; no están diciendo que no hay nada en el mismo desear.

Cambias de objetos y entonces puedes crear nuevos objetos de deseo. Incluso la vida eterna puede convertirse en un objetivo; de nuevo se establece el círculo: el hecho de desear. Lo has deseado todo, has deseado demasiado.

Si puedes sentir este hecho de desear, que él desear es fútil, que no tiene sentido, entonces no crearás otros objetos de deseo. Entonces el desear desaparece. Te vuelves consciente de él y desaparece. Entonces hay una ausencia, y esta ausencia es el silencio porque no existe un desear.

Con el deseo no puedes estar en silencio; el deseo es el auténtico ruido. Incluso aunque no tengas pensamientos —si tienes una mente controlada y puedes dejar de pensar—, un deseo más profundo continuará, porque estás dejando de pensar para lograr algo. Seguirá existiendo un sutil ruido. En algún lugar de tu interior alguien está observando y preguntando si lo que deseas ha sido o no alcanzado. «Los pensamientos se han detenido. ¿Dónde está la divina realización, donde está Dios, donde está la Iluminación?». Pero si te vuelves consciente de esto, el mismo desear se convertirá en algo fútil.

Todo el truco de la mente consiste en que siempre te vuelves consciente de que algún objeto se ha convertido en algo fútil. Entonces cambias el objeto, y al cambiar el objeto del deseo continúas controlando tu consciencia. Siempre sucede que cuando esta casa no es suficiente, entonces otra casa te atrae; cuando este hombre deja de atraerte, entonces otro hombre te atrae. Esto continúa, y en el instante en que te vuelves consciente de la futilidad de lo que estás deseando, la mente se vuelca en otros objetos. Cuando esto sucede, pierdes esa distancia. Cuando algo se vuelve fútil, inútil, cuando deja de atraerte, permanece distante... Sé consciente de si es el objeto el que se ha vuelto fútil o de si es el desear el que se ha vuelto fútil.

Y si puedes entender la futilidad del desear, de repente, algo desaparece en tu interior. De repente eres transformado a un nuevo nivel de consciencia. Esto es un vacío, una ausencia, algo negativo; ningún nuevo círculo comienza.

En este momento, estás fuera de la rueda del samsara, del mundo. Pero no puedes hacer del estar fuera de la rueda, un objeto de tu deseo. ¿Percibes la diferencia? No puedes hacer del no desear un objetivo.

¿Fue el deseo de realización de Buda, un deseo?

Sí, fue un deseo. Buda lo deseó. Cuando Buda dijo: «No quiero dejar este lugar. No me iré hasta conseguir la Iluminación», se trataba de un deseo. Y con ese deseo, se estableció un círculo vicioso. Pese a tratarse de Buda, se estableció.

A causa de su deseo, Buda no pudo alcanzar la Iluminación durante mucho tiempo. Debido a él, estuvo buscando y buscando durante seis años. Hizo todo lo posible, todo lo que podía hacerse. Lo intentó todo, pero no se aproximó ni un centímetro; siguió siendo el mismo, más frustrado incluso. Había renunciado al mundo, lo había dejado en busca de la realización, y no había obtenido nada. Durante seis años, continuamente, se esforzó de todos los modos posibles, pero no alcanzó nada con ello.

Hasta que un día. hallándose Buda cerca del *Bodhi Gaya*, se bañó en el *Niranjana*, el río que pasa por allí. Estaba tan débil, su cuerpo estaba tan debilitado por los días de ayuno, que fue incapaz de salir del agua. Un pensamiento le vino a la mente. Si se hallaba tan débil que apenas podía cruzar aquel pequeño arroyo, ¿cómo iba a poder cruzar el océano de la existencia? Así, aquél día, incluso el deseo de alcanzar la realización se convirtió en algo fútil. Dijo, «¡Ya basta!»

Salió del agua y se sentó bajo un árbol, el árbol *Bodhi*. Esa noche el deseo de alcanzar la Iluminación desapareció. Había estado deseando el mundo y descubrió que solo era un sueño; y no solo un sueño: una pesadilla. Durante seis años, sin cesar, había estado deseando la Iluminación, y también había resultado ser otro sueño. Y no solo un sueño; resultó ser incluso una pesadilla más intensa. Se hallaba completamente frustrado. No quedaba nada que desear. Había conocido al mundo muy bien; lo había conocido muy bien, y no podía ya retroceder. No quedaba allí nada para él. Había conocido todas las prácticas de las mal llamadas religiones, de todas las religiones importantes de la India; había puesto en práctica todas esas enseñanzas, y no había llegado a ninguna parte. No había nada más que pudiera intentar, no le quedaba ninguna motivación, de modo que simplemente se dejó caer en el suelo cerca del árbol *Bodhi* y *permaneció* allí durante toda la noche; sin ningún deseo. No quedaba nada por desear; el desear en sí, se había vuelto fútil.

Por la mañana, cuando despertó, la última estrella estaba desapareciendo. Miró la estrella y por primera vez en su vida sus ojos miraron sin que hubiera bruma alguna, porque no tenía ningún deseo. La última estrella estaba desapareciendo, y, con esa estrella, algo en él también desapareció: el ego. Porque el ego no puede existir sin desear. Y se iluminó.

Esta Iluminación llegó cuando hubo desaparecido todo deseo. Y seis años de desear la habían estado conteniendo. En realidad, eso sucede solamente cuando sales del círculo. Por eso Buda, al desear la Iluminación, tuvo que vagabundear sin rumbo durante seis años. Este momento de transformación, este salto fuera del círculo, fuera de la rueda de la vida, solamente llega, solamente sucede, cuando no existe el deseo. Buda dijo, «Lo alcancé cuando dejó de haber una mente que deseara alcanzarlo; lo encontré cuando dejó de haber búsqueda. Solamente sucedió cuando no hubo esfuerzo».

Esto es, de nuevo, difícil de comprender, porque a través de la mente no podemos entender nada que implique ausencia de esfuerzo. Mente significa esfuerzo. La mente puede manejarlo todo, puede habérselas con cualquier cosa que pueda «ser hecha», pero la mente no puede ni siquiera imaginarse nada que pueda «suceder por sí mismo» y que no pueda «hacerse». La facultad de la mente es hacer algo; es un instrumento para «hacer». La facultad misma de la mente es alcanzar algo, satisfacer algún deseo.

De la misma forma que es imposible oír con los ojos o ver con las manos, es imposible para la mente imaginarse o sentir eso que sucede cuando no estás haciendo nada. La mente no tiene memoria de eso. Solamente registra las cosas que pueden ser hechas y las que no pueden ser realizadas; sabe solamente de aquello en lo que tiene éxito y de aquello en lo que fracasa. Pero no sabe nada de eso, de lo que sucede cuando no se hace nada. Así pues, ¿qué hacer?

Empieza con un deseo. Ese deseo no te conducirá hasta el punto en que «eso sucede por sí mismo», pero ese deseo puede llevarte hasta ver la futilidad de ese mismo deseo. Uno ha de empezar con el desear; es imposible empezar sin desear. Si pudieras empezar desde el no-desear, entonces «eso que sucede por sí mismo» sucedería ahora mismo; entonces no se necesitaría ningún método, ninguna técnica. Si pudieras empezar sin desear, en este mismo instante «eso» sucedería. Pero es imposible.

No puedes empezar sin desear. La mente convertirá ese no desear en objeto de deseo. La mente dirá, «De acuerdo, trataré de no desear». Dirá, «Realmente parece fascinante. Trataré de hacer algo para que este no-desear suceda». Pero la mente ha de tener algún deseo. Solamente puede partir del deseo, pero puede que no acabe en el deseo.

Uno ha de empezar deseando algo que no puede ser alcanzado por el desear. Pero si eres consciente de esto, si eres consciente del hecho de que deseas algo que no puede ser deseado, te ayudará. Esa consciencia del hecho, te ayuda. Entonces, en cualquier instante, podrás dar el salto. Y cuando saltes, no habrá deseo.

Has deseado el mundo, ahora deseas lo divino. Por ahí es por donde se empieza. Y pese a ser un comienzo erróneo, has de empezar de este modo debido a este mecanismo innato de la mente. Es la única forma de cambiarlo.

Por ejemplo, te digo que no puedes ir al exterior atravesando la pared, que has de ir a través de la puerta. Y cuando digo, «a través de la puerta», «puerta» quiere decir el lugar donde no existe la pared. De modo que cuando te digo que has de ir a través de la «no pared» hasta el exterior, es debido a que no puedes ir a través de la pared. La pared no puede ser la puerta, y si tratas de ir atravesando la pared, te sentirás frustrado.

Pero desconoces lo que es una puerta. Nunca has estado afuera, así que ¿cómo puedes saber que ahí hay una puerta? Siempre has estado en esta habitación, en la habitación de la mente, en la habitación de los deseos. Siempre has estado en esta habitación, de modo que solamente has conocido esta pared; no has sabido de la puerta. Incluso aunque la puerta esté ahí, te parece como que forma parte de la pared; para ti, es la pared. A menos que la abras, no podrás descubrir que es la puerta.

Por esto te digo, «No puedes salir al exterior a través de la pared. No puedes hacer nada a través de la pared; no te llevará al exterior. Necesitas la puerta». Pero no sabes nada de la puerta; solamente conoces la pared. Incluso te parece que forma parte de la pared. ¿Qué puede hacerse entonces?

Te digo, «Inténtalo desde donde estés; pero inténtalo». Te sentirás frustrado, darás vueltas por toda la habitación, tantearás todos los rincones, por todas partes. Te sentirás frustrado porque la pared no se abrirá; pero la puerta está en alguna parte y puede que te des de bruces con ella. Esta es la única forma; empieza con la pared porque es el único comienzo posible. Empieza con la pared y te encontrarás con la puerta. Es una realidad el que la puerta existe, que la puerta no es la pared, y que no puedes atravesar la pared; has de pasar por la puerta. Este hecho hará que la encuentres más fácilmente. En realidad, cuanto más frustrado te sientes con la pared, mayor es la posibilidad, la probabilidad, de hallar la puerta. Tu búsqueda adquiere más profundidad con esto.

La mente es deseo. La mente no puede hacer nada sin el deseo. No puedes trascender la mente con el desear, porque la mente es desear. Así que la mente ha de desear incluso aquello que se encuentra solamente cuando no existe el deseo. Pero empieza con la pared. Averigua qué es el desear y te darás de bruces con la puerta. Incluso Buda tuvo que empezar deseando, pero nadie le dijo —eso le era desconocido— que la puerta se abre solamente cuando no existe el deseo.

Tal como lo entiendo, luchar contra el desear es la enfermedad. Abandonar la lucha es la libertad. Esa es la única y verdadera muerte: cuando simplemente abandonas. Si eres capaz de yacer tumbado y morir sin esforzarte por sobrevivir, sin que exista ni un asomo de lucha, esa muerte puede convertirse en la realización. Si simplemente te tumbas y lo aceptas, sin ningún movimiento interior, sin deseos, sin la posibilidad de ninguna ayuda, sin camino que buscar, si simplemente te tumbas y lo aceptas, esa aceptación será algo tremendo.

No es tan fácil. Incluso estando tumbado, la lucha persiste. Puede que estés agotado; eso es otra cosa. Eso no es aceptación, no es estar dispuesto; en algún lugar de tu mente, estás luchando todavía. Pero, en realidad, tumbarse y morir sin luchar hace que la muerte se convierte en un éxtasis. La muerte se convierte en el *samadhi*, la muerte se convierte en la realización. Y entonces dices, «¡Así era!»

Puede que no tengas el deseo de salir de esta habitación. El deseo de salir solamente puede llegar de dos formas. La primera es que, de alguna forma, tengas un vislumbre de algo del exterior, a través de un agujero en la pared o a través de la ventana; de algún modo obtienes un vislumbre. O, de alguna forma, de alguna misteriosa forma, en algún momento, la puerta se abre y tienes un vislumbre. Esto sucede y sigue sucediendo. En algún misterioso momento la puerta se abre durante un solo instante, como un relámpago de luz, y entonces se cierra de nuevo. Has saboreado algo del exterior; ahora se introduce el deseo.

El deseo llega. Estás a oscuras y hay un repentino relámpago de luz. En un momento, en un solo y simultáneo momento, todo se vuelve claro; la oscuridad desaparece. Y luego, otra vez, vuelve la oscuridad. Todo vuelve a desaparecer, pero ahora no podrás ser de nuevo el mismo. Esto se ha convertido en parte de tu experiencia.

En algunos momentos de silencio, en algunos instantes de amor, en algunos instantes de sufrimiento, en algunos instantes de paz, durante accidentes repentinos, la puerta se abre de repente y tú lo sabes. Esas cosas no pueden preverse; son accidentes. No pueden prepararse. Cuando estás enamorado, una puerta se abre durante unos instantes; el abrirse realmente sucede por sí mismo. Profundamente enamorado, de algún modo, dejas de desear. Es suficiente con el momento presente, no hay deseo por el futuro. Sí amo a alguien, en ese mismo momento de amor, la mente dejar de existir. Este momento es la eternidad. Para mí, ahora, en este momento, deja de haber futuro, dejo de preocuparme totalmente por el futuro, y deja de haber pasado. No me preocupo por ello. Todo el proceso de pensar se ha detenido en este instante de existencia. Todo se ha detenido, y, de repente, en este momento sin deseos, se abre una puerta.

Por eso el amor contiene muchos vislumbres de lo divino. Si has estado realmente enamorado, incluso durante un solo instante, entonces no podrás permanecer «en esta habitación» durante mucho tiempo. Entonces habrás probado algo del más allá.

Pero, de nuevo, la mente empieza a desplegar sus trucos. Dice, «Este momento ha llegado debido a la persona que amo. Debo poseer esta persona para siempre. Si no, esto no sucederá de nuevo». Y cuanto más la posees, más te preocupas por el futuro. Entonces este instante no vuelve jamás. Incluso con esta misma persona, nunca volverá, porque al estar expectante, la mente está otra vez tensa. El momento vino cuando no había expectativas. Y luego los amantes continúan condenándose uno a otro —«No me amas tanto como antes»— porque aquél instante no vuelve.

Este momento, este vislumbre, no está en las manos de nadie y el amante no puede hacer nada. Trate lo que trate de hacer, simplemente lo destruirá todo. No puede hacer nada porque no dependía de él; fue un fenómeno espontáneo. Sucedió, y la puerta se abrió.

O puede suceder de muchas maneras. Alguien a quien amabas ha muerto y la muerte ha golpeado tu mente como un puñal. El pasado y el futuro son separados; la muerte es como una daga clavada en ti. Todo el pasado se ha detenido; la muerte se ha convertido en un puñal clavado en ti. Todo el pasado se ha detenido y, en tu profundo sufrimiento, no hay futuro; todo se detiene. Puede que obtengas un vislumbre de lo divino, del «exterior». Pero entonces tu mente, otra vez, empezará a desplegar sus trucos. Empieza a llorar, empieza a hacer algo, empieza a pensar que «Sufro porque alguien ha muerto». Se convierte en una preocupación por el otro.

Pero si, en el momento de la muerte, puedes permanecer simplemente en el presente, entonces, a veces, sucede; entonces puedes obtener un vislumbre de algo del más allá. En algún accidente, puede suceder. En un accidente de coches, puede suceder. Todo se detiene de repente. El tiempo se para. No puedes desear porque no existe ni tiempo ni espacio en los que desear. Tu coche está cayendo desde una altura; mientras cae, no puedes recordar el pasado, no puedes desear el futuro. El presente se ha convertido en el todo. En este momento, puede suceder.

De forma que existen dos caminos a través de los cuales el deseo de trascender es creado. El primero es que, de alguna forma, tuviste un vislumbre del mañana. Pero este no puede ser planeado; o lo obtienes o no lo obtienes. Una vez que obtienes este vislumbre, empiezas a desear. El deseo se convierte en un obstáculo, se convierte en una barrera, pero de todos modos, así es cómo se empieza. Primero has de desear el no-desear.

O sucede de otra forma. El otro camino es que no tienes ningún vislumbre del más allá. ¡Ninguno! No has conocido el más allá en absoluto, pero esta habitación se ha vuelto un completo sufrimiento; no puedes aguantarlo más. No necesitas en absoluto el más allá, pero, sea lo que sea, estás dispuesto a elegirlo, aunque sea desconocido, porque esta habitación, esta misma habitación, se ha vuelto un infierno, puro sufrimiento. No sabes lo qué es el más allá, si hay algo o no, si el más allá existe o no, pero no puedes permanecer por más tiempo en esta habitación; esta habitación se ha convertido en un infierno, en un sufrimiento. Entonces lo intentas, entonces empiezas a desear lo desconocido, el más allá. De nuevo surge el deseo, el deseo de escapar de aquí. Pero has de empezar con el deseo para ir hacia eso que no puede ser deseado, hacia eso que no puede ser alcanzado deseando.

Recuerda siempre esto: continúa haciendo lo que estés haciendo y recuerda en todo instante que con lo que hagas, simplemente no podrás alcanzarlo. Y existen muchos métodos para ayudarte con esto. Uno es recordar que no eres capaz de obtenerlo; que solo Dios puede dártelo. Es simplemente una forma de hacerte consciente de que tus esfuerzos son infructuosos; solamente la gracia lo conseguirá. Esta es una forma. Es simplemente decir lo mismo de una forma más metafórica, en un lenguaje que pueda ser más fácilmente entendido: tú no puedes hacer nada.

Pero eso no significa que tú no estés haciendo nada. Deberías estar haciendo de todo, pero recuerda, que no va a suceder simplemente con lo que tú hagas. A veces puede sucederte; algo desconocido, una gracia, desciende sobre ti. Tus esfuerzos te harán más receptivo a la gracia; eso es todo. Pero esa gracia no desciende como resultado directo de tus esfuerzos.

Esta es la forma en que la gente religiosa ha tratado de expresar este mismo fenómeno. Un Buda, o una persona con una mente como la de Buda, lo expresará de un modo más científico. Buda no hubiera utilizado la palabra «gracia» porque, hubiera dicho que incluso si deseas la gracia, deseas. Uno puede desear incluso la gracia, y acudir al templo y llorar y sollozar y pedir la gracia divina. Así que Buda dijo, «No funcionará. No existe algo así como la gracia. Cuando estás en un estado de mente sin deseos, sucede».

De modo que depende. ¡Depende! Puede tener algún significado para alguien si comprende que la gracia no puede ser demandada, no puede ser exigida, no puede ser pedida, no puede ser solicitada, porque si puede ser solicitada, entonces no es gracia; se ha convertido en parte tus esfuerzos. Nada puede hacerse con la gracia; simplemente has de esperar. Si puedes entender que la gracia llega solamente cuando esperas y que no has de hacer nada, entonces sigue haciendo lo que haces, sabiendo muy bien que nada sucederá debido a tu hacer; sucederá solamente en un instante de no-hacer. Entonces, el concepto mismo de gracia puede ser muy útil. Pero si empiezas a pedir la gracia y a orar pidiendo gracia, nunca sucederá. Entonces es mejor que recuerdes que estás en un círculo vicioso y que, de alguna forma, has de romperlo. Empieza deseando, empieza con el «hacer». Recuerda en todo momento que «eso» no puede conseguirse, y sigue «haciendo».

Considera un ejemplo. No tienes sueño. ¿Qué hacer? No te viene el sueño. En realidad, no puedes hacer nada, porque todo lo que hagas será una alteración. Si haces algo, debido a ese algo, el sueño no vendrá. El sueño requiere una mente inactiva; desciende sobre ti solamente cuando no estás haciendo nada. Pero dile a una persona que tiene insomnio que no haga nada y que entonces el sueño le vendrá, y entonces, con solo estar en la cama, habrá una tensión. «No hagas nada», se convertirá en una acción. Dile, «Relájate y te dormirás», y el tratará de relajarse, pero será un esfuerzo y con el esfuerzo no hay relajación. Entonces, ¿Qué hacer?

Yo empleo otro método. Le digo que haga lo imposible por dormirse. «Haz cualquier cosa que quieras hacer: salta, corre, haz lo que quieras. Haz todo lo que quieras». Le digo, «No te dormirás por lo que tú hagas, pero hazlo».

El mismo «hacer» pronto se vuelve algo fútil. El corre, continúa resolviendo rompecabezas, resuelve puzzles, repite mantras, hace cosas, y dice, «Lo hago con todo mi ser». Y sé muy bien que no se dormirá por lo que está haciendo, sino solo cuando lo que está haciendo le agote y sienta que es una tontería. En ese momento, cuando todo lo que haga se le revele como fútil, de repente, se dormirá. Este dormirse no llega debido a lo que él haga, sino que lo que hace le ayuda en cierta forma; le ha ayudado porque le hizo ser consciente de que era algo inútil.

Sigue pues deseando, haciendo algo en pos del más allá, y recuerda en todo momento que no lo obtendrás mediante tu esfuerzo. Pero no dejes de esforzarte, porque tus esfuerzos te van ayudar en cierta manera. Te frustrarás tanto con el hecho mismo del desear que de repente te sentarás y solamente estarás sentado, sin hacer nada, y «eso» sucederá. Y ahí está el salto, la explosión.

De modo que hago algo muy contradictorio: sé que no hay ninguna técnica que sirva, y aun así continuó inventando técnicas. Sé que tú no puedes hacer nada, y aun así insisto, «¡Haz algo!».

¿Me entiendes?

PARTE
II

PREGUNTAS Y RESPUESTAS

Capitulo XI

¿Qué es el alma?

¿ Q ué es eso a lo que llamas atman, alma? ¿Es esta alma la consciencia misma o es algo individual?

En realidad, no importa cómo lo llamemos; nos equivocaremos. Toda conceptualización yerra con lo real; cualquier conceptualización. Así pues, todo aquello que ha sido conocido como el yo, el alma, el *atman*, no será lo real. No puede serlo. Todos los que lo han definido, lo han definido con una condición: están tratando de hacer algo que es absurdo. Están hablando de lo que no puede ser dicho; están definiendo lo que no puede ser definido; están construyendo una teoría sobre lo que no puede ser conocido.

Sobre esto ha habido tres actitudes.

Primera. Están los místicos, los que saben, aquellos que han permanecido totalmente en silencio sobre ello. No dan ninguna definición; dicen que una definición es algo fútil. Ha habido luego otro grupo de místicos, el grupo mayor, que dice, «Incluso un esfuerzo que es fútil puede ser de utilidad. A veces, incluso la falsa teoría conduce a la verdad, a veces incluso lo erróneo puede llegar a ser cierto, a veces incluso un paso en falso puede conducirte al verdadero final. Puede parecer falso en aquel instante, o incluso, al final, puede resultar falso, pero aún así, las falsas estateagemas pueden ayudar».

Este segundo grupo siente que, permaneciendo en silencio, estás todavía expresando algo que no puede ser expresado. Y este segundo tipo de místico posee una característica: emplea definiciones.

Luego existe una tercera clase de místico que ni ha permanecido en silencio, ni ha hecho definiciones. Simplemente lo han negado todo para que no te obsesiones con ello. Buda pertenece a este tercer tipo. Si le preguntas sobre si hay un alma, si hay un dios, si hay algo más allá de la vida, él simplemente lo negará. Incluso a las puertas de la muerte, cuando alguien le preguntó, «Más allá de la muerte, ¿existirás?», él lo negó. El dijo, «¡No! No existiré. Desapareceré de la existencia igual que se extingue una llama». No puedes preguntar dónde se va la llama cuando se extingue; simplemente desaparece. Por eso Buda dice que *nirvana* significa «extinción de la llama», no solo *moksha*, no solo liberación. Buda dice, «Esto es la liberación: extinguirse completamente. Existir es estar en alguna forma, en algún lugar, ser un esclavo». Este es el tercer tipo.

Esos tres tipos están en conflicto porque aquél que habla sentirá que aquellos que han permanecido en silencio no tienen suficiente compasión, que deberían haber dicho algo para los que no son capaces de comprender el silencio. Y aquellos que lo han definido, lo han definido de tantas maneras que todo son disputas sobre ellas; obligadamente existirán disputas.

Todas las definiciones son estratagemas. Uno puede definir en un sentido; Mahavira define en un sentido y Shankara define en otro sentido, porque todas las definiciones son igualmente falsas o verdaderas. Ese no es el punto. El cómo lo defina, depende del tipo de persona que sea. Existen muchas definiciones y esas definiciones se han convertido en muchas religiones, en muchos sistemas filosóficos. Han confundido ya la mente del hombre hasta tal punto que, realmente, a veces parece que aquellos que han permanecido en silencio tenían más compasión. Las definiciones se han convertido en conflictos. Una definición no tolera la otra pues, si no, se contradice a sí misma.

Mahavira trató de expresar que toda definición posee algo de verdad en ella, pero solo algo. Algo sigue siendo falso en todas las definiciones. Pero fue imposible para Mahavira tener una gran cantidad de seguidores porque si no defines con claridad, entonces la confusa mente se confunde aún más. Si dices, «Todos los caminos son correctos», entonces estás diciendo, «No hay ningún camino», y uno que haya encontrado el camino se quedará perplejo. No podrás obtener ninguna ayuda de mí si te digo, «Todos los caminos son correctos; vayas donde vayas, vas hacia lo divino. Ve adonde quieras. Haz lo que quieras. Todo posee algo de verdad». Es cierto, pero no ayuda.

Si defines de una determinada forma y haces una definición absoluta, todas las otras definiciones se vuelven falsas. Debido a que Shankara ha de definir las cosas de forma exacta, él puede decir, «Buda no está en lo cierto, está equivocado». Pero si presentas a Buda como alguien que está equivocado, eso simplemente crea confusión. ¿Cómo va a estar Buda equivocado? ¿Cómo puede un Cristo estar equivocado? ¿Es que solamente Shankara está en lo cierto? Entonces surgen los conflictos.

Incluso la tercera actitud, la actitud budista de la negación, no ha ayudado. No ha ayudado porque al negar, la búsqueda misma desaparece, y sin la búsqueda no hay necesidad de negar. Muy poca gente es capaz de comprender lo que es la auténtica extinción. El apego a la vida está tan profundamente arraigado que estamos buscando un Dios que es parte de nuestro apego por la vida; buscamos realmente más vida. Incluso si buscamos el *moksha*, no buscamos la muerte total. Queremos estar ahí sea como sea.

A Buda se le planteó una y otra vez, continuamente durante cuarenta años, una sola pregunta: «Si vamos a desaparecer por completo, entonces ¿a qué viene este esfuerzo total? ¡Parece que no tenga sentido! ¿Solo para dejar de existir? ¿Solo para extinguirnos? ¿Por qué todo este esfuerzo?» Y aun así la gente alrededor de Buda escribía que él no se había extinguido, que realmente, él se había convertido en algo más. Ese era el sentimiento. Buda se había convertido en algo más, pero aun así continuaba negando y negando.

¿Cómo vas a definir algo que no puede ser definido? Pero, o bien tendrás que permanecer en silencio, o bien tendrás que definirlo.

En cuanto a mí, no pertenezco a ninguno de esos tres grupos. Por eso no puedo ser consistente. Cada uno de esos tres grupos puede ser consistente, pero a mí no me preocupa en absoluto el concepto de «alma». Siempre me ocupo del que pregunta, del que plantea la pregunta. ¿Cómo puede él, ser ayudado? Si creo que él puede ser ayudado mediante la fe positiva, entonces la proclamó. Si siento que puede ser ayudado mediante el silencio, entonces guardo silencio. Si siento que puede ser ayudado por una definición, entonces le doy la definición. Para mí, todo es una pura estratagema. No hay nada serio en ello: es una simple estratagema.

Una definición puede no ser verdad. De hecho, si tengo que hacerme entender, no puede ser realmente verdad. Tú no sabes lo que es el alma, no has conocido lo que es esta explosión que llamamos Brahman, lo divino. No sabes el significado; solamente conoces las palabras. Las palabras que tú no has experimentado son simples sonidos sin sentido. Tú puedes crear el sonido «dios», pero a menos que tú hayas conocido a Dios, es simplemente una palabra.

«Corazón» es una palabra significativa, «vaca» es una palabra significativa, porque tú has experimentado por ti mismo lo que significan. Pero «dios» es simplemente una palabra para ti, «alma» es simplemente una palabra. Si yo tengo que ayudarte, solamente puedo ayudarte con una falsa definición, porque tú no tienes experiencia alguna de Dios, no tienes ninguna experiencia del alma. Y a menos que yo pueda definirla utilizando algo que tú conozcas, la definición será inútil.

Para una persona que nunca haya visto una flor pero que sepa lo que es un diamante, he de definir las flores basándome en los diamantes. No hay otra forma. Una flor no tiene nada que ver con los diamantes, pero aún así, se puede indicar algo con ellos. Puedo decir, «Las flores son diamantes con vida, diamantes vivientes».

En su conjunto es falso. Los diamantes son irrelevantes, pero si yo digo, «Las flores son diamantes vivientes, diamantes que crecen», puedo generar en ti un deseo por experimentarlo. Una definición solamente está en función de ayudarte para que lo experimentes. Todas las definiciones son así.

Si no has conocido lo que son los diamantes, si no has conocido nada positivo a través de lo cual yo pueda crear una definición, entonces tendré que definirlo mediante lo negativo. Si no posees ningún sentimiento positivo hacia algo, tendré que definirlo utilizando la negación. Diré, «Tu sufrimiento no forma parte del alma». *Dukka*, la angustia que eres, no forma parte del alma. Tengo que definirlo negativamente en función de algo que te haga sentir cómo inválido, de algo que te haga morir, en función de algo que sea una carga para ti, de algo que se haya convertido en un infierno para ti. He de definirlo de forma negativa diciendo, «No será esto; será totalmente el opuesto».

De modo que, conmigo, depende. Depende. No tengo respuestas absolutas, solamente tengo estratagemas. Solamente respuestas psicológicas. Y la respuesta no depende de mí, depende de ti, porque en función de ti te he de dar una respuesta determinada.

Por eso yo no puedo ser un gurú, ¡Nunca! Buda puede convertirse en uno, pero yo no puedo. Debido a que tú eres tan inconsistente, al ser cada individuo tan diferente, ¿cómo voy a ser yo consistente? No puedo. Y no puedo crear una secta, porque para esto se necesita muchísima consistencia. Y si tú quieres crear una secta, debes ser consistente, estúpidamente consistente, debes negar todas las inconsistencias. Están ahí, pero debes negarlas, pues si no, no podrás atraer a los seguidores. Así pues, soy más parecido a un psiquiatra —más algo— que a un gurú.

Para mí, tú eres lo importante. Si eres capaz de entender esto, entonces podré decir algo más.

Con «consciencia» quiero decir un movimiento hacia un «estar totalmente vivo». Nunca estás totalmente vivo; a veces estás más vivo —eso, lo sabes— y a veces estás menos vivo. Y cuando estás más vivo, te sientes feliz. La felicidad no es nada más que una interpretación de tu «estar vivo» en un mayor grado. Si amas a alguien, entonces, con ella, te sientes más vivo, y ese mayor «estar vivo» te aporta el sentimiento de felicidad. Luego vas proyectando las razones de tu felicidad sobre los demás.

Cuando te encuentras con la naturaleza, estás más vivo. Cuando estás en la montaña, estás más vivo y cuando vives solamente con máquinas, estás menos vivo, por causa de la asociación. Con los árboles estás más vivo porque una vez fuiste árbol. En lo más profundo somos simplemente árboles andantes, con raíces en el aire, no en la tierra. Y cuando miras al océano te sientes más vivo porque la primera vida nació en el océano. De hecho, en nuestros cuerpos todavía tenemos la misma composición de agua que el océano, la misma cantidad de sal que tiene el océano.

Cuando estas con una mujer, si eres del sexo opuesto, empiezas a sentirte más vivo que si estás con un hombre. Con un hombre te sientes menos vivo porque nada está tirando de ti. Estás encerrado, la energía opuesta tira de ti hacía afuera; la llama oscila, tú te sientes más vivo. Y siempre que empieces a sentirte más vivo, empezarás a sentirte feliz.

Cuando empleamos la palabra «alma», queremos decir «estar totalmente vivo»; estar totalmente vivo no respecto a alguien más, si no respecto a nosotros mismos. Estar totalmente vivo sin causas exteriores. El océano no está ahí y tú te conviertes en el océano; el cielo no está ahí y te conviertes en puro espacio; la amada no está ahí y tú eres puro amor, nada más.

Lo que quiero decir es que empiezas a vivir de forma independiente. No existe dependencia de nadie ni de nada: estás liberado. Y con esta liberación, esta liberación interior, no puedes perder tu felicidad. Esto es vivir totalmente, esto es consciencia total. No puede perderse.

Con este «estar totalmente vivo», puede que ocurran muchas cosas que no pueden ser entendidas realmente a menos que hayan sucedido. Pero, como tentativa, puedo darte esta definición de «alma»: ser totalmente consciente, estar totalmente vivo, totalmente dichoso, sin estar limitado por nada. Si empiezas a amar, o si puedes ser feliz sin razón alguna, entonces eres un alma, no un cuerpo. ¿Por qué? Con «cuerpo» me refiero a la parte de tu alma que siempre existe en relación con la existencia exterior. Empiezas a sentirte triste cuando se presenta alguna causa para esa tristeza, o empiezas a sentirte, bien cuando aparece alguna causa para esa felicidad, pero tú nunca te sientes a ti mismo sin que haya algo más ahí. Ese sentimiento, ese estado, cuando no hay nada más, pero tú permaneces estando totalmente vivo, totalmente consciente, es el alma. Pero esto es un intento de definición. Solamente indica; no define, solamente señala. Ahí hay mucho, pero es tan solo un dedo señalando la luna. Nunca confundas al dedo con la luna. El dedo no es la luna; es solamente un indicador. Olvídate del dedo y mira la luna. Pero todas las definiciones son así.

Preguntas si el alma es individual. Es una pregunta irrelevante, pero es pertinente para ti. Es como la pregunta que plantearía un hombre ciego. Un hombre ciego se desplaza con su bastón. No puede ir sin él; busca y tantea con él en la oscuridad. Si le hablamos de operar sus ojos para curarlos de forma que pueda ver, el ciego preguntará, de forma muy pertinente, «Cuando tenga mis *ojos*, ¿seré capaz de tantear en la oscuridad con mi bastón?»

Si le decimos, «No necesitarás tu bastón», él no podrá creerlo. El dirá, «No puedo vivir sin mi bastón, no puedo estar sin él. Lo que dices no es verosímil. No puedo imaginarlo. Sin mi bastón, no soy nadie. ¿Qué pasará con mi bastón? ¡Dímelo primero!»

En realidad, esta individualidad es como el bastón del ciego. Estas tanteando en la oscuridad con un ego porque no posees un alma. Este ego, este «yo», es cómo tantear, porque no posees ojos. En el instante en que estés totalmente vivo, el ego desaparecerá. Formaba parte de tu ceguera, parte de tu ausencia de vitalidad o de tu vitalidad parcial, parte de tu inconsciencia, parte de tu ignorancia. Simplemente desaparece.

No es que tú seas un individuo o que tú no seas un individuo. Las dos cosas se vuelven irrelevantes. La individualidad no es importante, pero las preguntas continúan porque la fuente que hace las preguntas permanece siendo la misma.

Cuando Maulingaputta acudió ante Buda por primera vez le planteó muchas preguntas. Buda dijo, «¿Las estás planteando para resolver las preguntas o las estás planteando para obtener respuestas?»

Maulingaputta dijo, «¡He venido a hacerte preguntas y tú empiezas a preguntarme! Deja que lo piense, deja que reflexione». Reflexionó sobre ello y al segundo día le dijo, «Realmente, he venido para resolverlas».

Buda le dijo, «¿Has planteado esas mismas preguntas a alguien más?»

Maulingaputta dijo, «Las he estado planteando continuamente a todo el mundo durante treinta años».

Buda dijo, «Planteándolas durante treinta años debes de haber obtenido muchas, muchas, muchas respuestas. Pero, ¿han resultado ser la respuesta?»

Maulingaputta dijo, «¡Ninguna!»

Entonces Buda le dijo, «No te daré ninguna respuesta. Ya se te han dado muchas respuestas en treinta años de plantear preguntas. Yo puedo añadir algunas más, pero eso no te servirá de nada. Así que te daré la solución, no la respuesta»

Maulingaputta dijo, «De acuerdo, dámela».

Pero Buda dijo, «No puedo dártela yo; ha de crecer en ti. Permanece pues conmigo durante un año, en silencio. No se te permitirá ni una sola pregunta. Permanece totalmente silencioso, quédate conmigo, y después de un año podrás preguntar. Entonces te daré la respuesta».

Sariputta, el discípulo más importante de Buda, estaba sentado cerca, debajo de un árbol. Empezó a reír. Maulingaputta preguntó, «¿Por qué se ríe Sariputta? ¿Es que hay algo de qué reírse?»

Sariputta dijo, «Pregunta ahora si tienes algo que preguntar; no esperes un año. Nosotros hemos sido engañados. Esto me ha sucedido a mí también, porque después de un año, nadie pregunta. Si has permanecido totalmente en silencio durante un año, entonces el origen mismo del preguntar, desaparece. Y este hombre es un tramposo! Este hombre es muy tramposo», dijo Sariputta. «Después del año, no te dará respuesta alguna».

A lo que Buda dijo, «Seré fiel a mi promesa, Sariputta. He sido fiel a mi promesa contigo también. No es mi culpa que tú no preguntes».

Pasó un año y Maulingaputta permaneció en silencio. Meditaba en silencio y se hacía más y más silencioso exteriormente e interiormente. Entonces se convirtió en un estanque de silencio, sin vibraciones, sin ondas. Se olvidó de que había pasado un año. El día en que tenía que preguntar había llegado, pero él se había olvidado de sí mismo.

Buda le dijo, «Solía haber por aquí un hombre llamado Maulingaputta. ¿Dónde está? Vino a plantear algunas preguntas. Ha pasado un año. El día ha llegado, así que él ha de acudir ante mí». Había diez mil monjes allí y todo el mundo trataba de descubrir dónde estaba Maulingaputta. ¡Y Maulingaputta también trataba de descubrir dónde estaba él mismo!

Buda le llamó y le dijo, «¿Qué buscas a tu alrededor? Tú eres el hombre. Y yo he de cumplir mi promesa, así que pregunta y te daré la respuesta».

Maulingaputta dijo, «El que iba a preguntar está muerto; por eso es que estaba mirando a mi alrededor para ver dónde estaba ese hombre, Maulingaputta. Yo también he oído su nombre, pero hace mucho que él se ha ido».

La fuente original debe ser transformada; si no, seguiremos preguntando. Y hay gente que te irá suministrado respuestas. Te sientes bien preguntando; ellos se sienten bien contestando, pero lo que continúa es solamente un engaño mutuo.

Capitulo XII

El LSD y la meditación

¿Puede el LSD ser utilizado como una ayuda en la meditación?
El LSD puede ser utilizado como una ayuda, pero la ayuda es muy peligrosa. No es tan fácil. Si empleas un *mantra*, incluso eso se convertirá en algo de lo que será difícil desembarazarse, pero si empleadas ácido, LSD, será incluso más difícil desembarazarse de él.

En el instante en que estás viajando en LSD, no posees el control. Tu química toma el control y tú no eres el amo, y una vez no eres el amo es difícil recuperar esa posición. Si la química ahora no es la esclava; tú eres el esclavo. Ahora no será tu elección el cómo controlar. Una vez ingieres LSD como ayuda, estás haciendo del amo un esclavo y toda la química corporal será afectada.

Tu cuerpo empezará a anhelar el LSD. Ahora esta ansia no será solo de la mente, como ocurre cuando te apegas a un *mantra*. Cuando empleas el ácido como una ayuda, el ansia se convierte en parte del cuerpo; el LSD penetra hasta las mismas células del cuerpo. Las cambia. Tu estructura química interna se vuelve diferente. Entonces todas las células del cuerpo empiezan a ansiar ácido y será difícil abandonarlo.

El LSD puede ser utilizado para llevarte hasta la meditación solamente si tu cuerpo ha sido preparado para esto. De modo que si tú preguntas si puede ser utilizado en Occidente, te diré que en absoluto es para Occidente. Solamente puede ser utilizado en Oriente, si el cuerpo ha sido totalmente preparado para eso. El yoga lo ha usado, el tantra lo ha usado, existen escuelas de tantra y de yoga que han empleado el LSD como ayuda, pero en ese caso preparan antes tu cuerpo. Hay un largo proceso de purificación del cuerpo. Tu cuerpo se vuelve tan puro y tú te vuelves un maestro tan grande que incluso la química no puede convertirse entonces en tu maestro. Así pues, el yoga lo permite, pero de un modo muy específico.

Primero tu cuerpo ha de ser químicamente purificado. Entonces poseerás tal control del cuerpo que incluso tu química corporal podrá ser controlada. Por ejemplo, existen unos determinados ejercicio yóguicos: si ingieres un veneno, mediante un determinado ejercicio yóguico puedes ordenar a tu sangre que no se mezcle con él y el veneno pasará a través del cuerpo y, saldrá por la orina sin haberse mezclado para nada con la sangre. Si tú puedes hacer esto, si puedes controlar tu química corporal, entonces puedes emplear cualquier cosa porque te has vuelto el amo.

En el tantra, particularmente en el tantra «de la mano izquierda» emplean el alcohol como ayuda para la meditación. Parece absurdo; no lo es. El buscador ingiere alcohol en una determinada cantidad; entonces intenta mantenerse alerta. No ha de perder la consciencia. Poco a poco la cantidad de alcohol va siendo aumentada, pero la consciencia ha de permanecer alerta. La persona ha ingerido alcohol; este ha sido absorbido por el cuerpo, pero la mente permanece por encima; no se pierde la consciencia. Entonces la cantidad de alcohol va siendo aumentada más y más. Mediante esta práctica llega un punto en el que se te puede suministrar cualquier cantidad de alcohol y la mente sigue estando alerta. Solamente entonces puede el LSD ser de ayuda.

En Occidente no existen prácticas para purificar el cuerpo o para incrementar la consciencia mediante cambios en la química corporal. El ácido es ingerido en Occidente sin ninguna preparación. Esto no va a ser de ayuda. Más bien, al contrarío, puede destruir toda la mente.

Existen muchos problemas. Una vez estás en un viaje de LSD, tienes un destello de algo que nunca has conocido, de algo que nunca has sentido. Si empiezas a practicar, la meditación es un largo proceso, pero el LSD no es un proceso. Lo ingieres y se acabó el proceso. Entonces el cuerpo empieza a trabajar. La meditación es un largo proceso; has de practicarla durante años, solamente entonces llegarán los resultados. Y cuando tú has experimentado un atajo, te será difícil seguir un largo proceso. La gente ansiará volver al uso de las drogas. Por esto es difícil meditar una vez que has obtenido un destello mediante la química. El emprender un proceso que será largo, será difícil. La meditación necesita más stamina, más confianza, más espera, y será difícil porque ahora tu puedes comparar.

En segundo lugar, cualquier método es malo si tú no puedes controlar todo el tiempo. Cuando estás meditando tú puedes parar en cualquier momento. Si quieres dejarlo, puedes parar ahora mismo, puedes salir de ello. Tú no puedes detener un viaje de LSD. Una vez has ingerido el LSD has de completar el círculo. Entonces tú no eres el amo.

Todo lo que haga de ti un esclavo, en último término, no te va a ayudar espiritualmente, porque la espiritualidad significa básicamente ser el amo de uno mismo. De modo que no sugeriría atajos. No estoy en contra del LSD, puede que a veces este a su favor, pero entonces será necesario un largo proceso preliminar. Entonces tú serás el amo. Pero entonces el LSD no será un atajo. Será más largo incluso que la meditación. El *Hatha* yoga emplea años para preparar un cuerpo. Veinte años, veinticinco años, entonces un cuerpo está preparado; ahora puedes emplear cualquier ayuda química y no será destructiva para tu ser. Pero entonces el proceso es mucho más largo.

De esta manera sí puede emplearse el LSD; entonces estoy a favor de su uso. Si estás preparado para invertir veinte años en la preparación del cuerpo para poder ingerir LSD, entonces no es destructivo. Pero lo mismo puede hacerse con dos años de meditación. Debido a que el cuerpo es más burdo, llegar a ser su amo es más difícil. La mente es más sutil, de modo que ser su amo es más fácil. El cuerpo está más lejos de tu ser, de modo que hay una distancia mayor. Con la mente, la separación es menor. En la India el método primitivo para preparar el cuerpo para la meditación era el *Hatha* yoga. Llevaba tanto tiempo el preparar al cuerpo, que, a veces, el *Hatha* yoga tenía que inventar métodos para prolongar la vida de modo que el *Hatha* yoga pudiera ser continuado. Era un proceso tan largo que sesenta años podían no ser suficientes, setenta años podían no ser suficientes. Y ahí surge un problema: si en esta vida no se llega a ser el amo, entonces en la vida próxima tendrás que empezar desde el abc porque entonces tendrás un nuevo cuerpo. Se habrá desperdiciado todo ese esfuerzo. En tu próxima vida no tendrás una nueva mente, la vieja mente continúa, por eso todo aquello que se haya alcanzado a través de la mente seguirá contigo, pero todo lo que se haya alcanzado a través del cuerpo se perderá con cada muerte. Así, el *Hatha* yoga tuvo que inventar métodos para prolongar la vida durante doscientos o trescientos años, a fin de que uno pudiera llegar a ser el amo.

Si se llega a ser el amo de la mente, entonces eres capaz de cambiar el cuerpo, pero la preparación del cuerpo pertenece exclusivamente al cuerpo. El *Hatha* yoga inventó muchos métodos para que pudiera completarse el proceso, pero entonces se descubrieron métodos incluso más efectivos: cómo controlar directamente la mente, —el Raja yoga. Con esos métodos el cuerpo puede ser de una cierta ayuda, pero no hay necesidad de ocuparse demasiado de él. De modo que los adeptos del *Hatha* yoga han dicho que puede usarse el LSD, pero el Raja yoga no puede decir que pueda usarse el LSD, porque el Raja yoga no posee ninguna metodología para preparar al cuerpo. Emplea directamente la meditación.

A veces sucede —solo a veces, en pocas ocasiones— que si obtenemos un vislumbre a través del LSD y no te conviertes en adicto suyo, puede que ese vislumbre desate una sed de buscar algo más. Así que probarlo una vez, está bien, pero llega a ser difícil saber dónde detenerse y cómo detenerse. El primer viaje está bien; viajar por una vez, está bien. Te vuelves consciente de un mundo distinto y entonces empiezas a buscar, empiezas tu búsqueda, debido a ello. Entonces es difícil parar. Este es el problema. Si eres capaz de parar, entonces ingerir LSD, por una vez, es bueno. Pero ese «si», es un si con mayúsculas.

Mulla Nasrudin solía decir que él nunca tomaba más de un vaso de vino. Muchos amigos ponían objeciones a su afirmación porque le habían visto tomar un vaso tras otro. El les dijo, «El segundo vaso se toma debido al primero. «Yo» tomo solo uno. El segundo se debe al primero, y el tercero al segundo. Entonces yo no soy el amo. Solamente soy el amo respecto al primero, de forma que, ¿cómo voy, a decir que tomo más de uno? «Yo» tomo solamente uno. ¡Siempre solo uno!»

Con el primero, tú eres el amo. Con el segundo, no lo eres. El primero te llevará al segundo y entonces eso seguirá sin parar; entonces deja de estar en tus manos. Empezar cualquier cosa es fácil porque tú eres el amo pero acabar cualquier cosa es difícil porque entonces tú no eres el amo. Así que no estoy en contra del LSD, y si lo estuviera, es con una condición. Esta es la condición: si puedes seguir siendo el amo, entonces está bien. Usa cualquier cosa, pero permanece siendo el amo. Y si no puedes seguir siendo el amo, entonces no te metas nunca en un camino peligroso. Nunca entres en él; será lo mejor.

Capitulo XIII

La intuición: Sin explicación

¿ **P**uede explicarse la intuición científicamente? *¿Es un fenómeno de la mente?*

La intuición no puede ser explicada científicamente porque el fenómeno mismo es irracional y no científico. El fenómeno mismo de la intuición es irracional. En el lenguaje parece que está bien preguntar, «¿Puede explicarse la intuición? Eso quiere decir: ¿Puede la intuición ser reducida al intelecto? Pero intuición significa algo más allá del intelecto, algo que no es del intelecto, algo que viene de algún lugar donde el intelecto está totalmente ausente. De modo que el intelecto puede sentirla, pero no puede explicarla.

El salto puede percibirse porque hay una brecha. La intuición puede ser percibida por el intelecto, puede saberse que algo ha sucedido, pero no puede ser explicada porque la explicación significa causalidad. Explicación significa «¿De dónde viene? ¿Por qué aparece? ¿Cuál es su causa?» Y procede de algún otro lugar, no del intelecto en sí, así que no hay una causa intelectual, no hay un motivo, no hay un enlace, no existe una continuidad del intelecto.

Por ejemplo, Mahoma era un analfabeto. Nadie había sabido nada de él nunca; nunca nadie había podido imaginarse que de él naciera una obra tan grande como el Corán. No había ni una sola acción, ni un solo pensamiento, sobre él que fuera especial;

era sencillamente un hombre corriente, absolutamente corriente, Nunca nadie había sentido que algo extraordinario pudiera sucederle a él. Entonces, como de repente, aparece registrada esta parábola.

Un ángel se le apareció a Mahoma y le dijo, «¡Lee!». Mahoma le dijo, «¿Cómo voy a leer? No sé cómo hacerlo, no sé leer; soy analfabeto».

El ángel le repitió de nuevo, «Lee».

Mahoma le dijo de nuevo., «¿Pero cómo voy a leer? No sé nada de leer».

Entonces el ángel le dijo, «¡Lee! Por la gracia de Dios, podrás hacerlo». Y Mahoma empezó a leer. Esto es intuición.

Regresó a su casa temblando; temblando porque no podía entender lo que había sucedido. Podía leer y había leído algo inimaginable. Se le había entregado el primer ayat del Corán. Él no podía entenderlo porque nada de su pasado guardaba relación con eso. No podía percibir su significado; se había convertido en el vehículo de algo que no guardaba relación con su pasado; algo que estaba absolutamente desconectado. Algo de lo desconocido había penetrado en él. Podía haber estado relacionado con otras cosas, con otra gente, pero no guardaba relación alguna con Mahoma. Esta es la penetración.

Llegó a su casa temblando; tenía fiebre. Solamente seguía pensando, «¿Qué ha sucedido?» Era incapaz de comprender lo que había sucedido y durante tres días tuvo una fiebre muy alta, temblaba, porque no existía una causa para lo que le había ocurrido. No tenía ni siquiera el valor de contárselo a nadie. Era un analfabeto, ¿quién iba a creerle? Él mismo, no podía creer lo que le había sucedido; era increíble.

Después de tres días con fiebre muy alta, de estar en coma, inconsciente, reunió el coraje suficiente para contárselo a su mujer, pero solo bajo la condición de que no se lo dijera a nadie. «Parece que me he vuelto loco», dijo. Pero su mujer era mayor que él y tenía más experiencia. Ella tenía cuarenta años y Mahoma veintiséis.

Ella era una mujer rica, una viuda rica. Sintió que algo auténtico le había sucedido y ella fue la primera conversa de Mahoma. Solamente entonces logró Mahoma reunir el valor suficiente para hablar con algunos amigos y parientes. Siempre que se ponía a hablar, empezaba a sudar, a temblar, porque ese suceso era inconcebible. Por eso Mahoma insistía, —y esto se convirtió en un dogma, un dogma fundamental del Islam— en que «Yo no soy divino. No soy nada especial. No soy extraordinario. Soy solo un vehículo».

Esto es lo que significa «entregarse», y nada más, ¡Nada más! El cartero tan solo te entrega el mensaje; tú no eres ni siquiera capaz de entenderlo.

Esto es intuición. Es una esfera distinta donde ocurren cosas que no guardan en absoluto relación con el intelecto, aunque puedan penetrar en el intelecto. Debe comprenderse que una realidad superior puede penetrar una realidad inferior, pero la inferior no puede penetrar la superior. De modo que la intuición puede penetrar el intelecto porque es superior, pero el intelecto no puede penetrar la intuición porque es inferior. Es como tu mente que es capaz de penetrar tu cuerpo, pero tu cuerpo no puede penetrar la mente. Tu ser puede penetrar la mente, pero la mente no puede penetrar el ser. Por eso es que, si entras en el ser, te has de separar del cuerpo y de la mente; de ambos. Ellos no pueden penetrar un fenómeno superior.

A medida que te adentras en una realidad superior, el mundo inferior ha de ir siendo abandonado. No existe una explicación de lo superior en lo inferior, porque los términos mismos de la explicación no tienen existencia propia, no tienen significado. Pero el intelecto puede percibir la brecha, puede conocer la brecha, puede llegar a sentir que «algo ha sucedido que está más halla de mí». Si esto se percibe, el intelecto ya ha hecho suficiente.

Pero el intelecto también puede rechazar. Esto es lo que se quiere decir con una mente que tiene fe o una mente que carece de fe. Si tú sientes que lo que no puede ser explicado por el intelecto no existe, entonces eres un no-creyente. Entonces continúas en esta existencia inferior, atado a ella. Entonces desautorizas al misterio, entonces desautorizas a la intuición para que te hable. Esto es lo que significa una mente racional. Los racionalistas ni tan solo ven que algo del más allá se ha presentado. Mahoma fue el elegido. Había eruditos a su alrededor, muchos eruditos, pero Mahoma, un hombre muy analfabeto, fue elegido porque tenía fe. Lo superior pudo penetrar, él pudo dejar que lo superior penetrara en él. Si estás entrenado racionalmente, no tolerarás lo superior, lo negarás, dirás, «No puede ser. Debe de ser mi imaginación, debe de ser un sueño mío. A menos que pueda demostrarlo racionalmente, no lo aceptaré».

Una mente racional se cierra, está cerrada por los límites del razonamiento, y la intuición no puede penetrar. Pero tú puedes emplear el intelecto sin que esté cerrado. Entonces puedes emplear la razón como un instrumento, pero estando abierto, estando receptivo a lo superior. Si algo se presenta, estás receptivo. Entonces puedes emplear tu intelecto como una ayuda. El se dará cuenta de que «Algo más allá de mí ha ocurrido». Puede ayudarte a entender esta brecha.

Además de esto, el intelecto puede ser empleado para expresar; no para explicar, para expresar. Un Buda no explica nada en absoluto; él es expresivo pero no es explicativo. Todos los Upanishads son expresivos sin ninguna explicación. Dicen, «Esto es así, esto es así. Esto es lo que sucede. Si tú quieres, entra; no te quedes afuera. No hay explicación posible desde el interior hacia el exterior; así que entra. Pasa a formar parte de los de dentro». E incluso si entras, no se te explicarán las cosas. Tendrás que llegas a conocerlas y a sentirlas. El intelecto puede tratar de comprender, pero fracasará. Lo superior no puede ser reducido a lo inferior.

¿Llega la intuición a uno como ondas de pensamiento, como si fueran ondas de radio?

Esto, otra vez, vuelve a ser muy difícil de explicar. Si la intuición llegara a través de alguna clase de ondas, entonces, antes o después, el intelecto podría explicarla.

Surge sin ningún intermediario; ése es el punto. ¡Se presenta sin ningún vehículo! Viaja sin vehículo alguno, por eso es un salto, por eso es una discontinuidad. Si hubiera ciertas ondas y llegara a través de esas ondas, entonces no sería un salto, no sería una discontinuidad. Es un salto desde un lugar a otro lugar, sin interconexión entre los dos. Por eso es un salto. Si me acerco hasta ti paso a paso, no es un salto. Solo si llego a ti sin dar ningún paso, es un salto. Y un verdadero salto es incluso algo más profundo: significa que algo existe en un punto A y que luego eso existe en un punto B, y que entre los dos no existe nada. Eso es un verdadero salto.

La intuición es un salto. No es algo que te llegue; eso es un error lingüístico. No es algo que te llegue; es algo que te sucede, no que te llega. Algo que te sucede sin que haya causalidad alguna en ninguna parte, sin que suda de ningún sitio. Este suceso repentino es lo que quiere decir «Intuición». Si no es repentino, si no existe una completa discontinuidad con lo que había antes, entonces la razón descubrirá el camino. Le llevará tiempo, pero lo hará. Si cierta clase de rayos X, cierta clase de ondas o lo que sea, la transportan hasta ti, la razón será capaz de aislarlos, comprenderlos, y controlarlos. Entonces, cualquier día, se desarrollará un instrumento, como ocurre con la radio o la televisión, por el cual podrán recibirse las intuiciones.

Si la intuición llegara a través de rayos o ondas, entonces podríamos construir un instrumento para recibirlas. Entonces Mahoma no es necesario. Pero tal como yo lo veo, Mahoma será necesario. Ningún instrumento puede localizar la intuición porque no es un fenómeno ondulatorio. No es en absoluto un fenómeno. Es simplemente un salto de la nada al ser.

Intuición significa simplemente eso. Este es el motivo por el cual la razón la niega. La razón la niega porque la razón es incapaz de encararla. La razón solamente puede encarar fenómenos que puedan ser divididos en causa y efecto.

De acuerdo a la razón existen dos dimensiones de la existencia: lo conocido y lo desconocido. Y lo desconocido significa que aún no es conocido pero que algún día será conocido. Pero la religión dice que existen tres dimensiones: lo conocido, lo desconocido, lo incognoscible. Por incognoscible, la religión se refiere a eso que nunca podrá ser conocido.

El intelecto está implicado con lo conocido y lo desconocido, no con lo incognoscible, y la intuición opera con lo incognoscible, con eso que no puede ser conocido. No es simplemente una cuestión de tiempo el que sea conocido. «Incognoscibilidad» es su cualidad intrínseca. No es que tus instrumentos no sean suficientemente buenos, o que tú lógica no esté al día, o que tus matemáticas sean primitivas; ésa no es la cuestión. La cualidad intrínseca de lo incognoscible es su incognoscibilidad; siempre existirá como lo incognoscible. Esta es la dimensión de la intuición.

Cuando, desde lo incognoscible, algo llega a ser conocido, eso es un salto. ¡Es un salto! No hay un eslabón, no hay un camino, no hay un ir desde un punto a otro. Pero parece inconcebible, de forma que cuando digo, «Puedes sentirla, pero no puedes comprenderla», cuando digo esas cosas, sé muy bien qué digo tonterías. Tonterías solamente significa «Eso que no puede ser entendido mediante nuestros sentidos». Y la mente es un sentido, el más sutil, y la sabiduría es un sentido.

La intuición es posible porque lo incognoscible está ahí. La ciencia niega la existencia de lo divino porque dice, «Solamente existe una división: lo conocido y lo desconocido. Si existe algún dios, lo encontraremos mediante métodos de laboratorio. Si existe, la ciencia lo descubrirá».

La religión, por otra parte, dice, «Hagas lo que hagas, algo que pertenece a la misma raíz de la existencia seguirá siendo incognoscible; un misterio». Y si la religión no está en lo correcto, entonces creo que la ciencia va a destruir todo el significado de la vida. Si no existe el misterio, el significado de la vida es destruido por completo y toda su belleza es destruida. Lo incognoscible es la belleza, el significado, la aspiración, la meta. Debido a lo incognoscible,

LA INTUICIÓN: SIN EXPLICACIÓN

la vida tiene un significado. Cuando todo es conocido, entonces todo es monótono. Te hartarás, te aburrirás. Lo incognoscible es lo secreto; es la vida misma.

Te diré esto: que la razón es un esfuerzo para llegar a conocer lo desconocido y que la intuición es la aparición de lo incognoscible. Penetrar en lo incognoscible es posible, pero no lo es, explicarlo. Sentirlo, es posible; explicarlo, no.

Cuanto más trates de explicarlo, más cerrado te volverás; así pues no lo intentes. Deja a la razón que trabaje en su campo propio, pero recuerda continuamente que existen dimensiones más profundas. Existen razones más profundas que la razón no puede entender, razones superiores que la razón es incapaz de imaginar.

Capítulo XIV

Consciencia, «ser un testigo» y «ser consciente»

¿Cuál es la diferencia entre «ser consciente» y «ser un testigo»?

Hay mucha diferencia entre «ser consciente» y «ser un testigo». Ser un testigo es un acto; tú lo estás haciendo, el ego está ahi. De modo que el fenómeno del ser un testigo está dividido entre el sujeto y el objeto.

Ser un testigo es una relación entre sujeto y objeto. *Ser consciente* carece por completo de toda subjetividad o objetividad. No hay nadie que esté observando cuando *eres consciente*; no hay nadie que esté siendo observado. *Ser consciente* es un acto total, integrado; el sujeto y el objeto no se hallan relacionados en él, se han disuelto. Así que, ser consciente no quiere decir que haya alguien que se dé cuenta, ni quiere decir que haya nada de lo que darse cuenta.

Ser consciente es algo total. Una total subjetividad y una total objetividad, como un solo fenómeno. Mientras, en el ser testigo, existe una dualidad entre sujeto y objeto. Ser consciente no implica ninguna acción; ser *un* testigo implica un ejecutor. Pero a través del *ser un testigo*, es posible *ser consciente*, porque ser un testigo significa que ése es un acto consciente. Es un acto, pero consciente. Puedes hacer algo y ser inconsciente; nuestra actividad corriente es una actividad inconsciente, pero si en ella te vuelves consciente, aparece el *ser un testigo*. De modo que, desde la normal actividad inconsciente hasta el *ser consciente*, existe una separación que puede ser salvada *siendo un testigo*.

Ser un testigo es una técnica, un método, hacia el *ser consciente*. No es *ser consciente*, pero, comparado con la actividad corriente, con la actividad inconsciente, es un escalón más elevado. Algo ha cambiado, la actividad se ha vuelto consciente; la inconsciencia ha sido reemplazada por consciencia. Pero hay algo más que aún ha de ser cambiado. Y es esto: la actividad ha de ser reemplazada por la inactividad. Ese será el segundo paso.

Es difícil saltar de la acción corriente, inconsciente, al *ser consciente*. Es posible, pero difícil, de modo que un paso intermedio es de ayuda. Si uno empieza siendo un testigo de la actividad consciente, entonces el salto se convierte en algo más fácil; el salto hacia *ser consciente* sin que haya ningún objeto consciente, sin ningún sujeto consciente, sin ninguna actividad consciente en absoluto. Eso no quiere decir que el *ser consciente* no sea consciencia; es pura consciencia, pero no hay nadie que sea consciente de ello.

Hay todavía una diferencia entre consciencia y *ser consciente*. Consciencia es una cualidad de tu mente, pero no es la totalidad de tu mente. Tu mente puede ser las dos cosas: consciente e inconsciente, pero cuando tú trasciendes tu mente, deja de haber inconsciencia y deja de haber la correspondiente consciencia. Existe el *ser consciente*.

Ser consciente significa que toda la mente se ha vuelto consciente. Ahora la vieja mente ya no está allí, pero existe la cualidad de *ser consciente*. *Ser consciente* se ha convertido en la totalidad; la mente misma es ahora parte del *ser consciente*. No podemos pedir que la mente *sea consciente*; solamente podemos decir a ciencia cierta que la mente es consciencia. *Ser consciente* significa trascender la mente, de modo que no es la mente la que es consciente. Solamente a través de la trascendencia de la mente, prescindiendo de la mente, se hace posible el *ser consciente*.

La consciencia es una cualidad de la mente; el *ser consciente* es trascenderla, es ir más allá de la mente. La mente, como tal, es el medio de la dualidad, por eso la consciencia nunca puede trascender la dualidad. Ella siempre es consciente de algo, y siempre hay alguien el cual es consciente. De modo que la consciencia es una parte de la mente, y la mente como tal, es el origen de toda dualidad, de toda división, tanto si esta se da entre sujeto y objeto, entre actividad o inactividad, o entre consciencia e inconsciencia. Toda clase de dualidad es mental. *Ser consciente* es no dual, de modo que *ser consciente* se refiere al estado de no-mente.

¿Cuál es entonces la relación entre consciencia y ser *un testigo*? *El ser un testigo* es un estado, y la consciencia es un medio hacia el *ser testigo*. Si empiezas siendo consciente, llegas a *ser un testigo*. Si empiezas a ser consciente de tus actos, consciente de todo lo que haces a diario, consciente de todo lo que te rodea, entonces empiezas a observar.

El *ser un testigo* llega como consecuencia de la consciencia. No puedes practicar el *ser un testigo;* solamente puedes practicar la consciencia. El *ser un testigo* llega como una consecuencia, como una sombra, como un resultado, como un sub-producto. Cuanto más consciente te vuelves, más penetras en él *ser un testigo*, más *testigo* llegas a ser. Así, la consciencia es un método para alcanzar el *ser un testigo*. Y el segundo paso es que ese *ser un testigo* se convertirá en el método para alcanzar el *ser consciente*.

De modo que esos son los tres pasos: consciencia, *ser un testigo*, *ser consciente*. Pero nosotros estamos en el escalón más bajo, o sea, en la actividad inconsciente. La actividad inconsciente es el estado de nuestras mentes.

A través de la consciencia puedes llegar a *ser un testigo, y a* través del *ser un testigo* puedes llegar a *ser consciente y a* través del *ser consciente* puedes llegar al «no alcanzar nada». Mediante el *ser consciente* puedes alcanzar todo aquello que ya ha sido alcanzado. Después del *ser consciente* no hay nada; *ser consciente* es el final.

Ser consciente es el final del progreso espiritual; el no *ser consciente* es el comienzo. No ser consciente es un estado de existencia material. De modo que no ser consciente e inconsciencia no son lo mismo. No ser consciente implica materia. La materia no es inconsciencia; es no ser consciente.

La existencia animal es una existencia inconsciente; la existencia humana es un fenómeno mental: noventa y nueve por ciento inconsciente y uno por ciento consciente. Este uno por ciento de consciencia implica que tú eres un uno por ciento consciente de tu noventa y nueve por ciento de inconsciencia. Pero si tú te vuelves consciente de tu propia consciencia, entonces el uno por ciento ira incrementándose, y el noventa y nueve por ciento de inconsciencia, irá decreciendo.

Si llegas a ser cien por cien consciente, te convierte en un *testigo*, un *saksin*. Si te conviertes en un *saksin*, habrás alcanzado el punto de lanzamiento desde donde es posible el salto hacia el ser consciente. En el *ser consciente*, pierdes al *testigo* y solamente el acto de observar permanece. El que observa se pierde, pierdes la subjetividad, pierdes la consciencia egocéntrica. Entonces permanece la consciencia sin ego. La circunferencia permanece sin el centro.

Esta circunferencia sin el centro es el *ser consciente*. El ser consciente es la consciencia sin ningún centro, sin ningún origen, sin ninguna motivación, sin ningún centro del que proceda; una consciencia sin origen. Por esto tú vas desde la existencia que no *es* consciente —la materia, *prakriti*— hacia el *ser consciente*. Puedes llamarlo lo divino, lo sagrado, o como quieras llamarlo. Entre la materia y lo divino, la diferencia es siempre la consciencia.

Capítulo XV

La diferencia entre satori y samadhi

¿Cuál es la diferencia experimental entre satori —en el zen, un vislumbre de la Iluminación— y samadhi, la consciencia cósmica?

El *samadhi*: empieza como una ruptura, pero nunca acaba. Una ruptura siempre comienza y acaba, tiene unos límites, un principio y un final, pero el *samadhi* empieza como una ruptura y entonces dura para siempre. No tiene final. Así que si el suceso llega como una ruptura y no tiene final, es *samadhi*, pero sí es una ruptura total, con un comienzo y un final, entonces es un *satori*, y eso es diferente. Si es solo un vislumbre, solo una ruptura, y esa ruptura desaparece de nuevo, si es un paréntesis y el paréntesis está completo —atisbas en su interior y regresas; entras en él y regresas— si algo sucede y de nuevo desaparece, es un *satori*. Es un vislumbre, un vislumbre del *samadhi*, pero no el *samadhi*.

«*Samadhi*» significa el comienzo del saber, sin ningún final.

En la India no tenemos ninguna palabra que corresponda a *satori*, de modo que, a veces, cuando la ruptura es grande, uno puede confundir el *satori* con el *samadhi*. Pero nunca son iguales; es solo un vislumbre. Has alcanzado lo cósmico y has mirado en su interior, y entonces todo ha desaparecido otra vez. Desde luego tú no serás el mismo; ahora nunca serás el mismo otra vez. Algo ha penetrado en ti, algo te ha sido añadido; nunca podrás ser el mismo. Pero todavía, eso que te ha cambiado no permanece contigo. Es solo un recuerdo, solo memoria. Es solo un destello. Si puedes recordarlo, si puedes decir, «He conocido ese instante», es solamente un vislumbre, porque en el instante en que el *samadhi* suceda, no estarás allí para recordarlo. Entonces nunca dirás, «Lo he conocido», porque al conocer, el conocedor se pierde. Solamente con el vislumbre permanece el conocedor. Así pues, el conocedor puede guardar como un recuerdo este vislumbre. Puede suspirar por él, puede desearlo, puede acariciarlo, puede esforzarse de nuevo por experimentarlo, pero él está todavía ahí. Aquél que ha tenido un vislumbre, aquél que lo ha visto, está ahí. Eso se ha convertido en un recuerdo y ahora ese recuerdo te perseguirá, te acechará, y exigirá una y otra vez que se repita el fenómeno.

En el instante en que el *samadhi* sucede, tú no estás allí para recordarlo. El *samadhi* nunca se convierte en parte de la memoria porque el que estaba allí ya no está. Como dicen en zen, «El hombre viejo ha desaparecido y el nuevo ha llegado...» Y esos dos nunca se encuentran, de modo que no existe la posibilidad de recuerdo alguno. Lo viejo se ha ido y lo nuevo ha llegado y no ha habido encuentro entre los dos, porque lo nuevo solamente puede llegar cuando lo viejo se ha ido. Entonces no es un recuerdo, no hay un anhelo hacia él, no nos acecha, no suspiramos por él. Entonces, tal y como eres, estás en paz y no hay nada que desear.

No es que hayas matado el deseo, ¡no! Es una ausencia de deseos en el sentido de que aquél que podía desear ya no existe. No es un estado de no-deseo; es la extinción del deseo, porque aquél que podía desear ya no existe. Entonces no hay deseo alguno, ya no existe el futuro, porque el futuro es creado por nuestros deseos; es una proyección de nuestros deseos.

Si no hay deseos, no hay futuro. Y si no hay futuro, no hay necesidad del pasado porque el pasado es siempre un telón de fondo contra el cual, o mediante el cual, es anhelado el futuro. Si no hay futuro. si sabes que en este mismo instante vas a morir, no hay necesidad de recordar el pasado. Entonces no hay ni tan solo necesidad de que recuerdes tu nombre porque el nombre posee un significado solamente si existe un futuro. Puede que lo necesites, pero si no hay futuro, simplemente quema todos tus vínculos con el pasado. No los necesitas; el pasado ha dejado de tener sentido. El pasado solamente tiene sentido si apoya o contradice al futuro.

En el instante en que el *samadhi* ha sucedido, el futuro se convierte en algo no-existencial. No existe; solamente existe el momento presente. Es el único momento; no existe ni siquiera pasado. El pasado ha desaparecido y el futuro también y una única, momentánea existencia se ha convertido en la totalidad de la existencia. Estás en ella, pero no como una entidad distinta de ella. No puedes diferenciarte de ella porque solamente te diferencias de ella debido a tu pasado o tu futuro. La única barrera entre tú y el momento presente que está aconteciendo son el pasado y el futuro cristalizados a tu alrededor. De modo que cuando sucede el *samadhi* no existen ni pasado, ni futuro. No es que tú estés en el presente; es que tú eres el presente, te conviertes en el presente.

El samadhi no es un vislumbre, el *samadhi* es una muerte. Pero el *satori* es un vislumbre, no una muerte. Y el *satori* es posible de muchas maneras. Una experiencia estética puede ser una posible causa para que se dé el *satori;* la música puede ser una posible causa del *satori;* el amor puede ser un posible origen del *satori.* En cualquier momento intenso en que el pasado pierda su importancia, en cualquier instante en el que estés viviendo en el presente —un instante que puede ser o bien de amor, o de música, o sentimiento poético, o de cualquier experiencia estética en la cual el pasado no interfiera, en la cual no haya deseo hacia el futuro— el *satori* se hace posible. Pero es solo un destello. Este destello es importante porque a través del *satori* puedes, por primera vez, sentir lo que significa el *samadhi. El* primer sabor, o el primer perfume distintivo del *samadhi,* llega a través del *satori.*

Así que el satori sirve de ayuda, pero cualquier cosa que sirva de ayuda puede convertirse en un obstáculo si te aferras a ella y la sientes como si lo fuera todo. El satori conlleva una dicha que es capaz de engañarte; posee una dicha propia. Debido a que desconoces el *samadhi*, aquél es la cosa más grande que alcanzas, y te aferras a él. Pero si te apegas a él, puedes hacer que eso que era una ayuda, eso que era un amigo, se convierta en una barrera y en un enemigo. De modo que uno ha de ser consciente del posible peligro del satori. Sí te das cuenta de esto, entonces la experiencia del satori te será de ayuda.

Un único, un momentáneo vislumbre, es algo que nunca puede ser conocido por otros medios. Nadie puede explicarlo; ni las palabras, ni la comunicación pueden darte pistas de ello. El satori es importante, pero es solo un vislumbre, algo así como un paso adelante, como un único y momentáneo avance hacia la existencia, hacia el abismo. No has podido ni siquiera darte cuenta de ese momento, no has podido ser consciente de él cuanto ya se te ha cerrado. Como el clic de la cámara; un clic y todo se ha perdido, Entonces surgirá un anhelo; lo arriesgarás todo por ese instante. Pero no lo anheles, no lo desees; déjalo que duerma en el recuerdo. No lo conviertas en un problema; simplemente, olvídalo. Si eres capaz de olvidarlo y no te aferras a él, esos momentos llegarán a ti cada vez más y más; los vislumbres te vendrán más y más.

Una mente exigente llega a cerrarse, y el vislumbre desaparece. Siempre se presenta cuando no eres consciente de él, cuando no lo buscas, cuando estás relajado, cuando no estás ni pensando en eso, cuando ni tan solo meditas. Incluso si estás meditando, el vislumbre se convierte en algo imposible, pero cuando no estás meditando, cuando estás en un momento en el que te dejas ir —sin hacer nada, ni tan siquiera esperando nada— en ese momento de relajación, el satori sucede.

Empezará a sucederte más y más, pero no pienses en ello, no lo desees. Y nunca lo confundas con el samadhi.

¿Qué clase de preparativos son necesarios para experimentar el satori?

El *satori* puede llegar a ser posible para un gran número de personas porque, a veces, no requiere de ninguna preparación; a veces ocurre por casualidad. Se crea la situación, pero inconscientemente. Hay mucha gente que sabe lo qué es. Puede que no lo conozcan como *satori*, puede que no lo hayan interpretado como *satori*, pero lo han conocido. Un gran estallido de amor puede crearlo. Incluso mediante las drogas químicas, es posible el satori. Es posible con la mescalina, con el LSD, con la marihuana, porque a través de un cambio químico, la mente puede expandirse lo suficiente como para que se dé un vislumbre. Después de todo, todos tenemos cuerpos químicos —la mente y el cuerpo son sistemas químicos— de modo que, también mediante la química, es posible ese vislumbre.

A veces un peligro repentino puede penetrar tanto en ti que ese destello se hace posible; a veces un gran shock puede hacerte estar tanto en ese momento, que se hace posible el vislumbre. Y para los que poseen una sensibilidad estética, que poseen un corazón poético, que tienen una actitud sensitiva hacia la realidad —no una actitud intelectual—, el destello es posible.

Para una personalidad intelectual, lógica, racional, el vislumbre es imposible. A veces puede sucederle a una persona intelectual, pero solamente mediante una intensa tensión intelectual; cuando se relaja la tensión. Eso le sucedió a Arquímedes. Estaba en *satori* cuando salió de su baño a la calle, desnudo, y empezó a gritar, «Eureka, ¡lo he encontrado!» Fue una liberación repentina de la constante tensión que tenía respecto a un problema. El problema fue resuelto, de modo que la tensión que había debido al problema fue completa y repentinamente liberada. Se precipitó a la calle desnudo gritando, «Eureka, ¡lo he encontrado!»

Para alguien intelectual, si un gran problema que ha requerido la totalidad de su mente y le ha conducido al clímax de la tensión intelectual, es resuelto, puede que le lleve a un instante de *satori*. Para las mentes estéticas es más fácil.

¿Quieres decir que incluso la tensión intelectual puede ser un medio para alcanzar el satori*?*

Puede serlo, puede no serlo. Si te vas tensando intelectualmente durante esta discusión y la tensión no es llevada al extremo, se convertirá en un obstáculo. Pero si llegas a estar totalmente tenso y luego, de repente, lo entiendes, esa comprensión puede ser una liberación y el *satori* puede suceder.

O, si esta discusión no es en absoluto tensa, si simplemente charlamos, totalmente relajados, de modo completamente informal, incluso esta discusión puede ser una experiencia estética. No son solo las flores las que son estéticas; incluso las palabras pueden serlo. No solamente los árboles son estéticos; los seres humanos también pueden serlo. No solamente es posible el *satori* cuando observas pasar las nubes; incluso si participas en un diálogo se hace posible. Pero, o se necesita una participación muy relajada o una participación muy tensa. O bien estás relajado desde un principio o bien la relajación te llega debido a que la tensión ha alcanzado un clímax y luego ha sido liberada. Cuando una de las dos cosas sucede, incluso un diálogo, una charla, puede convertirse en la causa del *satori*. Cualquier cosa puede convertirse en la causa del *satori*; depende de ti. Nunca depende de nada más. Estás atravesando una calle: un niño se ríe y puede suceder el *satori*.

Hay un *haiku* que nos cuenta una historia más o menos así. Un monje está cruzando una calle y una flor muy corriente asoma sobre una pared. Una flor muy común, una flor ordinaria de esas que hay por todas partes. Él la mira. Es la primera vez que él realmente la ha mirado, porque es muy corriente, es muy normal. Siempre se ve por ahí, por eso nunca se preocupó de mirarla anteriormente. La mira. El *satori* sucede.

Nunca contemplamos las flores corrientes. Son tan comunes que te olvidas de ellas. Por eso el monje nunca antes había visto esa flor. Por primera vez en su vida la ha visto y el suceso se convierte en un fenómeno. Este primer encuentro con la flor, con esta flor corriente, se convierte en algo singular. Ahora él se siente apenado por ella. Siempre había estado ahí, esperándole, pero él nunca la había mirado. Siente pena por ella, le pide perdón... y la cosa sucede.

La flor está ahí y el monje está delante de ella bailando. Alguien le pregunta, «¿Qué estás haciendo?»

El le dice, «He visto algo poco común en una flor muy común. La flor estaba esperando desde siempre; nunca la había mirado antes, pero hoy sucedió el encuentro». La flor ahora ya no es corriente. El monje ha penetrado en ella y la flor ha penetrado en el monje.

Algo corriente, incluso un guijarro, puede ser la causa. Para un niño un guijarro es la causa, pero para nosotros no es la causa porque se ha convertido en algo muy familiar. Cualquier cosa poco corriente, cualquier cosa extra, cualquier cosa que hayas visto por primera vez, puede ser el desencadenante del *satori* si tú estás asequible. Si estás ahí, si tu presencia está ahí, el fenómeno puede suceder.

El *satori* le sucede a casi todo el mundo. Puede que no sea interpretado como tal, puede que no hayas sabido que fue un satori, pero sucede. Y este «suceder» es la causa de toda búsqueda espiritual; si no, la búsqueda espiritual no sería posible. ¿Cómo vas a ir en busca de algo de lo que no has tenido ni un solo vislumbre? Primero algo ha de llegarte, algún rayo ha de alcanzarte —un toque, una brisa— algo ha de llegar hasta ti para que se desencadene la indagación.

Una búsqueda espiritual solamente es posible si te ha sucedido algo sin que tú lo sepas. Puede ser con el amor, puede ser con la música, puede ser en la naturaleza, puede ser con la amistad, puede ser con cualquier comunión. Algo te ha sucedido que ha sido una fuente de gozo y que ahora es solo un recuerdo, una memoria. Puede que ni siquiera sea un recuerdo consciente; puede ser inconsciente. Puede que esté esperando como una semilla en al aún lugar en lo profundo de ti. Esta semilla se convertirá en la causa de una indagación y tú continuarás buscando algo que no conoces. ¿Qué es lo que estás buscando? No lo sabes. Pero aún así, en algún lugar, puede que desconocido para ti, alguna experiencia, algún momento maravilloso, se haya convertido en parte de tu mente. Se ha convertido en una semilla y ahora, esa semilla está abriéndose paso a través de ti y tú estás buscando algo que no sabes nombrar, que no sabes explicar.

¿Qué es lo que estás buscando? Sí una persona espiritual es sincera y honesta no podrá decir, «Estoy buscando a Dios», porque no sabe si Dios existe o no existe. Y la palabra «Dios» carece por completo de sentido a menos que lo hayas conocido. De modo que no puedes buscar a Dios *o al moksha* —la liberación—; no puedes. Un buscador sincero tendrá que volver sobre sí mismo. La búsqueda no es de algo en el exterior; es de algo interior. En algún lugar existe algo que ha sido vislumbrado, que se ha convertido en la semilla y que te está empujando, te está aguijoneando hacia algo desconocido.

La búsqueda espiritual no es una atracción desde el exterior; es un empuje interior. Siempre es un empuje. Y si es una atracción, la búsqueda no es sincera, no es auténtica. Entonces no es más que una búsqueda para alguna nueva clase de gratificación, una nueva clase de deseo. La búsqueda espiritual siempre es un empuje hacia algo desde el interior más profundo de ti mismo, algo de lo cual has tenido un vislumbre. No lo has interpretado, no lo has conocido conscientemente. Puede ser un recuerdo de un *satori* en la infancia que esté profundamente enterrado en el inconsciente. Puede ser un gozoso momento de *satori* en el vientre de tu madre, una dichosa existencia sin preocupaciones, sin tensiones, en un estado de mente completamente relajado. Puede ser un profundo e inconsciente sentimiento, un sentimiento que no conoces conscientemente, el que te está empujando.

Los psicólogos afirman que todo el concepto de búsqueda espiritual surge de la maravillosa existencia en el vientre de la madre. Es maravillosa, oscura, sin un solo rayo de tensión. Con el primer destello de la luz, empieza a sentirse la tensión, pero la oscuridad es absoluta relajación. No hay preocupaciones, nada que hacer. Ni tan solo has de respirar; tu madre respira por ti.

Existes exactamente de la forma que uno entiende que ha de existir cuando se alcanza el *moksha*. Todo simplemente «es», y ser «es» maravilloso. No se ha de hacer nada para alcanzar este estado; tan solo «ser».

De modo que puede decirse que hay una profunda e inconsciente semilla en tu interior que ha experimentado una relajación total. Puede que sea alguna experiencia de una dicha extática en la infancia; un *satori* infantil. Toda la infancia está plena de satoris, pero los has perdido. El Paraíso se ha perdido y Adán es expulsado del Paraíso. Pero el recuerdo está ahí, el desconocido recuerdo que te empuja.

El *samadhi* es distinto de esto. No has conocido el *samadhi*, pero mediante el *satori* aparece la promesa de que algo mayor es posible. El *satori* se convierte en la promesa que te conducirá hacia el *samadhi*.

¿Qué he de hacer para alcanzarlo?

No has de hacer nada. Solamente una cosa: debes ser consciente, no debes resistirte, no debe haber ninguna resistencia hacia él. Pero hay resistencia; por eso hay sufrimiento. Hay una resistencia inconsciente. Si algo empieza a suceder al *brahma randra*, solamente implica que la muerte del ego se aproxima. El que exista esa resistencia interna lo hace doloroso. Esta resistencia interna puede adoptar dos formas: o bien dejas de meditar o preguntas que has de hacer para trascenderla, para ir más allá de ella.

No has de hacer nada. Esta pregunta también es una clase de resistencia. Déjalo hacer lo que hace. Tan solo sé consciente y acéptalo totalmente. Quédate con él, déjalo que haga lo que está haciendo y coopera con él.

¿Debo mantenerme como testigo de ello?

No seas un *testigo*, porque ser simplemente *testigo* de este proceso creará barreras. No seas su *testigo*. Coopera con él, únete a él. Simplemente coopera con él, entrégate totalmente a él, entrégate a ti mismo a él y dile, «Haz lo que tengas que hacer, lo que sea». Y solo sé cooperativo.

No te resistas, ni le prestes atención porque incluso tu atención será una resistencia. Simplemente está con él y déjale hacer lo que tenga que hacer. Tú no puedes saber qué es lo que es necesario hacer y, no puedes planear qué es lo que ha de hacerse. Solamente puedes entregarte a él y dejar que haga lo que sea conveniente. El *brahma randra* posee su propia sabiduría, cada centro posee su propia sabiduría y si le prestamos atención crearemos inconvenientes.

En el instante en que te vuelves consciente de cualquiera de las funciones internas de tu cuerpo creas una alteración porque creas tensión. Todo el trabajo de tu cuerpo, el trabajo interior, es inconsciente. Por ejemplo, una vez que has ingerido la comida has de dejar de prestarle atención, debes dejar que el cuerpo haga lo que crea conveniente. Si prestas atención a tu estómago, le causarás alteraciones; alterarás por completo su funcionamiento y el estómago enfermará.

De este modo, cuando el *brahma randra* funcione, no le prestes atención, porque tu atención actuará en su contra, tú trabajarás en su contra. Lo encararás y al encararlo, al enfrentarlo, crearás una alteración; entonces todo el proceso será innecesariamente prolongado. Por eso, desde mañana mismo, simplemente está con él, ve con él, sufre con él y déjalo hacer lo que quiera hacer. Debes entregarte por completo, debes darte por completo a él. Esta entrega es *akarma*, ausencia de actividad. Es más *akarma* que el interesarte, porque tu atención es *karma*, acción; es una actividad.

Por eso, mantente con cualquier cosa que esté sucediendo. No es que al estar con ella no seas consciente, sino que no le prestarás atención. Serás consciente de ello y ésa es la diferencia. Estando presente existirá una consciencia, una consciencia difusa. En todo momento sabrás que algo está sucediendo, pero ahora estarás con ello, no habrá contradicción entre tu ser consciente y lo que está sucediendo.

¿Conducirá la meditación al samadhi?

Al principio, el esfuerzo será necesario. A menos que hayas trascendido la mente, se requerirá esfuerzo. Una vez has trascendido la mente, el esfuerzo deja de ser necesario, y si aún permanece ahí, eso quiere decir que no has trascendido la mente. Una dicha que necesite de esfuerzo, pertenece a la mente. Una dicha que no necesite de esfuerzo alguno, se ha vuelto natural, pertenece al ser; entonces es como el respirar. No se necesita de ningún esfuerzo; no solamente ningún esfuerzo, sino que no se necesita de ninguna atención. Prosigue. Ahora no es algo que se te haya añadido; eres tú. Entonces se convierte en *samadhi*.

Dhyan, meditación, es esfuerzo. *Samadhi*, es ausencia de esfuerzo. Meditación es esfuerzo; el éxtasis es ausencia de esfuerzo. Entonces no necesitas hacer nada con él. Por eso te digo que, a menos que alcances el punto en que la meditación se convierta en algo inútil, no habrás llegado a la meta. El camino debe convertirse en algo inútil. Si has alcanzado la meta, si has llegado a la meta, el camino es superfluo.

Capitulo XVI

La energía sexual y el despertar de la kundalini

¿Cómo puede uno superar la atracción hacia el sexo de modo que la kundalini pueda ascender?

Durante muchos nacimientos, continuamente, la energía ha estado descendiendo a través del centro sexual, de forma que cuando se crea cualquier clase de energía, esta tratará en primer lugar de ir hacia abajo. Por eso la meditación a veces creará una mayor sexualidad en ti, mayor que la que nunca hayas experimentado. Te sentirás más sexual porque habrás generado más energía que la que tenías previamente. Cuando has conservado algo, el viejo, habitual, camino está preparado para liberarlo. El mecanismo está preparado, el viejo camino está preparado. Tu mente solamente conoce un camino, el más bajo, el camino sexual; por eso cuando meditas, el primer movimiento de tu energía vital será descendente. Simplemente sé consciente de él.

No luches con él; simplemente sé consciente de él. Sé consciente del camino habitual, sé consciente de las imágenes sexuales; déjalas que lleguen. Sé consciente de ellas, pero no hagas nada con la situación; simplemente sé consciente de ellas. El camino sexual no puede funcionar sin tu cooperación, pero si tú cooperas, incluso por un solo instante, puede empezar a funcionar. No cooperes pues, con ella; simplemente sé consciente de ella.

El mecanismo del sexo es en gran medida un fenómeno momentáneo que solamente funciona durante un instante; si no cooperas en el instante adecuado, se detiene. En el instante adecuado se necesita tu cooperación, si no, no puede operar. Es solamente un mecanismo momentáneo, y si no cooperas con él, se detendrá por sí mismo. Una y otra vez la energía es creada mediante la meditación. Continúa yendo hacia abajo, pero ahora tú eres consciente de ella. El antiguo camino ha sido cortado; no reprimido. La energía está ahí y necesita ser liberada, pero la puerta más baja está cerrada; no reprimida, cerrada. No has cooperado con ella; eso es todo. No la has reprimido positivamente; solamente de forma negativa, no has cooperado con ella.

Has sido consciente de lo que está ocurriendo a tu mente, a tu cuerpo. Eres simplemente consciente; entonces la energía es conservada. Entonces la cantidad de energía se va incrementando más y más y se hará necesario un empujón hacia arriba. Ahora la energía ascenderá; por su propia fuerza, se abrirá un nuevo camino.

Cuando la energía vaya hacia arriba serás más sexualmente atractivo para los demás, porque la energía vital ascendiendo crea una fuerza magnética. Te harás más sexualmente atractivo para los demás, de modo que has de ser consciente de esto. Ahora atraerás a gente de forma inconsciente y la atracción no solamente será física; la atracción será etérica.

Incluso un cuerpo repulsivo, un cuerpo que no es atractivo, llegará a ser atractivo con el yoga. La atracción es etérica y es tan magnética que uno ha de permanecer constantemente consciente de ella, constantemente consciente. Tú te harás atractivo... y el sexo opuesto será irresistiblemente atraído hacia ti. Existen sutiles vibraciones que son creadas por tu cuerpo etérico; has de ser consciente de ellas. El tipo de atracción que será percibida por el sexo opuesto diferirá, adoptará muchas formas diferentes, pero, básicamente, será sexual. En su raíz, será sexual.

Pero tú puedes ayudar a esa gente. Incluso si son atraídos hacia ti sexualmente, han sido atraídos hacia una energía sexual que es ascendente. Y ellos tampoco son seres sexuales corrientes; una energía sexual ascendente se ha convertido en un centro de atracción, un centro magnético. De modo que puedes ayudarles; si no te implicas, entonces puedes ayudarles.

En el despertar de la kundalini, en una apertura del camino, ¿hay un incremento del poder sexual?

El incremento del poder sexual y la apertura del camino de la *kundalini* son simultáneos; no son lo mismo, pero son simultáneos. El incremento del poder sexual será el empujón para abrir los centros superiores, de modo que el poder sexual se incrementará. Si puedes ser consciente de eso y no emplearlo sexualmente, si no dejas que sea liberado sexualmente, llegará a ser tan intenso que el movimiento ascendente empezará. Primero, la energía tratará por todos los medios de ser liberada sexualmente, porque esa es su salida normal, es su centro normal. Así que uno debe, en primer lugar, ser consciente de las propias «puertas» inferiores. Solamente siendo consciente las cerrarás, solamente no cooperando las cerrarás. El sexo no es tan poderoso como creemos que es. Es poderoso solamente durante un instante; no es un asunto que dure veinticuatro horas; es un reto momentáneo.

Si puedes no cooperar y ser consciente, desaparece. Y sentirás una mayor felicidad que cuando la energía sexual es liberada por el camino descendente. La conservación de la energía siempre es maravillosa; el desperdicio de la energía solamente es un desahogo; en sí no es puro gozo. Te has desahogado, has aliviado algo que te estaba causando problemas. Ahora te has descargado, pero también te has vaciado.

El sentimiento de vacío que está invadiendo la mente occidental se debe simplemente al desperdicio sexual. La vida parece estar vacía. La vida nunca está vacía, pero parece que está vacía porque has estado sencillamente descargándote, desahogándote. Si algo es conservado, se convierte en un tesoro. Si tu puerta hacia lo superior se abre y la energía asciende, no solamente te sentirás aliviado, no solamente te aliviará el punto de tensión, sino que no habrá un vacío en él. En cierto modo estarás desbordante, satisfecho. La energía habrá ascendido, pero el centro básico no se habrá vaciado. Estará rebosante y la energía que rebosa ascenderá hacia el *brahma randra*. Entonces, cerca del *brahma randra* no habrá ni movimiento ascendente ni movimiento descendente. Ahora la energía ira hacia lo cósmico, irá al Todo, irá al *Brahman*, la Realidad suprema. Por eso se conoce al séptimo *chakra* como el «*brahma randra*», la puerta hacia el *Brahman*, la puerta a lo divino. Entonces no existe arriba ni abajo. Se percibirá como algo que está penetrando, empujando hacia arriba y llegará un momento en que uno sentirá como si algo hubiera dejado de estar ahí, como si se hubiera ido. Entonces estará desbordándose hacia el camino.

Los pétalos del *sahasrar* son simplemente un símbolo de las sensaciones que aparecen cuando la energía se desborda. Ese desbordamiento es un florecimiento, del mismo modo que una flor es en sí misma un desbordamiento. Sentirás como si algo se hubiera convertido en una flor; la puerta está abierta y saldrá al exterior.

No se percibirá interiormente. Se percibirá exteriormente. Algo se habrá abierto como una flor, como una flor con mil pétalos. Es solamente una sensación, pero esa sensación se corresponde con la verdad. La sensación es una interpretación y una traducción. La mente no puede concebir, pero la sensación es como un florecimiento. Lo más próximo, lo más similar, que alcanzamos a expresar es como si fuera la apertura de un capullo. Se siente así. Por eso hemos imaginado la abertura del *sahasrar* como un loto de mil pétalos.

¡Muchos, muchos pétalos! Y se van abriendo, se van abriendo... se van abriendo interminablemente. Es la culminación, es el florecimiento del ser humano. Entonces te vuelves simplemente como un árbol y todo aquello que había en ti, ha florecido.

Entonces todo lo que puedes hacer es ofrecer esta flor a lo divino. Le hemos estado ofreciendo flores, pero son flores marchitas. Solamente esta flor puede ser una auténtica ofrenda.

Capítulo XVII

Las manifestaciones del prana en los siete cuerpos

¿Qué es el prana y cómo *se manifiesta en cada uno de los siete cuerpos?*

El prana es energía, la energía vital en nosotros, la vida en nosotros. Esta vida se manifiesta a sí misma, por lo que al cuerpo físico concierne, como el aliento entrante y saliente. Son dos extremos opuestos. Los consideramos como uno solo. Decimos, «respiración», pero la respiración tiene dos extremos: la inspiración y la expiración. Toda energía tiene dos extremos, toda energía existe entre dos polos opuestos. No puede existir de otra forma. Los polos opuestos con su tensión y su armonía, crean la energía; como los polos magnéticos.

Inhalar es realmente lo contrario de exhalar y la espiración es totalmente contraria a la inspiración. En un único instante, la inhalación es como el nacimiento y la exhalación es como la muerte. En un único instante las dos cosas suceden. Cuando inhalas, naces; cuando exhalas, mueres. En un único instante existen el nacimiento y la muerte. Esta polaridad es la energía vital ascendiendo, descendiendo.

En el cuerpo físico, la energía vital adoptará esta manifestación.

La energía vital nace y después de setenta años muere. Esa, también es una manifestación mayor del mismo fenómeno: inhalación y exhalación... El día y la noche.

En los siete cuerpos, el físico, el etérico, el astral, el mental, el espiritual, el cósmico, y el nirvánico, existe un correspondiente fenómeno de entrada-salida. Por lo que respecta al cuerpo mental, el pensamiento que llega y el pensamiento que se va es la misma clase de fenómeno que el aliento que entra y el aliento que sale. A cada instante un pensamiento llega a tu mente y un pensamiento se va.

El pensamiento es en sí mismo energía. En el cuerpo mental la energía se manifiesta como la llegada del pensamiento y la desaparición del pensamiento. En el cuerpo físico se manifiesta como la inhalación y la exhalación. Por eso puedes cambiar tus pensamientos con la respiración. Existe una correspondencia.

Si dejas de inhalar, impedirás entrar al pensamiento. Retén tu respiración en tu cuerpo físico y en el cuerpo mental los pensamientos se detendrán. Y, de la misma forma que el cuerpo físico se siente incómodo, tu cuerpo mental se sentirá incómodo. El cuerpo físico querrá inhalar; el cuerpo mental querrá ponerse a pensar.

De la misma forma que el aliento entra en el interior desde el exterior y el aire existe fuera de ti, también un océano de pensamiento existe alrededor de ti. Un pensamiento entra y un pensamiento sale. Así como el aire que tú respiras puede convertirse en el aire que yo respiro en otro momento, tu pensamiento puede convertirse en mi pensamiento. De la misma forma que exhalas, exhalas tus pensamientos. De la misma forma que existe el aire, existe el pensamiento; de la misma forma que el aire puede ser contaminado, también el pensamiento puede ser contaminado; de la misma forma que el aire puede ser impuro, también el pensamiento puede ser impuro.

El respirar en sí, no es prana. «Prana» significa la energía vital que se manifiesta en sí misma entre esas polaridades de entrada y salida. La energía que hace que el aliento entre, es *prana*; no es el aliento en sí. La energía que hace que el aliento entre, que lo consolida, esa energía que hace que el aliento entre y salga, es *prana*.

La energía que hace que un pensamiento entre y que un pensa-

miento se vaya, esa energía también es prana. Este proceso existe
en todos los siete cuerpos. Solamente estoy hablando ahora del
físico y del mental porque esos dos son los que conocemos; los
podemos comprender fácilmente. Pero en cada nivel de nuestro
ser, ocurre lo mismo. Tu segundo cuerpo, el cuerpo etérico, tiene su propio proceso
entrante y saliente. Puedes captar este proceso en cada uno de los
siete cuerpos, pero lo percibirás solamente como el aliento que
entra y el aliento que sale, porque solamente te relacionas con tu
cuerpo físico y su *prana*. Entonces siempre lo mal interpretarás.

Siempre que llegue a ti cualquier sensación procedente de tus
otros cuerpos o de su *prana*, lo interpretarás siempre como el aliento entrante y saliente, porque esta es la única experiencia que conoces. Solamente has conocido esta manifestación del *prana*, de la
energía vital. Pero en el plano etérico no hay ni respiración ni pensamiento, sino influjo; simplemente, un influjo, entrando y saliendo.

Entras en contacto con alguien sin haberlo conocido previamente. Ni siquiera ha hablado contigo, pero algo de él te llega.
O bien le has dejado entrar o lo has expulsado. Hay una sutil
influencia: puedes llamarlo amor o puedes llamarlo odio; la atracción o la repulsión.

Cuando eres repelido o atraído, esto es tu segundo cuerpo.
Y a cada instante el proceso continúa, nunca se para. Siempre
estás dejando entrar influencias y luego expulsándolas. El otro
extremo siempre estará ahí. Si has amado a alguien, luego, en un
momento determinado, serás repelido. Si has amado a alguien el
aliento ha entrado; ahora será expulsado y serás repelido.

De modo que cada momento de amor será seguido por un momento de repulsión. La energía vital existe en polaridades. Nunca
existe como un solo polo. ¡No puede! Y siempre que trates de
considerarlo así, te esforzarás en pos de lo imposible.

No puedes amar a alguien sin odiarle en algún momento. El
odio estará allí porque la fuerza vital no puede existir como un
solo polo. Existe como extremos opuestos, de modo que un amigo será un enemigo; y esto continuará. Este entrar y salir sucede-

rá hasta el séptimo cuerpo. Ningún cuerpo puede existir sin este proceso, este entrar y salir. No puede, de la misma forma que el cuerpo físico no puede existir sin inhalar y exhalar.

Por lo que concierne al cuerpo físico, nunca consideramos esos dos aspectos como opuestos, de modo que nuestra vida no resulta afectada. La vida no distingue entre inhalación y exhalación. No hay una distinción moral. No hay nada que elegir; son lo mismo. El fenómeno es natural.

Pero en lo que respecta al segundo cuerpo, el odio debe desaparecer y el amor debe quedar. Entonces has empezado a elegir. Has empezado a elegir y esta elección te cansará problemas. Por eso es que el cuerpo físico es, por lo general, más sano que el segundo, que el cuerpo etérico. El cuerpo etérico siempre está en conflicto porque la elección moral lo ha convertido en un infierno. Cuando surge el amor, te sientes bien, pero cuando aparece el odio, te sientes mal. Pero ha de aparecer, de modo que una persona que sepa, una persona que haya conocido los extremos, no se siente descorazonada cuando aparece. Una persona que ha conocido los extremos está tranquila, equilibrada. Sabe qué sucederá; por esto, ni trata de amar cuando no siente amor ni crea odio alguno. Las cosas vienen y van. El no se siente atraído por lo que entra, ni repelido por lo que sale. Es simplemente un testigo. Dice, «Es como el aliento que entra y el aliento que sale».

El método de meditación budista del *Anapanasati* yoga se ocupa de esto. Dice que seas simplemente un testigo de tu inspiración u de tu exhalación. Sé simplemente un testigo y empieza desde el cuerpo físico. Los otros seis cuerpos no se mencionan en el *Anapanasati* porque llegarán por sí mismos, poco a poco.

Cuanto más familiar llegues a sentirte con esta polaridad, con este morir y vivir simultáneamente, con este nacimiento y muerte simultáneos, más te iras dando cuenta del segundo cuerpo. Respecto al odio, Buda dice entonces que has de tener *upeksha*. Has de ser indiferente. Tanto si es odio como si es amor, mantente indiferente. Y no te aferres a ninguno, porque si te aferras, ¿qué sucederá con el otro extremo? Estarás incómodo. Aparecerá la enfermedad; no estás en paz.

Buda dice, «La llegada del amado es bienvenida, pero la partida del amado es llorada. El encuentro con el que te repele, es una desgracia, y la marcha del que te repele, es una dicha. Pero si continúas dividiéndote a ti mismo en esos polos, estarás en el infierno, vivirás en un infierno».

Si simplemente te conviertes en un testigo de esas polaridades, entonces dirás, «Es un fenómeno natural. Es tan natural en lo que concierne al cuerpo —o sea, uno de los siete cuerpos— que el cuerpo existe debido a esto; si no, no podría existir». Y cuando te haces consciente de esto, trasciendes el cuerpo. Si trasciendes tu primer cuerpo, entonces te haces consciente del segundo. Si trasciendes tu segundo cuerpo, entonces te haces consciente del tercero...

El ser un testigo siempre está más allá de la vida y de la muerte. Inhalar y exhalar son dos cosas y si te conviertes en testigo, entonces no eres ninguna de las dos. Entonces ha aparecido una tercera fuerza. Ahora no eres la manifestación del *prana* en el cuerpo físico; ahora tú eres el *prana*, el *testigo*. Ahora ves que la vida se manifiesta en el nivel físico debido a esta polaridad y si esta polaridad desaparece, el cuerpo físico desaparece; no puede existir. Necesita esa tensión para existir, esa constante tensión de entrar y salir, esta constante tensión de nacimiento y muerte. Existe debido a esto. A cada instante se mueve entre los dos polos; si no, no existiría.

En el segundo cuerpo, amor-odio es la polaridad básica. Se manifiesta de muchas formas. La polaridad fundamental es este gustar-no gustar, y a cada instante lo que te gusta se convierte en lo que te disgusta y lo que te disgusta te convierte que en lo que te gusta. ¡A cada instante! Pero nunca lo ves. Cuando lo que te gusta se convierte en lo que te disgusta, si reprimes tu desagrado y continúas engañándote, diciéndote que siempre te gustan las mismas cosas, tan solo te estás engañando a ti mismo por partida doble. Y si algo te desagrada, sigue desagradándote, nunca te permites a ti mismo observar los momentos en que te ha gustado. Reprimimos nuestro amor hacia nuestros enemigos y reprimimos nuestro odio hacia nuestros amigos. ¡Lo reprimimos! Solamente permitimos un solo movimiento, solamente un extremo, pero debido a que este regresa otra vez, estamos en paz. Vuelve de nuevo, por eso estamos tranquilos. Pero es algo discontinuo; nunca es continuo. No puede serlo. La fuerza vital se manifiesta en sí misma en el segundo cuerpo como gusto y disgusto. Pero es simplemente como el respirar; no hay diferencia. La influencia es aquí el medio, el aire es el medio en el cuerpo físico. El segundo cuerpo vive en tina atmósfera de influencias. No es simplemente que alguien entre en contacto contigo y tú empieces a sentir simpatía hacia él. Incluso si nadie entra y tú estás solo en la habitación, tú estarás con el gustar-disgustar, gustar-disgustar. No habrá diferencia. El gustar-disgustar se irán alternando continuamente.

Es a través de esta polaridad que existe el cuerpo etérico; esta es su respiración. Si te conviertes en su testigo, entonces simplemente reirás. Entonces no habrá amigo ni enemigo. Entonces sabrás que es sencillamente un fenómeno natural.

Si te vuelves consciente y te conviertes en un testigo del segundo cuerpo, del gustar y disgustar, entonces podrás conocer el tercer cuerpo. El tercero es el cuerpo astral. Así como las «influencias» existen en el cuerpo etérico, el cuerpo astral tiene «Fuerzas magnéticas». Su magnetismo es su respiración. En un momento dado te sientes poderoso y al siguiente instante te sientes impotente; en un instante dado eres optimista y al siguiente instante eres pesimista; en un instante dado te sientes confiado y al instante siguiente pierdes toda tu confianza. Es un magnetismo que penetra en ti y un magnetismo que se va de ti. Hay momentos en que puedes desafiar incluso a Dios, y hay momentos en que temes incluso a las sombras. Cuando la fuerza magnética está en ti, cuando está llegando a ti, te sientes grande. Cuando se ha ido, eres simplemente un don nadie. Y esto cambia hacia atrás y hacia adelante, como el día y la noche; el círculo da vueltas, la rueda da vueltas. Así, incluso una persona como Napoleón tiene sus momentos de impotencia e incluso una persona muy cobarde tiene sus momentos de bravura.

En el judo existe una técnica para determinar cuándo una persona carece de fuerza. Ese es el momento de atacar. Cuando es poderoso, te derrotará, de modo que has de saber el momento en que su poder magnético se le va y entonces atacar, y tú has de incitar a que te ataque cuando tu fuerza magnética está entrando. Este entrar y salir de la fuerza magnética corresponde a tu aliento. Por eso, cuando has de hacer algo complicado, retienes tu respiración. Por ejemplo, si has de levantar una pesada piedra, no puedes alzarla cuando el aliento está siendo expulsado. ¡No puedes hacerlo! Pero cuando el aliento está entrando, o cuando es retenido, puedes hacerlo. Tu respiración se corresponde con lo que está sucediendo en el tercer cuerpo. De modo que cuando el aliento está saliendo, a menos que la persona en cuestión haya sido entrenada para engañarte, es el instante en que su fuerza magnética se le está yendo, este es el instante de atacar. Y este es el secreto del judo. Incluso una persona más fuerte que tú puede ser derrotada si conoces el secreto de cuándo se siente él temeroso e inerme. Cuando la fuerza magnética no está en su interior, se sentirá inerme.

El tercer cuerpo vive en una esfera magnética, como el aire. A nuestro alrededor hay fuerzas magnéticas; las inspiras y las exhalas. Pero si te das cuenta de esta fuerza magnética que está entrando y saliendo, entonces ni serás poderoso ni impotente. Trascenderás ambos.

Entonces existe el cuarto cuerpo, el cuerpo mental: pensamientos que entran y pensamientos que salen. Pero esta entrada salida de pensamientos tiene también su paralelismo. Cuando un pensamiento viene a ti al inspirar, solamente en esos momentos nace un pensamiento original. Cuando exhalas, esos son momentos de impotencia; ningún pensamiento original puede nacer de esos momentos. En los momentos en que algún pensamiento original aparece, la respiración incluso se para. Cuando algún pensamiento original nace, entonces la respiración se detiene. Es simplemente un fenómeno de correspondencia.

Con los pensamientos que se van, no nace nada. Simplemente están muertos. Pero si tú te haces consciente de tus pensamientos entrantes y salientes, entonces puedes conocer el quinto cuerpo.

Hasta el cuarto cuerpo las cosas no son difíciles de entender, porque tenemos alguna experiencia sobre la que basamos para comprenderlas. Más allá del cuarto las cosas se vuelven muy extrañas, pero aún así, algo puede ser comprendido. Y cuando tú trasciendes el cuarto cuerpo lo comprendes más.

En el quinto cuerpo... ¿cómo decirlo? La atmósfera del quinto cuerpo es la vida, del mismo modo que el pensamiento, el aliento, la fuerza magnética, el amor-odio, son las atmósferas de los cuerpos inferiores.

Para el quinto cuerpo, la vida misma es la atmósfera. Así que en el quinto, la entrada es un momento de vida, y la salida es un momento de muerte. Con el quinto, te vuelves consciente de que la vida no es algo que esté en ti. Entra en ti y se va de ti. La vida misma no está en ti. Simplemente entra y sale como la respiración.

Por eso es que «respiración» y *prana* se han convertido en sinónimos; debido al quinto cuerpo. En el quinto cuerpo, la palabra prana es muy importante. Es la vida la que está entrando y la vida la que está saliendo. Y de ahí el miedo a la muerte que constantemente nos persigue. Eres consciente siempre de que la muerte está cerca, esperando en la esquina. Siempre está ahí, esperando. Este sentimiento de que la muerte siempre que está esperando, este sentimiento de inseguridad, de muerte, de oscuridad, se relaciona con el quinto cuerpo. Es un sentimiento muy oscuro, muy vago, porque no eres completamente consciente de él.

Cuando llegas al quinto cuerpo y te vuelves consciente de él, entonces sabes que la vida y la muerte son, ambos, la respiración del quinto cuerpo; entrando y saliendo. Y cuando te das cuenta de esto, entonces sabes que no puedes morir, porque la muerte no es un fenómeno inherente, corno tampoco lo es la vida. Ambos, vida y muerte, son fenómenos exteriores que te ocurren a ti. Tú nunca has estado vivo, nunca has estado muerto; tú eres algo que trasciende por completo a ambos. Pero este sentimiento de trascendencia solamente puede llegar cuando te vuelves consciente de la fuerza vital y de la fuerza mortal en el quinto cuerpo.

Freud ha dicho en alguna parte que él tuvo, en cierta medida, un vislumbre de esto. El no era un adepto al yoga, si no, lo habría comprendido. El lo llamó «la voluntad de morir», y dijo que cada hombre, a veces ansia la vida y a veces ansía la muerte. Hay dos voluntades opuestas en los hombres. Una voluntad de vivir y una voluntad de morir. Para la mente occidental esto resultaba completamente absurdo, ¿cómo podían esas voluntades contradictorias existir en una persona? Pero Freud dijo que, debido a que es posible el suicidio, debe de existir una voluntad de morir.

Ningún animal se suicida, porque ningún animal puede llegar a darse cuenta del quinto cuerpo. Los animales no pueden suicidarse porque no pueden volverse conscientes, no pueden saber que están vivos. Para cometer suicidio, es necesaria una cosa: ser consciente de la vida; y ellos no son conscientes de la vida. Pero también hay otra cosa que es necesaria: para cometer suicidio debes también ser inconsciente de la muerte.

Los animales no pueden suicidarse porque los animales no son conscientes de la vida, pero nosotros podemos suicidarnos porque nosotros somos conscientes de la vida, pero no somos conscientes de la muerte. Si uno se vuelve consciente de la muerte, entonces uno no puede suicidarse. Un Buda no puede suicidarse porque eso es algo innecesario, es una estupidez. El sabe que no puedes realmente matarte a ti mismo; solo puedes simular que lo haces. El suicidio es simplemente una pose, porque en realidad ni estás vivo ni muerto.

La muerte pertenece al quinto plano, al quinto cuerpo. Es la salida de una determinada energía y la entrada de una determinada energía. Tú eres aquél en el que esto sucede. Si te identificas con lo primero, puedes hacer lo segundo. Si te identificas con el vivir y la vida se vuelve algo imposible, puedes decir, «Me suicidaré». Esto es el otro aspecto de tu quinto cuerpo afirmándose a sí mismo. No hay ni un solo ser humano que no haya pensado alguna vez en suicidarse... porque la muerte es la otra cara de la vida. Esta otra cara puede convertirse en suicidio o asesinato; puede ser cualquiera de los dos.

Si estás obsesionado con la vida, si estás tan aferrado a ella que suspiras por negar la muerte por completo, entonces eres capaz de matar a otro. Al matar a otro satisfaces tu deseo de muerte: «la voluntad de morir». Con este truco, la satisfaces, y piensas que ahora no tendrás que morir porque alguien ya ha muerto.

Los que han cometido grandes asesinatos, —Hitler, Mussolini— sienten mucho temor hacia la muerte. Siempre tienen miedo de la muerte, de forma que proyectan esta muerte sobre los demás. La persona que es capaz de matar a alguien siente también que ella es más poderosa que la muerte. Él puede matar a otros. De un modo mágico, con una fórmula mágica, él piensa que, debido a que él puede matar, él trasciende la muerte; que una cosa que él puede hacer a los demás, no puede ocurrirle a él. Esto es una proyección de la muerte, pero puede volver de regreso a ti. Si acabas con tantas personas que al final te suicidas, es la proyección que regresa a ti.

En el quinto cuerpo, con la vida y la muerte llegando a ti, con la vida entrando y saliendo, uno no puede estar apegado a nadie. Si estás apegado, no estás aceptando la polaridad totalmente y enfermarás.

Hasta el cuarto cuerpo no era tan difícil, pero concebir la muerte y aceptarla como otro aspecto de la vida, es la acción más difícil. Sentir la vida y la muerte como paralelos, siendo simplemente lo mismo, dos aspectos de una cosa, es lo más difícil. Pero en el quinto, esta es la polaridad. Esta es la existencia *pránica* del quinto.

Con el sexto cuerpo, las cosas se vuelven incluso más difíciles, porque el sexto ya no es la vida. Para el sexto cuerpo... ¿qué decir? Después del quinto, el «yo» desaparece, el ego desaparece. Entonces deja de haber ego; te vuelves uno con el todo. Ahora no hay ninguna «cosa» tuya que entre y salga, porque no existe el ego. Todo se convierte en cósmico, y debido a que se convierte en cósmico, la polaridad adopta la forma de creación y destrucción; srishtri y pralaya. Por eso es que se vuelve más difícil con el sexto; la atmósfera es la «fuerza creativa y la fuerza destructiva». En la mitología hindú se denominan esas fuerzas como *Brama* y *Shiva*.

Brahma es la deidad de la creación, *Vishnú* es la deidad de la conservación, y *Shiva* es la deidad de la gran muerte, de la destrucción o Disolución, donde todo regresa a su fuente original. El sexto cuerpo existe en esta inmensa esfera de creatividad y destrucción; la fuerza de *Brahma* y la fuerza de *Shiva*. A cada instante la creación llega hasta ti y a cada instante todo se sumerge en la disolución. Por esto cuando un yogui dice, «He contemplado la creación y he contemplado el *Pralaya*, el final; he visto la aparición del mundo y he visto el regreso del mundo al vacío», está hablando del sexto cuerpo. El ego no está allí; todo aquello que entra y sale eres tú. Tú te vuelves uno con ello. Una estrella nace; ése es tu nacimiento. Y la estrella está desapareciendo; ésa es tu muerte. Por eso se dice en la mitología hindú que una creación es una respiración de *Brahma*, ¡Solamente una respiración! Es la respiración de la fuerza cósmica. Cuando *Brahma* inhala, la creación aparece; nace una estrella, las estrellas nacen del caos, todo empieza a existir. Y cuando su aliento es exhalado, todo desaparece, todo se extingue: una estrella muere... La existencia entra en la no-existencia.

Por eso digo que en el sexto cuerpo es muy difícil. El sexto no es egocéntrico; se convierte en cósmico. Y en el sexto cuerpo se conoce todo sobre la creación, todo lo que las religiones del mundo nos cuentan. Cuando uno habla de la creación, está hablando del sexto cuerpo y del conocimiento asociado a él. Y cuando uno habla del gran diluvio, del final, uno habla del sexto cuerpo.

Con el diluvio universal de la mitología judeo-cristiana o babilónica o de la mitología siria, o con el *pralaya* de los hindúes, aparece la exhalación, ésa del sexto cuerpo. Es una experiencia cósmica, no una individual. Es una experiencia cósmica, ¡Tú no estás allí!

La persona que está en el sexto cuerpo, que ha alcanzado el sexto cuerpo, contemplará todo aquello que está muriendo como si fuera su propia muerte. Un Mahavira no puede matar una hormiga, debido no a algún principio de no-violencia, sino a su propia muerte. Todo aquello que muere es su muerte.

Cuando te vuelves consciente de esto, de la creación y la destrucción, de las cosas entrando en la existencia a cada instante y de las cosas desapareciendo de la existencia a cada instante, esa consciencia es el sexto cuerpo. Siempre que algo desaparece de la existencia, otra cosa está entrando. Un sol está muriendo; otro está naciendo en alguna otra parte. Esta Tierra morirá; otra Tierra vendrá. Nos aferramos incluso en el sexto cuerpo. «La humanidad no ha de morir», pero todo aquello que ha nacido ha de morir, incluso la humanidad ha de morir. Las bombas de hidrógeno se crearán para destruirla. Y en el instante en que creemos bombas de hidrógeno, al instante siguiente crearemos un deseo de ir a otro planeta, porque la bomba implica que la Tierra se acerca a su muerte. Antes de que esta Tierra muera, la vida empezará a evolucionar en algún otro lugar.

El sexto cuerpo es el sentimiento de la creación y la destrucción cósmicas. Creación-destrucción... el aliento entrante-el aliento saliente. Por eso se utiliza «La respiración de *Brahma*». *Brahma* es una personalidad del sexto cuerpo; te conviertes en *Brahma* en el sexto cuerpo. En realidad te vuelves consciente de ambos, de *Brahma* y de *Shiva*, de los dos polos. Y Vishnú está más allá de la polaridad. Ellos forman el *trimurti*, la Trinidad: *Brahma*, *Vishnú, y Mahesh*, o *Shiva*.

Esta Trinidad es la trinidad del *«ser testigo»*. Si te haces consciente de *Brahma* y de *Shiva*, del creador y del destructor, si te vuelves consciente de esos dos, entonces conoces el tercero, *Vishnú*. *Vishnú* es tu realidad en el sexto cuerpo. Por eso *Vishnú* se convierte en el más importante de los tres. *Brahma* es recordado, pero aunque él es el dios de la creación, es adorado solamente en uno o dos templos. Él debería ser adorado, pero no es realmente adorado.

Shiva es más adorado incluso que *Vishnú*, porque tememos la muerte. Su adoración nace de nuestro miedo a la muerte. Pero muy pocos adoran a *Brahma*, al dios de la creación, porque no hay nada que temer; tú ya has sido creado, de modo que *Brahma* no te preocupa. Por eso no hay un solo gran templo que se le haya dedicado. El es el creador, de modo que todos los templos deberían estar dedicados a él, pero no lo están.

Shiva tiene el mayor número de devotos. Está en todas partes porque muchos templos fueron construidos en honor a él. Simplemente una piedra es suficiente para simbolizarlo; si no, hubiera sido imposible crear tantos ídolos de él. De modo que una simple piedra es suficiente... Pones una piedra en cualquier lugar y *Shiva* está allí. Debido a que la mente teme tanto a la muerte, no puedes escapar de *Shiva;* ha de ser adorado, y ha sido adorado. Pero *Vishnú* es la divinidad más sustancial. Por eso Rama es una encarnación de *Vishnú,* Krishna es una encarnación de *Vishnú,* todos los *avataras,* las encarnaciones divinas, son una encarnación de *Vishnú.* E incluso *Brahma* y *Shiva* reverencian a *Vishnú. Brahma* puede ser el creador, pero él crea para *Vishnú; Shiva* puede ser el destructor, pero el destruye para *Vishnú.* Esos son los dos alientos de *Vishnú:* el que entra y el que sale. *Brahma* es el aliento entrante y *Shiva* es el aliento saliente. Y *Vishnú* es la realidad en el sexto cuerpo.

En el séptimo cuerpo las cosas son incluso más difíciles. Buda llamó al séptimo cuerpo el *nirvana kaya,* el cuerpo de la Iluminación, porque la Mente, el Absoluto, reside en el séptimo cuerpo. El séptimo cuerpo es el cuerpo supremo, así que allí no hay ni creación ni destrucción, sino, más bien, ser y no-ser. En el séptimo, la creación siempre es de algo, no es la tuya. La creación será de algo que no eres tú y la destrucción será de algo que no eres tú, mientras que el ser eres tú y el no-ser eres tú. El séptimo cuerpo, ser y no-ser, existencia y no existencia, son los dos alientos. Uno no debería identificarse con ninguno. Todas las religiones han empezado a través de aquellos que han alcanzado el séptimo cuerpo. Y, a lo sumo, el lenguaje puede ser reducido a dos palabras: ser y no ser. Buda habla el lenguaje del no-ser, del aliento saliente, de modo que dice, «La nada es la realidad», mientras que Shankara habla el lenguaje del ser y dice que el «Brahman es la realidad suprema». Shankara emplea términos positivos porque él elige el aliento entrante y Buda emplea términos negativos porque él elige el aliento saliente. Pero son solo elecciones en lo que se refiere al lenguaje.

La tercera elección es la realidad, lo que no puede ser expresado. Como máximo podemos decir: el «ser absoluto», o el «no ser absoluto». Es lo más que puede decirse porque el séptimo cuerpo está más allá de esto. El trascenderlo es aún posible. Puedo decir algo sobre esta habitación si salgo afuera. Si trasciendo esta habitación y voy a otra habitación, puedo recordar esta, puedo decir algo sobre esta. Pero si yo salgo de esta habitación y caigo en un abismo, entonces no puedo decir nada de esta habitación. Con cada cuerpo, podía expresarse un tercer punto mediante palabras, símbolos, porque el cuerpo que lo trascendía estaba ahí. Podías ir allí y mirar hacia atrás. Pero solamente hasta el séptimo es esto posible. Más allá del séptimo no se puede decir nada, porque el séptimo es el último cuerpo; más allá está la «ausencia de cuerpo».

Con el séptimo uno ha de elegir «ser» o «no-ser», o el lenguaje de la negación o el lenguaje de la positividad. Y solamente hay dos elecciones. Una es la elección de Buda; el dice, «Nada queda». Y la otra es la elección de Shankara; él dice, «Todo es».

En las siete dimensiones, en los siete cuerpos, por lo que respecta al hombre y por lo que respecta al mundo, la energía vital se manifiesta en esferas multidimensionales. En todas partes, siempre que haya vida, el proceso entrante y saliente estará allí. Siempre que exista vida, el proceso existirá. La vida no puede existir sin esa polaridad.

De modo que *prana* es energía, energía cósmica, y nuestro primer encuentro con ella es en el cuerpo físico. Se manifiesta primero como respiración, y luego va manifestándose como otras formas de respiración: influencias, magnetismo, pensamientos, vida, creación, ser. Continúa y si uno se vuelve consciente de ello, uno siempre lo trasciende y llega a un tercer punto. En el momento en que alcanzas este tercer punto, trasciendes ese cuerpo y entras en el siguiente cuerpo. Entras en el siguiente cuerpo desde el primero, y así prosigues.

Si sigues trascendiéndolos todos, hasta el séptimo habrá todavía un cuerpo, pero más allá del séptimo está la «ausencia de cuerpo». Entonces tú te vuelves puro. Entonces no estás dividido; entonces deja de haber polaridades. Entonces se es advaita, no-dos. Entonces hay unidad.

PARTE
III

LAS TÉCNICAS

Capitulo XVIII

Técnicas tradicionales reinventadas por Osho

A napanasati yoga

Una flor que nunca haya conocido el sol y una flor que ha conocido el sol, no son la misma flor. No pueden serlo. Una flor que nunca ha conocido la salida del sol, nunca ha conocido al sol salir en su interior. Está muerta; es solamente un potencial. Nunca ha conocido su propio espíritu. Pero una flor que ha visto al sol salir también ha visto salir algo en su interior. Ha conocido su propia alma. Ahora la flor no es solamente una flor; ha conocido una profunda, inspiradora, interioridad.

¿Cómo podemos crear esa interioridad en nosotros mismos? Buda inventó un método, uno de los métodos más poderosos, para crear un sol interior de consciencia. Y no solamente para crearlo. El método es tal que no solamente crea esta consciencia interior, sino que simultáneamente hace que esa consciencia *penetre* hasta las mismas células corporales, hasta la totalidad del propio ser. El método que Buda empleó se conoce como *Anapanasati* yoga; el yoga del «ser consciente de la inhalación y de la exhalación».

Respiramos, pero es una respiración inconsciente. El aliento es *prana*, el aliento es el *elan vital*, la vitalidad, la vida misma, y aun así es inconsciente: no somos conscientes de él. Y si tú tuvieras que ser consciente de la respiración para poder respirar, morirías. Antes o después lo olvidarías; eres incapaz de recordar continuamente cualquier cosa.

El respirar es un eslabón entre nuestros sistemas voluntario e involuntario. Podemos controlar nuestra respiración hasta un cierto límite, podemos detener nuestra respiración durante un rato, pero no podemos detenerla permanentemente. Continúa sin nosotros, no depende de nosotros. Aunque estés en coma durante meses, seguirás respirando; es un mecanismo inconsciente.

Buda empleó la respiración como un vehículo para hacer dos cosas simultáneamente: una, crear consciencia, y otra, permitir que esa consciencia penetrara hasta las mismas células corporales. El dijo, «Respira conscientemente». Esto no significa hacer pranayama, la respiración yóguica. Es solamente convertir a la respiración en objeto de nuestra atención, sin cambiarla.

No tienes necesidad de alterar tu respiración. Déjala como está, natural; no la cambies. Pero cuando inhales, inhala conscientemente, deja que tu consciencia acompañe el aliento entrante. Y cuando exhales, deja que tu consciencia salga con él.

Acompaña la respiración. Pon tu atención en la respiración: fluye con ella. No te saltes ni una sola respiración. Se dice que Buda dijo, «Si fueras capaz de ser consciente de tu respiración solo por una hora, estarías ya Iluminado». Pero no ha de saltarse ni una sola respiración.

Una hora es suficiente. Parece muy poco tiempo, pero no lo es. Cuando estás tratando de ser consciente, una cosa puede parecer un milenio, porque, por lo general, no puedes mantenerte consciente más de cinco o seis segundos. Solamente una persona muy consciente puede mantener la atención durante ese tiempo. La mayoría de nosotros pasamos por alto cada segundo. Puede que empieces a ser consciente de que el aliento está entrando, pero tan pronto ha entrado, ya estás en otra parte. De repente recuerdas que el aliento está saliendo. Ya ha salido, pero tú estabas en otra parte.

Ser consciente de la respiración significa que no se han de permitir los pensamientos, porque los pensamientos distraerán tu atención. Buda nunca dice, «Deja de pensar». El dice, «Respira conscientemente». De forma automática, el pensar cesará.

No puedes pensar y respirar conscientemente al mismo tiempo. Cuando un pensamiento entra en tu mente, tu atención se aparta del respirar. Un solo pensamiento y te has vuelto inconsciente del proceso del respirar. Buda empleaba esta técnica. Es simple, pero muy vital. El les decía a sus *bikus*, a sus monjes, «Hagáis lo que hagáis, no olvides algo muy simple: recordad el aliento que entra y el aliento que sale. Moveos con él, fluid con él».

Cuanto más tratas de hacerlo, cuanto más te esfuerzas, más consciente te irás volviendo. Es difícil, es arduo, pero una vez lo consigas, te habrás convertido en una persona diferente, en un ser diferente en un mundo diferente.

Esto también trabaja otro aspecto. Cuando inhalas y exhalas conscientemente, poco a poco, llegas a tú centro, porque tu aliento toca el centro mismo de tu ser. Cada vez que el aliento entra, toca el centro de tu ser.

Fisiologicamente piensas que el respirar se debe a la purificación de la sangre, que es solamente una función del cuerpo. Pero si empiezas a ser consciente de tu respiración, poco a poco, profundizarás en esa fisiología. Entonces, un día, empezarás a percibir tu centro, justo al lado de tu ombligo.

Este centro solamente puede ser percibido si acompañas el aliento en todo momento, porque cuanto más te aproximas al centro, más difícil es permanecer atento. Puedes empezar cuando el aire entra. Cuando está entrando en tu nariz, empieza a ser consciente de él. Cuanto más hacia adentro vas, más difícil será ser consciente. Un pensamiento vendrá, un sonido, o algo sucederá y tú te habrás ido.

Si puedes llegar hasta el centro mismo, durante un breve momento, el aliento se detiene y surge una brecha. El aliento entra, el aliento sale: entre los dos hay una sutil brecha. Esa brecha es tu centro.

Solamente tras practicar el ser consciente del respirar durante mucho tiempo, cuando finalmente seas capaz de acompañar la respiración, de ser consciente de la respiración, serás consciente de la brecha cuando no hay movimiento de la respiración, cuando el aliento ni entra ni sale. En la brecha sutil entre los dos alientos, estás en tu centro. Así que el ser consciente de la respiración fue empleado por Buda corno un medio para aproximarse más y más al centro.

Cuando exhalas, sigues siendo consciente del aliento. De nuevo aparece una brecha. Hay dos brechas: una brecha después de que el aliento haya entrado y antes de que sea exhalado, y otra brecha después de la exhalación y antes de la inhalación. Esta segunda brecha es más difícil de percibir.

Entre la inhalación y la exhalación se encuentra tu centro. Pero hay otro centro, el centro cósmico. Puedes llamarlo «Dios». En la brecha entre la exhalación y la inhalación, está el centro cósmico. Esos dos centros no son dos cosas diferentes. Primero te volverás consciente de tu centro interno, y luego te harás consciente del centro externo. En último lugar, descubrirás que esos dos centros son uno. Entonces «afuera» y «adentro», perderán su significado.

Buda dice, «Acompaña conscientemente el respirar y crearás un centro de consciencia en tu interior». Una vez haya sido creado este centro, la consciencia empezará a llegar a tus mismas células, porque toda célula necesita oxígeno, toda cédula respira, por así decirlo.

Ahora los científicos dicen que incluso la Tierra respira. Cuando todo el universo está inhalando, se expande. Cuando todo el universo exhala, se contrae. En las antiguas y mitológicas escrituras hindúes, los Puranas, se dice que la creación es una inhalación de Brahma, el aliento entrante, y que la destrucción, el Pralaya, el fin del mundo, es la exhalación. Un aliento es una creación.

De una forma muy reducida, de una forma muy atómica, lo mismo sucede dentro de ti. Y cuando tu consciencia se vuelve una con el respirar, la respiración lleva tu consciencia a tus mismas células. Entonces todo tu cuerpo se convierte en el universo. En realidad, entonces dejas de tener un cuerpo material. Eres solo pura consciencia.

Tratak

Al hacer *tratak* has de mantenerte mirando fija y continuamente, sin parpadear, durante unos treinta o cuarenta minutos. Toda tu consciencia ha de estar en los ojos; tú debes convertirte en los ojos. Olvídate de todo, olvida el resto de tu cuerpo, sé solo los ojos y mira fijamente en todo momento sin parpadear. Cuando toda tu consciencia esté centrada en los ojos, alcanzarás un clímax de tensión, el máximo de tensión. Tus ojos son tu parte más delicada, por eso pueden llegar a estar más tensos que cualquier otra parte. Y con tensión en los ojos, toda la mente se tensa; los ojos son solo puertas hacia la mente. Cuando te conviertes en los ojos y los ojos alcanzan un máximo de tensión, entonces la mente también alcanza un clímax de tensión. Cuando bajas de este clímax caes sin esfuerzo en el abismo de la relajación. *Tratak* crea uno de las máximas tensiones posibles en la consciencia. Desde ese máximo, lo opuesto sucederá espontáneamente; la relajación sucederá espontáneamente.

Cuando estés haciendo *tratak*, el pensamiento se detendrá automáticamente. Poco a poco tu consciencia se irá centrando más en los ojos. Simplemente estarás consciente; no habrá pensamiento. Los ojos no pueden pensar. Cuando toda la consciencia se encuentra centrada en los ojos, la mente no tiene energía para pensar. No existe la mente, solamente existen los ojos, de modo que no existe el pensar.

En el instante en que tus ojos quieran parpadear. ése es el momento en que has de estar alerta. La mente está tratando de hacer que la energía regrese para pensar, está tratando de desviar la consciencia de los ojos y que regrese a la mente. Por eso una contemplación fija y constante es necesaria. Incluso un simple movimiento de los ojos dará energía a la mente. De modo que no muevas en absoluto los ojos. Tu mirada debe permanecer absolutamente fija.

Cuando estás mirando fijamente, sin mover los ojos, la mente también está fija; la mente se mueve con los ojos. Los ojos son las puertas, las puertas que pertenecen a la mente interior y también al mundo exterior. Si los ojos se hallan totalmente fijos, la mente se detiene; no puede moverse.

Esta técnica empieza con los ojos como porque empezar desde la mente es difícil. Es difícil controlar la mente, pero los ojos son objetos externos; puedes controlados. Mantén pues, tu mirada absolutamente fija; mira fijamente sin parpadear. Cuando tus ojos estén quietos, tu mente se aquietará.

La repetición de un mantra

Puedes emplear un *mantra* para aquietar la mente, para hacer que la mente esté totalmente en silencio. Puedes ir repitiendo un nombre: Rama, Krishna, o Jesús. El mantra puede ayudar a que no estés ocupado con otras palabras, pero una vez la mente se ha vuelto silenciosa y quieta, entonces este nombre —Rama, Krishna, o Jesús— se convertirá en un obstáculo. Se convierte en un sustituto, un reemplazo. Todas las demás palabras han sido descartadas, pero entonces esta palabra continúa de forma incontrolada. Te llegas a apegar a ella; no puedes desembarazarte de ella. Se ha convertido en un hábito, en una profunda ocupación.

Así que empieza con *japa*, la repetición de un *mantra*, pero entonces alcanza el estado en que el *japa* no es necesario y puede ser descartado. Utiliza «Rama» para hacer desaparecer todas las demás palabras de la mente, pero cuando todas las demás palabras hayan desaparecido, no retengas esta palabra. También es una palabra, de modo que desembarázate de ella.

Desembarazarse de ella es difícil. Uno empieza a sentirse culpable por deshacerse del *mantra* porque le ha ayudado mucho. Pero ahora esta ayuda se ha convertido en un obstáculo. ¡Cuidado! Los medios no se han de convertir en el fin.

Cuando medito generalmente repito un mantra *o un* namokar, *pero la mente permanece inquieta. ¿Cuál es la mejor forma en que uno puede ocupar su propia mente mientras medita?*

La necesidad de hacer algo es la necesidad de la mente no meditativa, de modo que primero deberías comprender porqué tienes esta necesidad. ¿Por qué no puedes permanecer desocupado? ¿De dónde proviene esta necesidad de estar constantemente ocupado? ¿Es simplemente para escapar de ti mismo? En el instante en que estas desocupado solo te tienes a ti mismo. Regresas a ti mismo. Por eso has de estar ocupado. La necesidad de estar ocupado es solamente un escape, pero es una necesidad para la mente no meditativa.

La mente no meditativa está continuamente ocupada con los demás. Cuando los demás no están allí, ¿qué ha de hacerse? No sabes cómo ocuparte de ti mismo. No eres ni siquiera consciente de que puedes vivir contigo mismo. Siempre has vivido con los demás y con otros y otros, así que ahora, en la meditación, cuando no estás con los demás y estás solo, —aunque no es estar realmente solo— empiezas a sentirte abandonado. El estar solo es la ausencia de los demás, la soledad es la presencia de uno mismo.

Empiezas a sentirte solo, y has de llenarlo con algo. Un *namokar* puede hacer eso, cualquier cosa puede valer. Pero a menos que tengas una mente meditativa, si continúas con un *namokar o* cualquier otra repetición, eso es simplemente una muleta y ha de ser descartada.

Si estás haciendo algo así, es mejor emplear un *mantra* de una palabra, como Rama *o Aum,* más que una palabra larga como un *namokar,* Con una palabra te sentirás menos ocupado que con muchas palabras, porque al cambiar las palabras, la mente también cambia. Con una palabra te sentirás aburrido y el aburrimiento es bueno porque entonces es fácil dejarlo todo en un momento dado. Así que más que emplear un *namokar,* es mejor emplear una sola palabra, y si puedes emplear una palabra que no tenga sentido, es mejor aún, porque incluso el significado se convierte en una distracción.

Cuando tienes algo que expulsar, entonces deberías ser consciente de que has de expulsarlo. No deberías apegarte demasiado a ello. De modo que emplea una palabra, una cosa, algo que no tenga sentido; por ejemplo, *ju*. No tiene sentido. Aum es básicamente lo mismo, pero ha empezado a tener algún sentido ahora porque lo hemos asociado con algo divino.

El sonido no debería tener significado; simplemente una palabra sin sentido. No debe transmitir nada, porque cuando se transmite algo, se alimenta la mente. La mente se alimenta no solo con palabras, sino con significados. Emplea pues alguna palabra como *ju*; es un sonido sin sentido.

Y, en realidad, *ju*, es más que un sonido carente de sentido porque con el *ju* se crea una tensión interna. Con el sonido *ju*, arrojas algo. De modo que emplea una palabra que arroje algo al exterior, que te expulse a ti al exterior, no una que te dé algo.

Emplea *ju*. Con *ju* empezarás a percibir que algo está siendo expulsado. Emplea la palabra cuando el aliento está siendo exhalado y entonces haz de la inhalación la brecha. Equilíbralo; *ju*, luego la inhalación como brecha... luego, otra vez *ju*. La palabra no debería tener sentido, debería ser un sonido más que una palabra. Y que enfatizara la exhalación. La palabra, el sonido, ha de ser expulsado al final, de modo que no debería juntarse con la inhalación.

Esto es muy sutil. Simplemente lanza el sonido hacia afuera como si estuvieras expulsando alguna excrecencia, como si estuvieras expulsando algo de dentro de ti; entonces no puede convertirse en comida. Recuerda siempre, y recuérdalo en profundidad, que cualquier cosa que acompañe la inhalación se convierte en comida. Cualquier cosa, incluso un sonido, se convierte en alimento. Y todo lo que sale con la exhalación es excretado. Es simplemente expulsado. Así que, al inhalar mantente siempre vacío, hueco. Entonces no estarás dando a la mente más comida.

La mente está ingiriendo alimento de forma sutil, incluso con sonidos, palabras, y significados; con todo. Experimenta esto.

Cuando te sientas sexual, cuando tengas una fantasía sexual, emplea este *jú* al exhalar. Al cabo de unos instantes trascenderás el sexo, porque algo ha sido expulsado, algo muy sutil está siendo expulsado. Si te enfadadas, entonces emplea este sonido y en unos segundos la ira desaparecerá.

Si te sientes sexual y empleas este mismo sonido con la inhalación, te sentirás más sexual. Si estás enfadándote y empleas este mismo *jú* con el aliento entrante, te sentirás más enfadado. Entonces te harás consciente de cómo incluso un simple sonido afecta a tu mente y de cómo la afecta de diferente forma al inhalar y al exhalar.

Cuando ves a alguien apreciado, querido, alguien al que estimas, y quieres tocar su cuerpo, tócalo mientras exhalas y no sentirás nada, pero tócalo mientras inhalas y te sentirás fascinado. Con la inhalación, el tocar se convierte en comida, pero con la exhalación deja de ser comida. Toma la mano de alguien en tus manos y siente la mano exclusivamente cuando inhales. Deja que la exhalación esté vacío. Entonces descubrirás que tocar es un alimento.

Y por eso cuando un niño ha sido criado sin madre, o no ha sido acariciado y abrazado por su madre, carece de algo. Nunca será capaz de amar a alguien si no ha sido tocado y querido y mecido por su madre, porque ese toque sutil es alimento para el niño. Crea en el muchas cosas. Si nadie le ha tocado con amor, no será capaz de amar a alguien porque él no sabrá de que «comida» carece, que carece de algo vital.

Por esto no digo que no toques a una mujer. Digo, «Tócala, pero al exhalar». Y cuando inhales, simplemente está atento, permanece en la brecha; no sentirás el toque. Seguirás tocando, pero no sentirás el toque.

Mantente consciente de la sensación cuando el aliento es expulsado y entonces serás consciente del secreto del respirar, de porqué ha sido llamado *prana*, la fuerza vital. La respiración es lo más vital. Si comes tu comida con un énfasis en la exhalación, entonces no importa lo buena que sea la comida, no será comida para tu cuerpo. Incluso si comes mucho, no habrá nutrición si tu énfasis es en la exhalación. De modo que come al inhalar y deja que exista una brecha cuando exhalas. Entonces con una cantidad mínima de comida, estarás más vivo.

Recuerda este sonido, *ju*, con el aliento exhalado. Acaba con la inquietud de la mente. Pero esto, también es una muleta y pronto, si meditas regularmente, sentirás que no la necesitas. Y no solo que no la necesitas, sino que se convertirá en una molestia, una molestia positiva. Estar desocupado es una de las cosas más bellas del mundo; estar desocupado es un gran lujo. Y si puedes mantenerte desocupado, te convertirás en un emperador. Es de esos instantes en los que estamos ocupados, que surge un momento en que estamos desocupados, totalmente desocupados. No solamente es innecesario estar ocupado en todo momento; al final es perjudicial.

Es una locura destruir un estado de desocupación, porque en ese mismo instante entras en el espacio sin tiempo. Estando ocupado nunca trascenderás el tiempo; con el estar ocupado nunca trascenderás el espacio. Pero si estas desocupado, totalmente desocupado, ni siquiera ocupado contigo mismo, ni siquiera meditando, simplemente estando allí, ése es el momento cumbre de la existencia espiritual, de la dicha. Eso es *sat-chit-ananda*.

La primera parte de la palabra es *sat*. Significa existencia; simplemente existes. Entonces te vuelves consciente de esta existencia; no solo consciente, te conviertes en consciencia, *chit*, y existencia simultáneamente. La existencia se convierte en consciencia… Y la dicha, *ananda*, aparece.

No es simplemente un sentimiento; te conviertes en gozo, existencia, y consciencia simultáneamente. Empleamos tres palabras porque no sabemos expresarlo en una palabra. Eres las tres simultáneamente.

Busca pues momentos de desocupación. Puedes emplear muletas, *mantras*, pero no te encandiles con ellos y recuerda que, en último término, te has de desprender de ellos.

Una técnica de visualización

«Mente» significa, en sí misma, proyección, de modo que, a menos que trasciendas la mente, todo aquello que experimentes es una proyección. La mente es el mecanismo proyector. Si tienes experiencias de visiones luminosas, de dicha, incluso de lo divino, todo eso son proyecciones. A menos que alcances una suspensión total de la mente, no estarás más allá de las proyecciones; estarás proyectando. Cuando la mente se detiene, solamente entonces has superado el peligro. Cuando no hay experiencias, ni visiones, ni nada objetivo, con la consciencia permaneciendo como un puro espejo sin nada que se refleje en ella, solamente entonces has superado el peligro de las proyecciones.

Las proyecciones son de dos tipos. Una clase de proyección te conducirá a más proyecciones. Es una proyección positiva; nunca podrás trascenderla. La otra clase de proyección es negativa. Es una proyección, pero te ayuda a trascender las proyecciones.

En meditación empleas la facultad proyectora de la mente como un esfuerzo negativo. Las proyecciones negativas son buenas; es como cuando sacas una espina ayudándote de otra espina o cuando un veneno es neutralizado con otro veneno. Pero debes permanecer constantemente consciente de que el peligro subsiste hasta que todo se detiene, incluso esas proyecciones negativas, incluso esas visiones. Si estás teniendo una experiencia de algo, no diré que esto sea meditación; diré que es aún contemplación, que es todavía un proceso de pensamiento. Por muy sutil que sea, es todavía pensamiento. Cuando solamente resta la consciencia sin ningún pensamiento, solamente un cielo abierto, sin nubes, cuando tú no puedes decir, «Yo estoy experimentando esto», solamente se puede afirmar «Yo soy».

La famosa máxima de Descartes, «*Cogito, ergo sum*» —pienso, luego existo— se convierte en meditación en «Suni ergo sum», «Yo soy, luego soy». Esta condición de «Yo soy», precede todo pensamiento; tú eres antes que tu pensamiento. El pensamiento aparece luego; tu ser le precede, de forma que el pensamiento no puede interferir el ser. Puedes permanecer sin pensar, pero el pensar no puede existir sin ti, por lo tanto no puede convertirse en la base sobre la que demostrar tu existencia.

Las experiencias, las visiones, cualquier cosa que se perciba objetivamente, forma parte del pensamiento. La meditación significa la total extinción de la mente, del pensar, pero no de la consciencia. Si la consciencia también desaparece, no estás en meditación sino en el sueño profundo. Esa es la diferencia entre sueño y meditación.

En el sueño profundo también cesa la proyección. No habrá pensar, pero al mismo tiempo, la consciencia también estará ausente. En meditación el proyectar desaparece, el pensar desaparece, los pensamientos dejan de existir, igual que ocurre con el sueño profundo, pero la consciencia está allí. Tú eres consciente de este fenómeno: de un vacío total a tu alrededor, de la ausencia de objetos a tu alrededor. Y cuando no hay objetos para ser conocidos, sentidos y experimentados, por primera vez empiezas a sentirte a ti mismo. Esto es una experiencia no objetiva. No es algo que tú experimentes; es algo que tú eres.

Así pues, aunque sientas la divina existencia, es una proyección. Esas son proyecciones negativas. Ayudan, ayudan en cierto modo a trascender, pero debes ser consciente de que son todavía proyecciones, si no, no irás más allá de ellas. Por eso digo que si tú sientes que encuentras gozo, todavía estás en la mente, porque la dualidad está presente, la dualidad de lo divino y lo no-divino. la dualidad de la dicha y la no-dicha. Cuando alcanzas realmente lo supremo, no puedes sentir dicha, porque la no-dicha es imposible; no puedes percibir lo divino como divino porque lo no-divino ya no existe.

Recuerda pues esto: «mente» es proyectar, y hagas lo que hagas con la mente será una proyección. No puedes hacer nada con la mente. La única cosa es encontrar cómo negar la mente, cómo abandonarla por completo, cómo ser consciente sin mente. Eso es meditación. Solamente entonces llegas a saber, puedes llegar a saber, eso que no es una proyección.

Todo aquello que conozcas, es proyectado por ti. El objeto es simplemente una pantalla. Tú vas proyectando tus ideas, tu mente, sobre ella. Cualquier método de meditación empieza con el proyectar, con la proyección negativa, y finaliza con la no-proyección. Esa es la naturaleza de todas las técnicas de meditación, porque has de empezar con la mente.

Incluso aunque estés yendo hacia un estado de no-mente, tendrás que empezar con la mente. Si yo voy a salir de esta habitación, he de empezar entrando en la habitación; el primer paso debe ser dado dentro de la habitación. Esto crea confusión. Si yo simplemente doy vueltas en círculo en la habitación, entonces estoy caminando en la habitación. Si voy a salir de la habitación, tengo que caminar de nuevo en la habitación, pero de una forma diferente. Mis ojos deben centrarse en la puerta y yo he de viajar en línea recta, no en círculos.

La proyección negativa significa caminar directamente hacia afuera de la mente. Pero primero, has de dar algunos pasos dentro de la mente.

Por ejemplo, cuando digo «luz», tú nunca has visto realmente la luz. Solamente has visto objetos iluminados. ¿Has visto nunca la luz misma? Nadie la ha visto; nadie puede verla. Ves una casa iluminada, una silla iluminada, una persona iluminada, pero no ves la luz misma. Incluso cuando ves el sol, no ves la luz. Ves la luz que es reflejada.

No puedes ver la luz. Cuando la luz choca con algo, se refleja. Solamente cuando ves el objeto iluminado y debido a que ves el objeto iluminado, dices que existe luz. Cuando no ves el objeto iluminado, dices que hay oscuridad.

No puedes ver la luz pura, de modo que en la meditaci6n la empleo como un primer paso, como una proyección negativa. Te digo que empieces a percibir la luz sin objetos. Descarta los objetos; allí simplemente hay luz. Empieza a percibir la luz sin objetos… Has de dejar a un lado una cosa: los objetos; y sin el objeto no puedes estar mucho tiempo viendo la luz. Antes o después, la luz desaparecerá porque has de estar enfocado sobre algún objeto.

Entonces te digo que sientas la dicha. Nunca antes has sentido dicha sin un objeto. Todo eso que conoces como felicidad, como dicha, se relaciona con algo. Nunca has conocido un instante de dicha sin que esté relacionada con algo. Puede que ames a alguien y entonces te sientas dichoso, pero ese alguien es el objeto. Te sientes feliz cuando escuchas una determinada música, pero entonces esa música es el objeto. ¿Te has sentido nunca dichoso sin objeto alguno? ¡Nunca! Por eso cuando te digo que seas dichoso sin objeto alguno, parece imposible. Si tratas de sentirte dichoso sin objeto alguno, antes o después la dicha se detendrá, porque no puede existir por sí misma.

Entonces te digo que sientas la presencia divina. Nunca te digo, «Siente a Dios» porque entonces Dios se convierte en un objeto. ¿Has sentido alguna vez una presencia sin que alguien esté presente? Siempre se refiere a alguien; si alguien está allí, entonces empiezas a sentir su presencia.

Yo descarto por completo a ese alguien. Simplemente te digo: siente la presencia divina. Es una proyección negativa. No puede continuar durante mucho tiempo porque no tiene una base sobre la que sustentarse. Antes o después desaparecerá. Primero descarto los objetos y luego, poco a poco, la proyección misma desaparecerá. Esta es la diferencia entre proyección positiva y negativa.

En la proyección positiva, el objeto y el sentimiento que le sigue tienen importancia, mientras que en la proyección negativa el sentimiento es importante y el objeto es sencillamente olvidado como si te estuviera haciendo desaparecer el suelo bajo tus pies. La base te ha sido quitada de debajo de ti, de tu interior, de todas partes, y tú te quedas a solas con tu sentimiento. Ahora ese sentimiento no puede existir; desaparecerá. Si los objetos no están allí, entonces las sensaciones ligadas directamente a esos objetos no podrán continuar durante mucho tiempo. Durante un rato podrás proyectarlos; luego desaparecerán. Y cuando desaparecen tú te quedas completamente solo, en completa soledad. Ese punto es el punto de la meditación, desde dónde empieza la meditación. Ahora estás fuera de la habitación.

Por eso la meditación tiene un comienzo en la mente, pero esa no es la auténtica meditación. Empieza en la mente, para que, desde allí, puedas ir hacia la meditación, y cuando la mente desaparezca y la trasciendas, entonces empezará la verdadera meditación. Hemos de empezar con la mente porque estamos en la mente. Incluso para trascenderla, hemos de emplearla. De modo que emplea la mente de forma negativa, nunca de forma positiva, y entonces alcanzarás la meditación. Si empleas la mente positivamente solamente crearás más y más proyecciones. Así pues, todo eso que es conocido como «pensamiento positivo» es absolutamente anti-meditativo. El pensamiento negativo es meditativo; la negación es el método para la meditación. Continúa negando hasta el punto en que nada quede para ser negado y solamente subsista el que niega; entonces estarás en tu pureza y entonces conocerás «Eso que existe de por sí». Todo lo que habías conocido antes eran simplemente imaginaciones, sueños, proyecciones mentales.

Morir conscientemente

Meditación quiere decir entregarse, un completo dejarse llevar. Tan pronto como uno se entrega se encuentra en manos de lo divino. Si nos aferramos a nosotros mismos no podemos hacernos uno con el Todopoderoso. Cuando las olas desaparecen, se convierten en el mismo océano.

Probemos con algunos experimentos para tratar de comprender qué es la meditación. Siéntate de forma que no estés en contacto con nadie. Cierra lentamente tus ojos y mantén tu cuerpo relajado. Relájate completamente de forma que no haya ninguna tensión, ninguna contracción en el cuerpo.

Imagina ahora que hay un río que discurre muy rápidamente, con una tremenda fuerza, entre dos montañas. Obsérvalo y sumérgete en él…. pero no nades. Deja tu cuerpo flotar sin ningún movimiento. Ahora te estás moviendo con el río, simplemente flotando. No hay ningún lugar al que llegar, ningún destino; no hay, por tanto, porqué nadar. Siéntete como si fueras una hoja seca flotando inerte en el río. Vívelo claramente de forma que puedas saberlo que quiere decir «entregarse», «dejarse llevar completamente».

Si has comprendido cómo flotar, descubre ahora cómo morir y cómo disolverte por completo. Mantén tus ojos cerrados, deja que tu cuerpo se afloje y relájalo completamente. Observa que una pira está ardiendo. Hay un montón de leña a la que se ha prendido fuego y las llamas de la pira parecen llegar hasta el cielo. Y recuerda una cosa más: no estás solamente observando como arde la pira, sino que tú has sido colocado en ella. Todos tus amigos y parientes están a tu alrededor.

Es mejor experimentar conscientemente este momento de muerte, pues, un día u otro, nos llegará. Con las llamas ascendiendo más y más alto, siente que tu cuerpo se está quemando. Al cabo de un tiempo, la pira se apagará por sí misma. La gente se dispersará y el cementerio quedará vacío y en silencio de nuevo. Siéntelo y verás que todo se ha quedado tranquilo y que no quedan más que las cenizas. Te has disuelto por completo. Recuerda esta experiencia de sentir como te disuelves, porque la meditación no es nada más que una clase de muerte.

Mantén ahora tus ojos cerrados y relájate completamente. No has de hacer nada. No hay necesidad de hacer nada. Antes de que existieras las cosas eran como eran y seguirán siendo lo mismo incluso cuando hayas muerto.

Siente ahora que todo aquello que está sucediendo es lo que ha de suceder. Siente su «cualidad de ser lo que se es». Es así; solamente puede ser así; no hay otra forma posible, así que, ¿por qué resistirse? Con la «cualidad ser lo que es es» uno se refiere a la «ausencia de resistencia» No existen expectativas de que las cosas puedan ser distintas de lo que son. La hierba es verde, el cielo es azul, las olas del océano braman, los pájaros cantan, los cuervos graznan… No hay una resistencia por tu parte porque la vida es así. De repente, ocurre una transformación. Aquello que era normalmente considerado como una molestia parece ser ahora algo amistoso. No estás en contra de nada, eres feliz con todo tal como está.

De modo que lo primero que has de hacer es flotar, más que nadar, en el océano de la existencia. Para uno que está dispuesto a flotar, el río lo lleva al océano. Si no nos resistimos, la vida misma nos lleva hasta lo divino. En segundo lugar, has de disolverte a ti mismo, más que salvarte a ti mismo de la muerte. Aquello que deseemos salvar, seguro que morirá, y aquello que haya de quedar eternamente, estará allí sin esfuerzo de nuestra parte. Aquél que está dispuesto a morir es capaz de abrir sus puertas para dar la bienvenida a lo divino, pero sí mantienes tus puertas cerradas debido al miedo a la muerte, lo haces al precio de no alcanzar lo divino. La meditación es morir.

Lo último que has de vivir es «el ser lo que se es». Solamente una simultánea aceptación de flores y espinas puede traer la paz. La paz, después de todo, es el fruto de una total aceptación. La paz llegará a aquél que esté dispuesto a aceptar incluso la ausencia de paz.

Cierra pues tus ojos, relaja tu cuerpo y siente como si el cuerpo no tuviera vida. Siente como si tu cuerpo se estuviera relajando. Continúa sintiendo esto, y al cabo de poco tiempo descubrirás que no eres el amo del cuerpo. Cada célula, cada nervio del cuerpo se sentirá relajado, como si el cuerpo no existiera. Deja el cuerpo solo, como si estuviera flotando en el río. Deja que el río de la vida te lleve donde él quiera, y flota en él como una hoja seca.

Siente ahora que tu respiración se está calmando gradualmente, que se está volviendo silenciosa. Mientras tú aliento se silencia, sentirás que te estás disolviendo. Sentirás como si estuvieras en la pira ardiente y te hubieras quemado por completo. No han quedado ni siquiera las cenizas.

Siente ahora el sonido de los pájaros, los rayos del sol, las olas del océano, y sé su testigo; receptivo y al mismo tiempo estando alerta, observando. El cuerpo está relajado, la respiración es silenciosa, y tú estás en el estado de «ser lo que eres»; simplemente eres un testigo de todo esto.

Gradualmente experimentarás una transformación interior y luego, de repente, algo en tu interior se silenciará. La mente se habrá silenciado y vaciado. Siente esto, sé su testigo, y experiméntalo. El río se ha llevado tu cuerpo flotando, la pira lo ha quemado y tú has sido testigo de eso. En esta nada, surge una dicha que denominamos divinidad.

Respira ahora lentamente dos o tres veces y con cada respiración sentirás paz, frescura, y un placer extático. Abre ahora lentamente tus ojos y regresa de la meditación.

Prueba este experimento por la noche antes de acostarte y vete a dormir justo cuando acabes. Gradualmente, tu sueño se convertirá en meditación.

APÉNDICE

LAS MEDITACIONES
ACTIVAS OSHO

Meditación Dinámica OSHO

Esta meditación es una forma rápida, intensa y total de romper con viejos patrones arraigados en el cuerpo-mente que nos mantienen prisioneros en el pasado, y experimentar la libertad, la observación, el silencio y la paz que se esconden detrás de los muros de esta prisión. Esta meditación está pensada para hacerse temprano por la mañana, cuando «la naturaleza entera revive, la noche se ha ido, el sol está saliendo y todo se vuelve consciente y alerta».

Puedes hacer esta meditación tú solo, pero para empezar puede resultar una ayuda hacerlo con otras personas. Es una experiencia individual, por eso permanece ajeno a otros a tu alrededor. Viste ropa suelta y cómoda.

Esta meditación hay que hacerla con la música específica de la Meditación Dinámica OSHO, que señala y apoya energéticamente las diferentes etapas de la meditación.

Lleva un tiempo; por lo menos te harán falta tres semanas para tomarle el pulso, y tres meses para encontrarte en un mundo diferente. Pero esto tampoco es demasiado fijo. Es distinto para cada individuo. Si tu intensidad es muy grande, puede suceder incluso en tres días.

INSTRUCCIONES

• **Primera etapa: 10 minutos**
Respira caóticamente por la nariz, deja que la respiración sea intensa, rápida, profunda, sin un ritmo, sin un patrón: concentrándote siempre en la exhalación. El cuerpo se ocupará de la inhalación. La respiración debe entrar profundamente en los pulmones. Hazla tan rápida y tan fuerte como puedas hasta que literalmente te conviertas en la respiración. Utiliza los movimientos naturales del cuerpo para ayudarte a generar más energía. Siente cómo crece tu energía, pero no te relajes durante la primera etapa.

• **Segunda etapa: 10 minutos**
¡EXPLOTA! Deja que salga fuera todo lo que necesite ser sacado. Sigue a tu cuerpo.
Dale a tu cuerpo la libertad para expresar todo lo que haya allí. Vuélvete completamente loco. Grita, chilla, llora, salta, vibra, baila, canta, ríe; tírate por ahí. No reprimas nada; mantén todo tu cuerpo moviéndose. Para comenzar, suele ser de ayuda fingir un poco. Nunca permitas que tu mente interfiera con lo que está ocurriendo. Vuélvete loco conscientemente. Sé total.

• **Tercera etapa: 10 minutos**
Con los brazos levantados por encima de la cabeza, salta hacia arriba gritando el mantra «¡JU!... ¡JU!... ¡JU!...» tan profundamente como te sea posible. Cada vez que caigas, hazlo sobre las plantas de tus pies, deja que el sonido golpee en el centro del sexo. Da todo lo que tengas, agótate completamente.

• **Cuarta etapa: 15 minutos**
¡STOP! Congélate donde estés y en cualquier posición que te encuentres. No compongas el cuerpo de ninguna forma. Una tos, un movimiento, cualquier cosa disipará el fluir de la energía y se habrá perdido el esfuerzo. Sé un testigo de todo lo que te está ocurriendo.

• **Quinta etapa: 15 minutos**
¡Celebra! Expresa todo lo que estés sintiendo a través de la música y el baile. Lleva contigo esa vitalidad a lo largo de todo el día.

Nota: Si no puedes hacer ruido en el espacio que utilizas para meditar, puedes hacer esta alternativa silenciosa; en la segunda etapa, en lugar de emitir sonidos, deja que la catarsis se produzca completamente mediante movimientos con el cuerpo. En la tercera etapa, puedes golpear tu interior en silencio con el sonido ¡JU! Y la quinta etapa puede ser un baile expresivo.

Esta primera meditación es una meditación en la que tienes que estar continuamente alerta, consciente, dándote cuenta de todo lo que hagas. En la primera etapa: la respiración; en la segunda etapa: la catarsis; en la tercera etapa: el mantra, el mahamantra «ju».Permanece siendo un testigo. No te pierdas.

Es fácil perderse. Mientras estás respirando puedes olvidarte, puedes llegar a hacerte uno con la respiración al punto que puedes olvidar el testigo. Pero entonces te desvías del objetivo. Respira tan deprisa, tan profundo como sea posible, pon toda tu energía en ello, pero continúa siendo un testigo.

Observa lo que está ocurriendo, como si fueras un espectador, como si todo le estuviera ocurriendo a cualquier otra persona, como si todo le estuviera ocurriendo al cuerpo y la consciencia estuviera centrada y mirando.

Este presenciar tiene que mantenerse en las tres etapas. Y cuando en la cuarta etapa todo se para y te quedas absolutamente inmóvil, congelado, entonces este estar alerta llegará a su cima.

Meditación Kundalini OSHO

Esta meditación se hace mejor al anochecer o al final de la tarde. Sumergirse por completo en la vibración y el baile de las dos primeras etapas ayuda a «fundir» nuestro ser parecido a una roca, siempre que el flujo de la energía haya sido reprimido o esté bloqueado. Entonces la energía puede fluir, puede bailarse y que se transforme en dicha y alegría. Las dos últimas etapas permiten que toda esta energía fluya de forma vertical, y se dirija hacia arriba, hacia el silencio. Es una forma muy efectiva de desenredarnos y dejarnos ir al final del día.

Esta meditación hay que hacerla con la música específica de la Meditación Kundalini OSHO, que señala y apoya energéticamente las diferentes etapas de la meditación. Para más detalles, consulta la información al final de esta sección.

INSTRUCCIONES

La meditación dura una hora y tiene cuatro etapas. Termina cuando escuchas los tres gongs.

• Primera etapa: 15 minutos

Mantente relajado y deja que todo tu cuerpo vibre, sintiendo las energías que se mueven hacia arriba desde tus pies. Abandónate completamente y hazte uno con ese vibrar. Tus ojos pueden estar abiertos o cerrados.

● **Segunda etapa: 15 minutos**
Danza... de cualquier forma que lo sientas, y deja que todo el
cuerpo se mueva como quiera. Puedes tener los ojos abiertos o cerrados.

● **Tercera etapa: 15 minutos**
Cierra los ojos y permanece inmóvil, sentado o de pie... observando todo lo que está ocurriendo dentro y fuera de ti.

● **Cuarta etapa: 15 minutos** [1]
Manteniendo los ojos cerrados, túmbate y permanece inmóvil.

Si estás haciendo la meditación kundalini, permite que el cuerpo
se sacuda, pero no lo hagas tú. Permanece de pie en silencio, siéntelo llegar, y cuando tu cuerpo empiece a temblar un poco, ayúdale;
pero no lo hagas tú. Disfrútalo, siéntete dichoso por ello, permítelo,
recíbelo, dale la bienvenida; pero no lo fuerces.

Si lo fuerzas, se convertirá en un ejercicio, un ejercicio corporal.
Entonces el sacudimiento estará allí, pero solo en la superficie; no
te penetrará. En tu interior permanecerás sólido como una piedra;
serás el manipulador, el hacedor, y el cuerpo solo te estará siguien-
do. Y no se trata del cuerpo, se trata de ti.

Cuando digo que te sacudas, que vibres, quiero decir sacudir tu
solidez. Tu ser, que es como una roca, debe ser sacudido hasta los
cimientos, de forma que se haga líquido, fluido, que se funda, que
fluya. Y cuando tu ser rocoso se haga líquido, tu cuerpo le seguirá.

Entonces ya no hay un sacudir, sino solamente sacudimiento.
Entonces no hay nadie que lo está haciendo; simplemente está ocurriendo. Entonces no hay ningún hacedor.

---

[1] En la cuarta etapa puedes escoger permanecer sentado, si así lo deseas.

Mediación Nadabrahma OSHO

Nadabrahma es la meditación del zumbido: a través del zumbido y del movimiento de las manos, las partes en conflicto en ti comienzan a sintonizarse, y a traer armonía a todo tu ser. Entonces, con el cuerpo y la mente totalmente sincronizados, tú «escapas de su agarre» y te conviertes en el testigo de los dos. Esta observación desde fuera es lo que trae la paz, el silencio y la dicha.

Esta meditación hay que hacerla con la música específica de la Meditación Nadabrahma OSHO, que señala y apoya energéticamente las diferentes etapas de la meditación. Para más detalles, consulta la información al final de esta sección.

INSTRUCCIONES
La meditación dura una hora y tiene tres etapas. Termina cuando escuchas tres gongs. Los ojos permanecen cerrados durante toda la meditación.

• Primera etapa: 30 minutos
Siéntate en una postura relajada con los ojos cerrados y los labios juntos. Comienza a entonar por la nariz un sonido lo suficientemente alto como para ser escuchado por los demás, y crea con él una vibración en tu cuerpo. Puedes visualizar un tubo hueco o una vasija vacía, tan solo llena de las vibraciones de este zumbido. Llegará a un punto

en el que el zumbido continuará por sí mismo y te convertirás en el que escucha. No hay que mantener una respiración en particular, y puedes cambiar el tono o mover el cuerpo suave y lentamente si así lo deseas.

• **Segunda etapa: 15 minutos**
La segunda etapa está dividida en dos partes de 7 minutos y medio cada una. Durante la primera mitad, mueve las manos, con las palmas hacia arriba, en un movimiento circular hacia fuera. Empezando en el ombligo, ambas manos se mueven hacia delante y, a continuación, se dividen para hacer dos grandes círculos simétricos a izquierda y derecha. El movimiento debe ser tan lento que por momentos parezca que no hay movimiento alguno. Siente cómo das energía hacia fuera, al universo.

Cuando la música cambie después de 7 minutos y medio, gira las manos poniendo las palmas hacia abajo, y comienza a moverlas circularmente en el sentido contrario. Ahora las manos vendrán a juntarse en el ombligo para separarse después hacia fuera, hacia los lados del cuerpo. Siente que estás tomando energía. Como en la primera etapa, no impidas cualquier movimiento suave, lento, del resto de tu cuerpo.

• **Tercera etapa: 15 minutos**
Ahora, para el movimiento de las manos y permanece sentado inmóvil en absoluta quietud.

Mediación Nadabrahma OSHO
para parejas

Existe una variante de esta técnica para parejas. Mientras los dos están zumbando, la armonía y la sensibilidad surgen entre ellos y poco a poco se vuelven intuitivos, funcionando en la misma vibración.

INSTRUCCIONES
La pareja se sienta uno frente al otro, cubiertos con una sábana y cogidos con las manos cruzadas. Es mejor no llevar ninguna ropa.

Iluminar la habitación únicamente con cuatro pequeñas velas y encender un incienso, reservado exclusivamente para esta meditación.

Cerrar los ojos y emitir el zumbido a la vez durante 30 minutos. Después de un rato se sentirá que las energías se encuentran, fundiéndose y uniéndose.

Meditación Nataraj OSHO

Nataraj es la energía de la danza. Esta danza es una meditación total, en la que todas nuestras divisiones interiores desaparecen y solo permanece una consciencia sutil y relajada.

Esta meditación hay que hacerla con la música específica de la Meditación Nataraj OSHO, que señala y apoya energéticamente las diferentes etapas de la meditación. Para más detalles, consulta la información al final de esta sección.

INSTRUCCIONES
Esta meditación dura 65 minutos y tiene tres etapas.

• Primera etapa: 40 minutos
Con los ojos cerrados baila como un poseso. Deja que tu inconsciente te posea completamente. No controles tus movimientos ni seas testigo de lo que está ocurriendo. Solo sé total en el baile.

• Segunda etapa: 20 minutos
Manteniendo los ojos cerrados, túmbate inmediatamente. Permanece en silencio e inmóvil.

• Tercera etapa: 5 minutos
Baila en celebración y disfruta.

Baila para celebrar y disfrutar. Cuando bailes, conviértete en el baile, no en el bailarín, y llegará un punto en el que serás el movimiento y no habrá ninguna división. Esta conciencia sin divisiones es la meditación.

LIBROS Y FUENTES RECOMENDADAS

Libro de consulta, recursos on-line e información sobre la música de las meditaciones activas OSHO

Para más información sobre estas cuatro Meditaciones Activas ofrecidas en este libro y el grupo completo de Meditaciones Activas OSHO puedes consultar el libro de referencia:

Meditación: La primera y última libertad
Una guía práctica. Nueva edición ampliada. Editorial Grijalbo Abril 2015.

Esta nueva edición revisada y ampliada contiene instrucciones prácticas paso a paso a más de ochenta técnicas de meditación seleccionadas y/o creadas por Osho, que incluyen las singulares meditaciones activas OSHO que se ocupan de las tensiones especiales de la vida contemporánea.

El libro de los secretos
112 meditaciones para descubrir el misterio que hay en tu interior

Osho describe cada método desde todos los ángulos posible y sugiere que juegues con un método durante tres días si sientes afinidad con él. Si te parece que encaja y te produce algún efecto, continúa haciéndolo durante tres meses (Gaia Ediciones, 2003).

Tónico para el alma
La meditación como primeros auxilios para el bienestar espiritual

Una selección de métodos de conciencia y meditación extraídos de las charlas individuales de Osho con personas de todo el mundo. Incluye meditaciones, ejercicios de risa y respiración, vocalizaciones, visualizaciones, cánticos y otras cosas (Debolsillo, 2016).

Equilibrio cuerpo-mente
Relajarse para aliviar las molestias relacionadas con el estrés y el dolor

Este libro puede ser de gran ayuda para aprender a hablar con tu cuerpo, escucharlo, reconectar con él y comprender profundamente la unidad del cuerpo, la mente y el ser. El punto de partida más sencillo es tomar conciencia del cuerpo, dice Osho. Acompaña al libro una terapia de meditación OSHO guiada, y un proceso de relajación: «OSHO, recordar el olvidado lenguaje de hablar con el cuerpo-mente» a través de un código para descarga (Debolsillo, 2014).

De la medicación a la meditación
Cómo facilitar la salud física y psicológica con la meditación

Osho solicitó que se hiciera esta compilación para lograr que el ser humano esté sano y completo. El libro incluye muchos de los métodos de meditación de Osho (Gaia Ediciones, 2014).

Gran parte de la música que acompaña a las Meditaciones Activas OSHO ha sido compuesta bajo la dirección de Osho y con instrucciones concretas de que no se debe modificar una vez completada. La música de cada meditación específica ha sido compuesta para esa meditación en particular.

Puedes conseguir la música de las meditaciones y otro material que se menciona en este libro a través de un número de editoriales y distribuidores en todo el mundo. Muchos de ellos los puedes encontrar en la lista que hay en www.osho.com/es/shop. También puedes buscar en www.osho.com/todosho.

Las instrucciones en audio o en vídeo para las Meditaciones Activas OSHO y otras Meditaciones OSHO se pueden encontrar en osho.com/meditation y en imeditate.osho.com
Para participar en vivo desde tu casa, inscríbete en imeditate.osho.com

La música de las Meditaciones Activas OSHO
El sello NEW EARTH ofrece en CD, y en formato Mp3, todas las músicas de las Meditaciones Activas OSHO con sus respectivas instrucciones. De venta en librerías especializadas, en tiendas on-line, iTunes, Amazon, etc., y en la página web del sello:
http://www.newearthrecords.com

ACERCA DEL AUTOR

OSHO desafía cualquier categorización. Sus miles de charlas abarcan todo, desde la búsqueda individual de sentido hasta los más urgentes temas sociales y políticos de la sociedad actual. Sus libros no han sido escritos sino que son transcripciones de grabaciones sonoras y vídeos de sus charlas improvisadas impartidas antes audiencias internacionales. El mismo explica sobre sus charlas, «Recordad: todo lo que estoy diciendo no va dirigido solo a vosotros... También estoy hablando a las generaciones futuras».

El Sunday Times de Londres ha descrito a Osho como uno de los «mil artífices del siglo XX», y el autor norteamericano Tom Robbins le ha calificado como «el hombre más peligroso desde Jesucristo».

Acerca de su propia obra, Osho ha dicho que está ayudando a crear las condiciones para el nacimiento de un nuevo tipo de ser humano. Suele tipificar a este nuevo ser humano como «Zorba el Buda», capaz de disfrutar tanto de los placeres terrenales como un Zorba el griego, como de la silenciosa serenidad de un Gautama el Buda. Discurriendo como un hilo conductor, a lo largo de la obra de Osho hay una visión que abarca la sabiduría eterna de Oriente y el potencial más elevado de la ciencia y tecnología occidentales.

Osho también es famoso por su revolucionaria contribución a la ciencia de la transformación interior, con un enfoque de la meditación que tiene en cuenta el ritmo acelerado de la vida contemporánea. Sus incomparables «Meditaciones Activas OSHO» están diseñadas para, en primer lugar, liberar las tensiones acumuladas en cuerpo y mente, de manera que resulte más fácil incorporar a la vida cotidiana una experiencia del estado relajado y libre de pensamientos de la meditación.

Existe una obra de carácter autobiográfico titulada *Autobiografía de un místico espiritualmente incorrecto* (Kairós, 2001).

OSHO INTERNATIONAL MEDITATION RESORT

www.osho.com/meditationresort

SITUACIÓN: Situado a 160 kilómetros de Mumbai, en la moderna y próspera ciudad de Pune, en la India, el Resort de Meditación Osho International es un maravilloso lugar para pasar las vacaciones. El Resort de Meditación se extiende sobre una superficie de más de 16 hectáreas, en una zona poblada de árboles conocida como Koregaon Park.

SINGULARIDAD: El centro ofrece diversos programas a los miles de personas que acuden a él todos los años procedentes de más de cien países. Es un maravilloso lugar para pasar las vacaciones y donde las personas pueden tener una experiencia directa y personal con una nueva forma de vivir, con una actitud más atenta, relajada y divertida. Durante todo el año se ofrecen sesiones individuales y talleres de grupo junto con un programa diario de meditaciones. ¡Relajarte sin tener que hacer nada es una de ellas! Todos los programas se basan en la visión de Osho de «Zorba el Buda», un ser humano cualitativamente nuevo, capaz de participar con creatividad en la vida cotidiana y de relajarse con el silencio y la meditación.

MEDITACIONES OSHO: Un programa diario de meditaciones para cada tipo de persona que incluye métodos activos y pasivos, tradicionales y revolucionarios, y particularmente las Meditaciones Activas Osho™. Las meditaciones tienen lugar en la sala de meditación más grande del mundo, el Auditorio Osho.

OSHO MULTIVERSITY: Acceso a sesiones individuales, cursos y talleres, que abarcan desde las artes creativas hasta los tratamientos holísticos, pasando por la transformación y terapia personales, las ciencias esotéricas, el enfoque zen de los deportes y otras actividades recreativas, problemas de relación y transiciones vitales importantes para hombres y mujeres. El secreto del éxito de la Osho Multiversity reside en el hecho de que todos los programas se complementan con meditación, apoyo y la comprensión de que, como seres humanos, somos mucho más que una suma de todas las partes.

SPA BASHO: El lujoso Spa Basho dispone de una piscina al aire libre rodeada de árboles y de un jardín tropical. Un singular y amplio jacuzzi, saunas, gimnasio, pistas de tenis..., todo ello realzado por la belleza su entorno.

RESTAURACIÓN: Los cafés y restaurantes al aire libre del Resort de Meditación sirven cocina tradicional hindú y platos internacionales, todos ellos confeccionados con vegetales ecológicos cultivados en la granja del Resort de Meditación. El pan y las tartas se elaboran en el horno del Resort.

VIDA NOCTURNA: Por la noche hay muchos eventos entre los que elegir, ¡y el baile está en el primer lugar de la lista! Hay también otras actividades como la meditación de luna llena bajo las estrellas, espectáculos, conciertos de música y meditaciones para la vida diaria. O, simplemente, puedes disfrutar encontrándote con gente en el Plaza Café, o paseando por la noche en la tranquilidad de los jardines en un entorno de ensueño.

SERVICIOS: En la Galería encontrarás productos básicos y artículos de perfumería. En la Multimedia Gallery se puede adquirir un amplio abanico de productos Osho. En el campus encontrarás también un banco, una agencia de viajes y un ciber-café. Si estás interesado en hacer compras, en Pune encontrarás desde productos tradicionales y étnicos indios hasta todas las franquicias internacionales.

ALOJAMIENTO: Puedes alojarte en las elegantes habitaciones del Osho Guest-house, o bien optar por un paquete del programa Osho Living-in, si se trata de una estancia más larga. Además, hay una gran variedad de hoteles y apartamentos con todos los servicios en las proximidades.

www.osho.com/meditationresort
www.osho.com/guesthouse
www.osho.com/livingin

www.osho.com

Un amplio sitio web en varias lenguas, que ofrece una revista, libros OSHO y OSHO Talks en formato audio y vídeo, la Biblioteca OSHO con el archivo completo de los textos originales en inglés e hindi y una amplia información sobre las meditaciones OSHO. Además encontrarás el programa actualizado de la multiversidad OSHO e información sobre el Resort de Meditación Osho Internacional.

YouTube: http://www.youtube.com/oshointernational
Facebook: http://www.facebook.com/OSHO.International
Twitter: http://www.Twitter.com/OSHOtimes
Newsletter: http://OSHO.com/newsletters

OSHO INTERNATIONAL
e-mail: oshointernational@oshointernational.com
www.osho.com/oshointernational

**Para otras obras de Osho en castellano,
visita nuestra página web**

www.alfaomega.es

OTRAS OBRAS DE ESTA MISMA EDITORIAL

LAS 8 SENDAS DEL MINDFULNESS

Prácticas sencillas para liberarse del estrés y vivir en el presente

Patrizia Collard

Las 8 sendas del mindfulness explica los principios del mindfulness y de la atención plena, y enseña a ponerlos en práctica en ocho áreas fundamentales de la vida como son la reducción del estrés, la alimentación consciente, el enfrentamiento al miedo, a la enfermedad y a la pérdida, la autoaceptación, la depresión, el tránsito a la madurez y, en general, la capacidad de estar presente en el ahora

MINDFULNESS PRÁCTICO

Guía paso a paso

Ken A. Verni

Mindfulness Práctico es una excelente guía que te enseña de modo minucioso cómo aplicar en la vida diaria los bien conocidos beneficios del mindfulness: vivir en el momento presente y conquistar la felicidad. Podrás crear tu propio programa de meditación y experimentar sus beneficios cada día.

LA LIBERACIÓN DEL ALMA

El viaje más allá de ti

Michael A. Singer

Nueva traducción y edición revisada de la obra *Alma en libertad*.

Michael Singer pone a nuestro alcance la esencia de las grandes enseñanzas espirituales de todas las épocas. Cada capítulo de *La liberación del alma* es una instructiva meditación sobre las ataduras de la condición humana y de cómo se pueden desatar delicadamente todos y cada uno de sus nudos para que el alma pueda volar en libertad.

MORIR PARA SER YO

Mi viaje a través del cáncer y la muerte hasta el despertar y la verdadera curación

Anita Moorjani

A lo largo de más de cuatro años, el avance implacable de un cáncer llevó a Anita Moorjani a las puertas de la muerte y hasta lo más profundo de la morada de la muerte. La minuciosa descripción de todo el proceso que hace la autora ha convertido esta obra en un relato esclarecedor de lo que nos aguarda tras la muerte y el despertar final. Uno de los testimonios espirituales más lúcidos y poderosos de nuestro tiempo.

AMOR, LIBERTAD Y SOLEDAD

Una nueva visión de las relaciones

Osho

Osho explica por qué nuestras relaciones sentimentales y afectivas terminan fracasando, a la vez que expone los fundamentos de un nuevo modo de vivir, de realizarse personalmente y de relacionarse con uno mismo y con los demás.

EL LIBRO DE LOS SECRETOS

Incluye DVD con la charla de osho

Osho

Esta obra recoge las enseñanzas de Osho acerca de las 112 meditaciones del Vigyan Bhairav Tantra (literalmente, «técnicas para ir más allá de la consciencia»), texto de 5.000 años de antigüedad atribuido a Shiva.

Para más información
sobre otros títulos de
GAIA EDICIONES

visita
www.alfaomega.es
Email: alfaomega@alfaomega.es
Tel.: 91 614 53 46